终南文化书院

中华文化传承学术丛书

论道终南

（2016—2017年卷）

朱锋刚　主编

Lundao Zhongnan

中国社会科学出版社

图书在版编目(CIP)数据

论道终南.2016—2017年卷/朱锋刚主编.—北京:中国社会科学出版社,2018.8

ISBN 978-7-5203-2406-9

Ⅰ.①论… Ⅱ.①朱… Ⅲ.①哲学—研究—中国 Ⅳ.①B2

中国版本图书馆CIP数据核字(2018)第085148号

出版人 赵剑英
责任编辑 韩国茹 郝玉明
责任校对 张爱华
责任印制 张雪娇

出版 中国社会科学出版社
社址 北京鼓楼西大街甲158号
邮编 100720
网址 http://www.csspw.cn
发行部 010-84083685
门市部 010-84029450
经销 新华书店及其他书店

印刷 北京君升印刷有限公司
装订 廊坊市广阳区广增装订厂
版次 2018年8月第1版
印次 2018年8月第1次印刷

开本 710×1000 1/16
印张 19.5
插页 2
字数 300千字
定价 78.00元

序　言

现代社会的人们在获取知识途径越来越便捷、多样的时候，驻足静心的闲暇没有如期而至，反而显得有点奢侈。随着资本对于现代社会无孔不入地渗透，个体不管喜欢与否都在见证着“钱”的魔力，遭受其“效用至上”原则的驱使。曾在商业领域被广泛使用的“时间就是金钱”的名句，开始在知识生产等精神领域生效。时间成本与知识生产的效率问题就这么不期而遇。当人们在生产知识的过程中过度关注生产效率时，“目的”背后所蕴含的价值往往会因与效率原则相抵牾而备受质疑。然而目的往往需要置于“道”的高度予以审视才能予以正确评价。给心灵留置一点闲暇以供思考就显得非常必要。

面对面的交流早已不再是人们获取知识、互通信息的唯一途径。随着人类拓展生存空间能力的大大提升，即便交通工具的运输能力给人们提供了极大的便利，身处不同地方的个体若想进行面对面的交流还是要花费大量时间来克服空间所造成的隔阂。相较而言，移动通信、互联网等传递信息、实现沟通的方式所花费在路上的时间几乎可以忽略不计。既然面对面需要花大把时间才能将参与者聚在一起，因而除非必要，否则这种交流方式会因效率问题而遭嫌弃。

生产知识的终极目的是什么？效率？显然不是。安顿立命，或许更接近答案。“独学而无友，则孤陋而寡闻。”（《礼记·学记》）学人之间的交流切磋是避免固执己见、突破知识狭隘，寻求安身立命的有益方式。因此，人们往往不顾所谓的“效率”问题、克服困难一起切磋学问。有赖于信念与定力的支撑，才会有如此执着的行为。“百姓日用而不知，故君子之道鲜矣。”（《周易·系辞》）这份执着正是基于对“道”的关切与觉解，正可谓“人能弘道，非道弘人”。（《论语·

卫灵公》）

“形而上者谓之道，形而下者谓之器。”（《周易·系辞》）虽然整天在日新月异的器物世界中忙碌、牵挂、受制、享受，依然有那么一群人依然有份真切关注“道”的种子留存心田。甘雨降临，种子就会迸放出生命力量。“君子学以聚之，问以辩之，宽以居之，仁以行之。”（《周易·文言》）地处终南山脚下的西安电子科技大学人文学院师生以此为宗旨，成立“论道终南读书会”，潜心于学，定期聚集讲学、相互切磋，共勉前行。参与者不言艰辛，只为在求学问道的路上思考、探索生命的意义与世界的精彩。西安电子科技大学其他院系师生、陕西师范大学、西北大学等兄弟院校同仁多方参与让讲学活动更加多元、丰富。读书会也期待、欢迎更多有志之士前来切磋学问、交流心得。

由于本书缘起于“论道终南读书会”，故取名为“论道终南”。《论道终南》丛书见证了“论道终南读书会”的成长与全体参与者的共同参与、用心付出的心路历程。读书会的顺利开展得到了西安电子科技大学人文学院、终南文化书院的大力支持，在此深表感谢。是为序。

朱锋刚

2017 年 4 月于终南文化书院

目　　录

哲学部分

冯友兰与牟宗三的哲学史研究方法论 ………………………… 宋宽锋（3）
康德道德主体的有限性内涵 ………………………………… 赵卫国（17）
身心之学的重建与自律道德的回归
——朱子的工夫论及其心性论基础 …………………… 江求流（31）
生活的彰显或消逝？
——试论“自媒体时代”生活之本质 ………………… 徐志宏（56）
六祖求法偈与“何期自性”偈的关系及《坛经》
心、性、佛三者之关系探析 ………………………… 王新水（69）
身体与大地式的存在
——理解海德格尔哲学的一条线索 …………………… 王　珏（87）
《华严宗佛祖传》中伯亭续法之教观思想分析 ………… 张爱萍（108）

历史部分

唐代西州百姓陪葬《孝经》习俗考论 …………………… 董永强（133）
“啸聚为盗”：王仙芝、黄巢集团成员考 ……………… 胡耀飞（147）
秦的圣都制度与都城体系 ……………………………… 潘明娟（194）
北门禁军与武德九年玄武门政变之关系考辨
——以常何为中心的考察 …………………………… 李　军（214）
中国梦历史文化内涵析论 ……………………………… 邹　贺（233）
历史研究的两个层面与历史存在的四种形态 ………… 张　玉（246）

政治部分

社会转型时期城中村社会经济功能………………………… 赵常兴（261）
论新时期加强党员道德修养的理论与方法研究 ……… 王 猛（272）

文学部分

唐前关中文化嬗替与本土文学创作之阶段性 ………… 王 伟（283）
借鉴与反思：明清小说与道藏仙传关系
论略 ……………………………………………… 李蕊芹 许勇强（294）

哲 学 部 分

冯友兰与牟宗三的哲学史研究方法论*

宋宽锋**

摘　要：当代中国哲学界缺乏思想创造力的外在理论表现就是哲学史研究与哲学研究之间的相互脱节，造成两者之间相互脱节的深层学理根源之一就是，从事哲学史研究的方法出了问题。作为20世纪中国最具影响力的哲学史家、哲学家，冯友兰和牟宗三集双重角色于一身的事实或许正好说明，他们所从事的哲学史研究与哲学研究并不是相互分离的，因而，回顾、反思和分享两位哲学家的哲学史研究方法论，对于增强哲学史研究的方法意识，促进哲学史研究与哲学研究之间的良性互动，无疑具有重要的意义。

关键词：冯友兰；牟宗三；哲学史研究方法；哲学研究

笔者认为当代中国哲学界缺乏思想创造力的外在理论表现就是哲学史研究与哲学研究之间的相互脱节，造成两者之间相互脱节的深层学理根源之一就是，从事哲学史研究的方法出了问题。①正是基于以上的想法，需要关注冯友兰和牟宗三的哲学史研究方法论，原因在于：一方面，自从1914年“北京大学哲学门”招收第一届学生至今，现代意义上的哲学研究和哲学人才的培养，在中国已经走过了一个世纪，而在这一个世纪的时间里，在哲学史的研究方面（不限于中国哲学

* 本文受国家社会科学基金西部项目资助，批准号：12XZX006。

** 作者简介：宋宽锋（1967—　），陕西兴平市人，哲学博士，陕西师范大学哲学系教授、博士研究生导师。

① 宋宽锋：《中国哲学界缺乏思想创造力的学理根源探究》，《人文杂志》2014年第11期，第1—6页。

史）贡献最大的当数冯友兰和牟宗三；另一方面，他们也是这一个世纪里最具影响力的两位中国哲学家。他们集哲学史家与哲学家的双重角色于一身的事实，或许也会启发我们做出这样的判断，即他们所从事的哲学史研究与哲学研究并没有相互脱节，而其学理根源就在于他们从事哲学史研究的方法与我们有所不同。因而，回顾、反思和分享两位哲学家的哲学史研究方法论，对于我们增强哲学史研究的方法意识，进一步地思考哲学史研究与哲学研究之间相互脱节的深层学理根源，从而实现哲学史研究与哲学研究之间的良性互动，无疑具有重要的意义。

一

从何兆武先生有关北京大学哲学系和哲学史研究方法的一段评论开始，可以展开对于冯友兰的哲学史研究方法论的探讨。在出版于 2006 年的《上学记》中，何先生有以下回顾和点评："胡适本人其实是个考据学家，他说自己有'考据癖'，不过单纯的考据既不是哲学，也不是文学，而是历史学的一部分。我以为北大哲学系受胡适的影响太大，走上考据的路，变成了哲学史系。从严格意义上说，哲学史并不等于哲学，就像数学史不是数学一样，北大哲学系的路数就成了以哲学史代替哲学。比如汤用彤本人的学问非常好，可他搞的主要是哲学史。冯友兰在清华教书，但他是北大出身的，写过一部《中国哲学史》。哲学史有两种写法，一种是历史学家的写法，从历史的角度看各家各派；另外一种是哲学家的写法，用哲学家自己的思想理解古人。冯先生属于后者。"①

何先生的以上评论，主要提出了两个相关论点。首先，哲学史研究与哲学研究不同。当然，说两者之间存在差异，毫无疑问是正确的，也是无法反驳的。但是，承认两者之间存在根本性的差异，并不等于认为，对于哲学研究来说哲学史研究是不必要的，或者反过来，从事哲学

① 何兆武：《上学记》，生活·读书·新知三联书店 2013 年版，第 265—266 页。

史研究就一定会走上以哲学史代替哲学的道路。冯友兰的研究就是一个重要的例证。冯友兰既是一个哲学史家，又是一个哲学家。对于冯友兰来说，不仅哲学史研究未曾导致代替哲学研究的后果，而且哲学史研究实际上还成为其哲学研究和哲学体系建构的基础。所以，北大哲学系之所以走上以哲学史代替哲学的道路，根本原因并不是它太过重视哲学史研究而忽视了哲学研究，甚或模糊了哲学史研究与哲学研究之间的差异，而是北大哲学系所从事的哲学史研究出了问题，或者说，北大哲学系从事哲学史研究的方法问题。那么为什么冯友兰的哲学史研究没有产生代替哲学研究的后果，而北大哲学系所从事的哲学史研究却走上了以哲学史代替哲学的道路呢？

对这个问题的追问，关涉何先生在以上评论中所提出的第二个论点，即哲学史研究的两种方法的区分。何先生说，哲学史有两种写法，即历史学家的写法和哲学家的写法。当然，不用说，哲学史的两种写法就是哲学史的两种研究方式。另外，从何先生的以上评论，也可以明显地看出，冯友兰的哲学史研究方法是哲学家的写法，而汤用彤和北大哲学系进行哲学史研究的方法则是历史学家的写法。北大哲学系之所以会走上以哲学史代替哲学的道路，就是因为它以历史学家的写法来研究哲学史，而不是以哲学家的写法来研究哲学史。以历史学家的写法来研究哲学史，就会导致以哲学史研究代替哲学研究的后果，而以哲学家的写法来研究哲学史则不会产生这样的结果。

与何先生的以上评论相一致，冯友兰在其中国哲学史研究的早期阶段，就提出了哲学史研究的两种方法的区分。在出版于 20 世纪 30 年代的《中国哲学史》的“序言”中，他说：“吾非历史家，此哲学史对于‘哲学’方面，较为注重。”[①]在应答胡适和张荫麟对其《中国哲学史》进行评论的文章中，冯友兰更为明确地提出了两种不同的哲学史研究方式，并阐发了两种研究方式的不同特点。他说：“有历史家的哲学史，有哲学家的哲学史。历史家的哲学史注重‘谁是谁’。哲学家的哲学史注重‘什么是什么’。我是哲学家不是，尚是问题，不过我确不是历史

① 冯友兰：《三松堂全集》第二卷，河南人民出版社 2001 年版，第 243 页。

家。”[①]不过，冯友兰的《中国哲学史》，虽然正如他所强调和承认的，乃是“哲学家的哲学史”，但是其中并非没有“历史家的哲学史”的成分，也并不排斥哲学史的“历史学家的写法”。因为正如他所说，他的《中国哲学史》只是更为注重“哲学”的方面而已，所以，在应答胡适和张荫麟对其《中国哲学史》的评论时，他进行了以下的补充说明：“一个《哲学史》所负的历史的任务，如素痴先生所说者，我的书也尽了不少。”[②]

然而，“历史学家的写法”与“哲学家的写法”“历史家的哲学史”与“哲学家的哲学史”“历史学家的哲学史研究方式”与“哲学家的哲学史研究方式”，它们各自的含义是什么，以及区别何在，何兆武和冯友兰都未给出相对充分的说明。冯友兰说，“历史家的哲学史注重‘谁是谁’。哲学家的哲学史注重‘什么是什么’”。注释其含义可以理解为，“历史家的哲学史”注重对哲学家其人的了解和研究，而“哲学家的哲学史”注重对哲学家之“哲学”的研究。但是，应该强调指出的是，“历史家的哲学史”绝不限于对哲学家的个人生活经历、家庭状况及其时代背景等的了解和研究，否则的话，它就只是“哲学家”的“历史”，而不成为“哲学史”了。“历史家的哲学史”也会研究哲学家的“哲学”，然而它更多的是通过历史地理解“哲学家”其人来理解其“哲学”的。与此相对应，“哲学家的哲学史”也并非就完全不关心作为研究对象的“哲学家”其人，而只是更为关注作为研究对象的哲学家的“哲学”，而关注对其“哲学”本身的研究。当然，以上的进一步解说，也还是不充分地。另外，何兆武关于哲学史的“哲学家的写法”的解释，即“用哲学家自己的思想理解古人”的说法，也是有待商榷的。因此，为了更为准确和深入地理解两种不同的哲学史或者其写法、研究方式的内涵、理路和特点，我们还需要进行更为广泛地探究。

在关于冯友兰的《中国哲学史》的书评中，张荫麟曾对两种不同的哲学史或者其写法做出了说明，而在对张荫麟的书评的回应中，冯友兰

---

① 冯友兰：《三松堂全集》第十一卷，河南人民出版社 2001 年版，第 230 页。

② 同上。

明显地默认了张荫麟的说法，因而我们也就把张荫麟的说法引证在这里。他说："《哲学史》顾名而知其负有两种任务：一是哲学的，要用现代的语言把过去各家的学说，系统地、扼要地阐明；一是历史的，要考察各家学说起源，成立的年代，作者的生平，他的思想的发展，他的学说与别家学说的相互影响，他的学说与学术以外的环境的相互影响……"①

二

以上我们从两种哲学史研究方法的区分的角度，讨论了冯友兰的哲学史研究方法论。而在随后发表于 1937 年的一篇专论中国哲学史研究方法的论文中，冯友兰转而提出了六种哲学史的研究方法，但却没有提及和讨论"历史家的哲学史"与"哲学家的哲学史"及其区分。他所列举的六种哲学史研究方法如下：一，钻研西洋哲学；二，搜集哲学史料；三，详密规划迹团；四，探索时代背景；五，审查哲人身世；六，评述哲人之哲学。② 冯友兰所说的第一种方法，即便在今天，也还有其特殊的必要性和积极意义，不过此处我们不想对这个问题进行深入讨论。另外，不难看出，冯友兰所提出的第二、三、四、五种方法，大致说来，都可以被归类在"历史家的哲学史"或者"历史学家的写法"之下，而唯独第六种方法大致与"哲学家的哲学史"或"哲学家的写法"相对应。同时，与早前的看法相一致，冯友兰还是更为注重这里所说的第六种方法，他说："我们以为评述哲人的哲学，是研究中国哲学史的首要方法。"③

冯友兰对第二、三、四、五种方法的论述较为充分，其论点也较易于理解。总的来说，这一系列方法的运用，就是通过把哲人之哲学重新

---

① 张荫麟：《评〈中国哲学史〉上卷》，《三松堂全集》第十一卷，河南人民出版社 2001 年版，第 238 页。

② 冯友兰：《三松堂全集》，第十一卷，河南人民出版社 2001 年版，第 403 页。

③ 冯友兰：《三松堂全集》第十一卷，河南人民出版社 2001 年版，第 411 页。

置于其所产生的历史情景之中，并且借助其历史背景、生活经历、身世和心路历程，来历史地理解和解释哲人之哲学。再则，就其特点而言，我们似乎可以将这一系列的哲学史研究方法，简称为“史的方法”，而将与此对应的哲学史研究阶段简称为“史”的阶段。至于“评述哲人之哲学”的第六种方法，在论文中，冯友兰又进一步地将其区分为前后相继的四个步骤：第一，搜寻哲人的哲学之来源；第二，把握哲人的哲学之体系；第三，指出哲人的哲学之影响；第四，评判哲人的哲学之得失。[①] 而在我们看来，以上四个步骤之中的第一、第三步骤，大致可以被归并在第二步骤之中，因为对哲人之哲学的思想渊源和思想效应的研究，都是从属和服务于对哲人之哲学的解读的。这样一来，冯友兰所说的四个步骤就可以被归并为两个步骤，即对哲人之哲学的“述”和“评”。对于“述”的步骤，冯友兰特别强调要充分展现哲人之哲学的体系性，也就是说，要充分地展现其哲学分析问题的思路及其论证和思想的结构。无疑，冯友兰强调这一点的合理性是非常明显的，因为哲人之“哲学”绝不会是一些凌乱的观点或想法的堆积，而一定是相当程度上具有其内在理论和思想逻辑的一系列观点之统一。另外，“述”之环节的根本目的，在于对哲人之哲学体系的“客观呈现”，即冯友兰所说“原原本本，实实在在”的呈现。至于“评”的环节，冯友兰所论甚详，不妨摘录如下：“批判哲人的哲学之得失，有两种方法：一是在他自己的系统内批判他自己的得失，其标准是该哲学所采的论证，是否矛盾？有无谬误？能否说通？能说通则有价值，不能说通则无价值；一是在他自己的系统外批评他自己的得失，其标准是该哲学所得的结论，是否契合于他所解释的客观事实，契合则有价值，不契合则无价值。”[②]

基于以上的分析，我们可以把冯友兰所说的六种哲学史研究方法分别归并在哲学史研究的三个环节，即“史”“述”“评”三个阶段。而如果这一哲学史研究的三阶段及其对应的研究方法之区分可以成立的话，那么接下来需要追问和思考的问题就是：这三个阶段及其对应的研究方法之间又是什么样的关系呢？对于这一问题，冯友兰并未给出明确

① 冯友兰：《三松堂全集》第十一卷，河南人民出版社 2001 年版，第 409—411 页。
② 同上书，第 411 页。

而系统的说法，因而我们还需要进行引申性的追问和探究。

在出版于20世纪30年代的《中国哲学史》的“绪论”中，冯友兰在讨论“史料”的真伪问题的时候，所讲的以下这段话，特别值得玩味。他说：“吾人研究哲学史，对于史料所以必须分别真伪者，以非如此不能见各时代思想之真面目也。如只为研究哲学起见，则吾人只注重某书中所说之话之本身是否不错。至于此话果系何人所说，果系何时代所有，则丝毫不关重要。某书虽伪，并不以其为伪而失其价值，如其本有价值。某书虽真，并不以其为真而有价值，如其本无价值。”①从这段话中可以看出，分辨史料之真伪，确定史料产生的实际年代，厘清各时代思想的真面目，大致都属于以上所说的哲学史研究的第一个阶段，即“史”的阶段；这个阶段所对应的哲学史研究方法，就是以上所说的“史的方法”。另外，从我们引证的冯友兰的这段话中，还可以合理地推断，“史”的阶段与“述”和“评”的阶段之间没有本质性的关联，“史的方法”与“述”和“评”的方法之间也存在着本质性的差异。因为，无论是我们对作为研究对象的哲人之“哲学”本身的内在思想结构、理路和论证的系统把握和呈现，还是对哲人之“哲学”的理论得失之评价，正如冯先生所说的那样，都与表现哲人之“哲学”的著述或史料的时代，以及哲人本身及其生活经历等没有本质性的关联。

我们知道，哲人之“哲学”表述在其著述之中，或者说，哲人的著作是其“哲学”的体现。我们可以把哲人的著述或著作称之为“哲学的文本”。我们研究哲学史，就是研究表述在“哲学的文本”之中的“哲学”，但是“史”“述”“评”三个阶段各自的研究方法却有所不同。如前所述，在“史”的研究阶段，我们主要是通过“哲学的文本”产生的时代背景和生活于特定历史情景中的哲学家其人，来理解和阐述“哲学的文本”之中的哲学思想。这里我们想强调指出的是，相对于“哲学的文本”而言，相应的时代背景和生活于特定的历史情景之中的“哲学家”本人都是“外在的”因素。正因为如此，我们可以借用余英时先生的说法，把“史”的阶段的研究方法称为“外缘的解释”②。而如果说

① 冯友兰：《三松堂全集》第二卷，河南人民出版社2001年版，第258页。

② 余英时：《论戴震与章学诚》，生活·读书·新知三联书店2000年版，第322—356页。

"史"的阶段的研究方法是"外缘的解释"，即通过"外在的因素"来理解和解释"文本"，那么，"述"和"评"的阶段的研究方法则是"内在的解释"。也就是说，在"述"和"评"的阶段，研究者把目光从"外在于""哲学的文本"的因素或者外缘之上转移到"哲学的文本"本身上来了。在"述"的阶段，研究者力图如实呈现的乃是内在于"哲学的文本"或者"哲学的文本"本身的思想结构、致思理路和论证；而在"评"的阶段，研究者考量的也是内在于"哲学的文本"的论证、理路和结构是否逻辑一致，是否依然有其说服力，是否还具有其哲学的真理性和价值，等等。当然，这里所说的"外缘的解释"和"内在的解释"之间无疑存在根本的差异，而且后者并不以前者为基础，后者与前者之间也没有实质性的关联。

不过，"述"和"评"的阶段的研究方法，虽然都是"内在的解释"，但是两者的侧重和角度还是有着根本的差异。"述"的阶段之根本目的在于，对内在于"哲学的文本"的论证、致思理路和思想结构进行"客观再现"；从冯友兰在《新理学》一书中所提出的"照着讲"与"接着讲"的区分来看，我们可以说，"述"的阶段是"照着讲"的。"评"的阶段虽以"述"的阶段为基础和前提，但"评"的阶段却不再是"照着讲"的。要对哲学家的"哲学"之得失进行评判，哲学史的研究者必须自己在哲学上有自己的立场和见解。如果研究者自己没有所见、立场和见解，那么也就无所谓哲学思想层面的赞同、分歧和争执，当然也就无所谓评判了。哲学史的研究者的所见、立场和见解不一定是原创的，也不必皆是原创的，但却应该是自己哲学思考的结果，或者是自己在哲学史的研究过程中所领悟和分享的先前哲学家的洞见和立场。要判断作为研究对象的哲学家之"哲学"的论证是否具有内在的一致性，是否言之成理，是否有其说服力，是否具有哲学思想层面的合理性，则研究者必须具备进行哲学论证的能力和对于哲学论证的鉴别力，否则的话，就很难想象对哲学家之"哲学"的论证的评判会是什么样子了。反过来看，对哲学家之"哲学"的评判过程，就是一个对话和争辩的过程，研究者也正是通过这个对话和争辩的过程展开自己的论辩，培养和提升自己哲学论辩的能力，激发和形成自己的哲学见解和立场。因此，总体上看，"评"的阶段乃是对作为研究对象的哲学家的"哲学"

的一种对话式的或者争辩式的解读。而对话式的或者争辩式的解读，总是具有超出或超越作为研究对象的哲学家的“哲学”的指向和意义，总是表现为研究者自己的哲学思考的拓展。也正是在这种意义上，我们可以说，“评”的阶段的哲学史研究具有“接着讲”的特性。

对于冯友兰所说的“接着讲”的哲学史研究方式，我们曾进行过分析和论述，①这里我们想通过一个新的例证来进一步地呈现这种研究方式的特性，这个新的例证就是冯友兰的《新知言》。通常，我们认为，《新知言》是冯友兰建构其哲学体系的一部著作，这种看法无疑是正确的。然而，换一个角度来看，我们也可以说，《新知言》是一部专题性的哲学史研究的著作，因为这部著作的大部分内容，是对哲学史上的一些哲学家和哲学流派关于形而上学及其方法的论述的研究。不过，这部著作所研究的内容不限于中国哲学史的范围，更准确地说，它更多的是对西方哲学史上有关形而上学的方法论述的专题性哲学史研究。《新知言》共分十章。其中有七章是对西方哲学史上的相关内容的梳理和讨论；另有一章论述“禅宗的方法”；其余的两章大致是冯友兰自己有关形而上学的研究方法之主张的论述。在研究西方哲学史上的相关内容的七章之中，有四章是对维也纳学派的相关论点的论述和讨论。

那么，作为一部专题性的哲学史研究的著作，《新知言》所展现的哲学史研究方法是什么呢？通观全书，不难看出，就我们以上所分析的哲学史研究三阶段及其对应的研究方法来说，在《新知言》一书中，“史”的阶段和“史的方法”基本是缺失的，该书所展现的哲学史研究的阶段及其相应的方法，主要是“评”的阶段及其相应的方法。当然，“评”必须以“述”为前提和基础，就此而言，《新知言》自然也包括“述”的阶段及其对应的研究方法，但是，该书更为侧重地和更为突出地展现出来的乃是“评”的阶段及其研究方法。这一点在该书论述和讨论维也纳学派的相关内容的四章（第五、七、八、十章）中表现得最为明显。在这四章中，冯友兰主要是对维也纳学派的相关思想论点之理论得失进行辨析和评判，这种辨析和评判是对话和争辩式的，正是在这种

---

① 宋宽锋：《哲学史研究的方法省思与哲学史的重构》，《吉林大学社会科学学报》2012年第1期，第25—31页。

对维也纳学派相关思想论点的对话式或争辩式的解读中，不仅维也纳学派的相关思想论点之理论得失得到了评判，而且冯友兰自己的相关思想论点也得以凸显和拓展。不过，要具体、全面地展现这一点，就需要我们转述冯友兰关于一些具体论题（比如，分析命题、约定说等）的辨析和评判，这未免琐碎，因而此处我们就仅引述该书中的一段话，以表征这一特点。就维也纳学派拒斥和消解形而上学的论点及根据，他说："我们是讲形上学的。但是维也纳学派对于形上学的批评的大部分，我们却是赞同的。他们的取消形上学的运动，在某一意义下，我们也是欢迎的。因为他们的批评确能取消坏的形上学。坏的形上学既被取消，真正的形上学的本质即更显露。所以维也纳学派对于形上学的批评，不但与真正底形上学无干，而且对于真正的形上学，有'显正摧邪'的功用。由此方面说，维也纳学派虽批评形上学，而实在是形上学的功臣。"[①]分析到这里，《新知言》一书的专题性哲学史研究及其展现的研究方式所具有的"接着讲"之特质，也已经非常清楚地呈现在我们眼前了。虽然冯友兰的一些具体"评判"和具体主张不无可商榷之处，但该书本质上具有"接着讲"之性质，却是毋庸置疑的。

三

现在，让我们转而探究牟宗三的哲学史研究方法论。虽然牟宗三在中国哲学史（当然不限于中国哲学史）的研究方面著述颇丰，贡献甚大，但是他却很少专题性地探讨哲学史研究的方法问题。不过，他的哲学史著述之中所蕴含的有关哲学史研究方法的见解，却是相当深刻而又系统的。另外，在一则较少被研究者所注意的文献中，即《谈民国以来的大学哲学系》一文中，牟宗三在回顾和评点民国以来的大学哲学系，尤其是北京大学哲学系的发展状况的时候，较为明显地呈现了他的哲学史观和他关于哲学史研究方法的见解。下面就让我们从这篇文献的考察谈起。

---

① 冯友兰：《三松堂全集》第五卷，河南人民出版社 2001 年版，第 192 页。

与何兆武对北大哲学系的评论相类似，牟宗三的点评也主要涉及胡适和汤用彤。在谈到胡适的时候，牟宗三说："他靠《中国哲学史大纲》起家，但这毕竟只是哲学史，后来干脆改称思想史。哲学史属哲学系课程，思想史则属历史系课程，二者的问题及基本态度不同。"①从这段话可以看出，在牟宗三的理解中，哲学与哲学史、哲学史与思想史之间是存在根本性差异的，而胡适所做的主要是哲学史研究，而不是哲学研究。当然，在我们看来，牟宗三这样说并不意味着，哲学史研究对于哲学研究是不必要的，或者致力于哲学研究的人没有必要研究哲学史，而是胡适的哲学史研究有问题。具体地说，就是胡适把哲学史弄成了思想史，或者说，胡适把哲学史变成了思想史的分支，使哲学史丧失了其"哲学的特性"，而成为具有历史学研究之性质的思想史分支学科。这一点也正是胡适的哲学史研究与哲学研究相脱节的学理根源之所在。

对后来北大哲学系所进行的哲学史研究，牟宗三是这样评论的："所以北大在西洋哲学方面完全没有成果，无所得；到后来变成专讲中国哲学。讲中国哲学以熊（十力）先生为中心，再加上汤用彤先生讲佛教史。抗战期搬到昆明，就成了完全以汤用彤为中心。可是由于他的兴趣后来完全集中在佛教史，反而对佛教的教义、理论没有多大兴趣，造诣不深。这不是佛家的哲学，而是佛教史。光教佛教史，是在适应时代风气，即重考据风气；考据代表纯粹学院的学术作风。……可是站在哲学系的立场来讲，这是不是哲学系的责任和本分呢？哲学系的重点当然不在这里。即使在西方也不是如此，这在西方属于古典学，与哲学是有分别的。古典学讲 Aristotle，可以讲成 Aristotle 的专家，可是哲学系谈 Aristotle，是问题性的谈，不是文献性的谈，二者是有分别的。所以落入古典学，就不是哲学系的本分。"②这段话强调的重点是佛教哲学史与佛教史的根本差异。照牟宗三的说法，佛教史的研究与重考据的时代风气相契合，而考据性的研究属于古典学（历史学），因而适应考据之时代风气的佛教史研究具有古典学（历史学）研究之性质。

① 牟宗三：《时代与感受》，《牟宗三先生全集》第二十三卷，台北联经出版公司 2003 年版，第 163 页。

② 同上书，第 167 页。

从哲学史研究的角度来看，这样的佛教史研究大致相当于哲学史研究的第一个阶段，即我们前面所说的“史”的阶段，其研究方法即我们前面所说的“史的方法”。当然，牟宗三对汤用彤的佛教史研究的批评，绝不意味着佛教史研究是不必要的，而只是强调佛教哲学史研究的重点不在对佛教之历史学的考察。

与这一批评性的评论相一致，牟宗三关于中国哲学史方面的著述极少涉及相关论题的历史学考察；换言之，在牟宗三的中国哲学史著述之中，哲学史研究的“史”的阶段和“史的方法”基本是缺失的，其重点在于我们以上所说的“述”的阶段，而且这一特点也是他自觉的思想选择之结果。在《佛性与般若》的“序”中，他明确地表达了这一思想立场。他说：“中国吸收佛教，顺印度已有之空有两宗继续发展，发展至天台、华严、禅，已至其极，故中国已往之吸收亦尽于此。吾人以此顶点为标准，返溯东流一代圣教，展示其教义发展之关节，即为南北朝隋唐一阶段佛教哲学史之主要课题。史迹与版本文献之考据无甚关重要也。重要者是在义理之了解。”[①]在《心体与性体》中，牟宗三对中国前贤之思想方式的一段评论，也非常清楚地表明了这一思想取向。他说：“中国前贤对于品题人物极有高致，而对于义理形态之欣赏与评估则显有不及，此固由于中国前贤不甚重视义理系统，然学术既有渊源，则系统无形中自亦随之。《宋元学案》对于各学案之历史承受，师弟关系，粑疏详尽，表列清楚，然而对于义理系统则极乏理解，故只堆积材料，选录多潦草，不精当，至于诠表，则更缺如。”[②]所以，对相关研究对象的义理系统和思想脉络的梳理和阐发，无疑是牟宗三的哲学史研究的重点所在。这一工作大致相当于我们所说的哲学史研究的“述”的阶段。在这一阶段，牟宗三的哲学史研究所表现出的基本方式就是，文本的中心化和祛历史性的普遍义理之解读。

这里所谓“文本的中心化”，是指不以“哲学的文本”之外的因素，比如文本产生的时代背景和写出文本的哲学家本人的生活经历等，

---

① 牟宗三：《佛性与般若》，吉林出版集团有限责任公司 2010 年版，序言第 3 页。

② 牟宗三：《心体与性体》上卷，上海古籍出版社 1999 年版，第 46 页。

来理解和解释文本的思想，而是着重于把握文本本身的思想结构和思想理路，着重于展现文本之中的基本观点、旨趣及其论证。这种“文本中心化”的方法特点，在牟宗三的中国哲学史著述之中表现得特别突出。不管是在《才性与玄理》和《佛性与般若》，还是在《心体与性体》以及《从陆象山到刘蕺山》之中，我们都可以看到，牟宗三阐述哲学家之“哲学”的基本方式，就是对哲学家流传下来的“文本”进行相当详尽而又深入地疏解，而且这种“文本疏解”明显是以文本之中所蕴含的基本义理及其思想理论的展现为宗旨的。同时，在牟宗三看来，“文本”虽然是历史性的，是产生于特定的时代及历史情境之中的，但是“文本”之中所蕴含的基本义理却具有超历史的意义；通过一系列“文本”来表现自身的某一思想谱系的基本义理虽有“发展”，但“发展”是就其基本义理及其结构的完善、合乎情理的思想延伸甚或“歧出”来说的，而不是就基本义理及其结构的历史性意蕴来说的。因而，在牟宗三的哲学史著述之中，通过这种“文本疏解”所展现的基本义理与某一思想谱系的基本义理及其结构的“发展”，就都具有祛历史性的普遍意义。也正因为如此，所以在牟宗三系统地梳理儒、释、道之基本义理“发展”的三套哲学史著述中，作为三教各自基本义理“发展”之顶点的圆融形态，并不一定是历史上“最后的形态”；我们借以衡量某一哲学家或某一宗之基本义理是否圆融的标准，也并不是一种历史性的标准，而是一种非历史性的内在理论标准。与此相一致，我们不难看出，在牟宗三的哲学史著述之中，诸多“文本”各自的内在义理之间，以至于儒、释、道这三大思想谱系之间的关系，本质上乃是一种共时性的、互相竞争的理论关系；换言之，各家各派之间本质上的差异只是内在义理及其思想结构的优劣短长之别。当然，也正是基于这种祛历史性的普遍义理之解读方式，牟宗三才会说，佛教无所谓印度佛教与中国佛教之别，儒家也无中国的儒家与西方的儒家之分，就其各自的内在义理而言，只有一个佛教，也只有一个儒家，因为不管是儒家还是佛教，其内在的基本义理都是普遍性的。[①]

---

① 参见牟宗三《中国哲学十九讲》，上海古籍出版社 1997 年版，第 38—40 页。

紧接着“述”的阶段，乃是“评”的阶段。“述”是“评”的前提和基础，而“评”是“述”的自然延伸。就牟宗三的哲学史研究来说，“评”的阶段，不仅相当显眼，而且特色鲜明。当然，其“评”的阶段所表现出的思想方式，还是我们在阐发冯友兰的哲学史研究方法论的时候所说的对话式的或者争辩式的解读。这种争辩式的解读不仅涉及其中国哲学史研究的各家各派，亦涉及作为其中国哲学史研究之参照系的西方哲学（史）。而在这种中西哲学（史）相互参照的争辩式解读的过程中，“须随时有评判与抉择，以得每一概念之正位。”① 另外，毋庸赘言，这种对中西哲学史的争辩式解读，自然地通向牟宗三的哲学研究及其哲学理论系统的形成和拓展，并与之相互激荡，相互促进。

回头来看，冯友兰与牟宗三的哲学史研究及其方法论述，都对哲学史与思想史之间的区别具有相当自觉的意识，都较为明显地侧重于“文本中心化的普遍义理之解读”，而且亦皆未止步于“述”之阶段，或者说，其哲学史研究及其方法论述，都不以对象性的客观理解和重述为其终极旨趣，而是最后都走向“争辩式的解读”，走向哲学史研究与哲学研究之间的循环互动。

---

① 牟宗三：《圆善论》，《牟宗三先生全集》第二十二卷，台北联经出版公司 2003 年版，第 16 页。

康德道德主体的有限性内涵*

赵卫国**

摘　要：本文遵循康德道德批判的思路，从道德法则形式性的根源，自律原则的自“律”与“自”律内涵，道德法则决定善恶对象的限度，敬重感对道德主体感性情感的贬损，德福双至的希望所需要的悬设，以及实现至善的时间性和历史性等方面，充分展示了掩藏在康德道德批判主旋律之下的对道德主体有限性的深刻揭示，这种揭示有助于我们丰富对康德哲学的理解，防范各种形式的道德狂热，反思当今主体的过度建构所带来的困惑。

关键词：有限性；道德法则；意志自律；敬重；至善

海德格尔认为传统哲学耽误了对存在之意义的追问，其原因与形而上学的在场化相关，“在场形而上学”的形成无疑与传统哲学以范畴的、泛逻辑的方式，或者说，用“思维”规范“存在”这种思路密切相关，而这种思路的形成，又无疑与自我意识的觉醒或主体地位的确立有关。虽然古希腊哲学中的主体和后来的，特别是近代哲学中的主体含义相去甚远，但用可靠的思维把握或规范不确定的存在而使之在场化，的确迎合了人在与自然的争斗中确立自己核心地位的倾向。在近代主体哲学特别是黑格尔哲学中，人的主体地位提升至顶峰，这是那个时代的需求，康德就属于那个时代，因此“人为自然立法”的积极性、主动性无疑是其哲学的时代特征。人不单为自然立法，而且

* 本文受2013年国家社科基金项目资助，批准号：13XZX017。

** 作者简介：赵卫国（1970—　），男，山西大同人，哲学博士，西安电子科技大学哲学系教授，主要研究方向为近现代德国哲学。

在康德看来更为重要的是人为自己，或者说为道德立法。按照通常对康德的理解，为自然立法局限于现象界，是先验自我意识借助纯粹直观形式及先天范畴对物自体的刺激予以规范，这种规范在于认识被给予的对象，既然对象被给予而非创造，认识很明显就是受限制的，因此认识主体是有限的顺理成章。而道德主体是在本体领域中通过实践而张显的，这里的立法，或者说人的自由达到了最高程度，人为自己本身立法，似乎无须有什么限制。加之中国传统文化中天人合一的思想，使我们认为既然已经进入“本体界”就不再受限，于是在为自己立法的同时，就可以毫无批判地推及于他人或更广，使之成为貌似普遍的原则，于是各种“为天地立心”之类的高调便孕育而生。而这些看似高妙的各种圣人之境，康德认为终将彻底损害道德，而其重要原因就是看不到道德主体同样具有的有限性。康德哲学无疑属于他的时代，我们往往看到其强调主体的能动性、无限性这个主旋律，而深刻挖掘其道德主体的有限性、被动性内涵，可以丰富我们对康德哲学的理解，对于我们当下这个科学技术盛行而神秘主义同样猖獗的时代具有重要意义。

道德法则的形式性源于无能顾及质料

在《实践理性批判》序言中有个注释：“一个对本书有所非难的评论家说道，在这本书里所制定出的不是一种新的道德原则，而只是一个公式……”，我们可以理解为这是对康德道德法则之无内容或空洞性地指责。康德反驳说：“……他的这句话比他原本要表达的意思中肯一些。但是，谁想介绍一种所有德性的新原理，并且仿佛他首次发明了这些德性？似乎世界上在他之前不知道什么是职责，或者完全弄错了。”[①] 从字面本身来讲，就道德批判切入点在于回答“道德何以可能”而言，康德本来就不是要发明一种以期实际指导生活的道德学或伦理学，颁布某种具体内容丰富的道德信条或教条，而是阐明上述

① ［德］康德：《实践理性批判》，韩水法译，商务印书馆 2000 年版，第 6 页。

种种的可能性条件。而更为实质性的是，就道德批判的最终目的，即至善而言，道德法则的这种形式性，恰恰是因为道德主体迈向至善的切实途径只能从道德着眼，无法或不能顾及至善的另一个要素，即幸福，这是由道德主体的有限性所决定的。

康德哲学可以说是最严格意义上的先验哲学，而先验哲学的特点，就是用规范性的东西建构或解释质料性的、无序的或偶然的东西，这样做，是因为只有规则和原理是主体所“能”提供的，而被规范的东西作为质料，有限主体无法顾及全部。就实践理性领域而言，我们通常会从积极方面说，康德的绝对命令只重动机而不计后果，这充分展示了道德主体的自足性。“法则必须充分决定作为意志的意志，而不待我问：我是否有为达到所欲求的结果而必需的能力，或为了产生这个结果，我应该做什么。”[①] 这种自足性也被人们不恰当地提升为一种就内容而言的道德纯粹性，而纯粹则意味着某种高尚。然而，法则的形式性及其不计后果，在康德那里通常并非指某种积极的精神境界，毋宁说，道德主体依照其有限的能力，不“能”充分算计其行为的后果，因为一旦将质料性的条件引入，法则就沦落为行为之规矩，这些经验性的规矩就成了因人而异、漂浮不定的主观准则，失去了客观性和普遍性。

先验哲学只能确保从规范入手，就德与福两个至善要素而言，康德认为主体只能优先顾及，甚至可以说只能顾及道德。康德也很清楚，“求得幸福，必然是每一个理性的然而却有限的存在者的热望，因而也是他欲求能力的一个不可避免的决定根据”[②]。但正是因为这样，如果从对幸福的主观意愿着眼，使之成为决定意志的根据，那么“在以意愿为先决条件的情形下该做何事，这是难以把握的，就需要万事通晓；这就是说：什么是职责，每个人都不言而喻；但什么东西会带来真正经久的利益，并尤其是应该使人一生受用不尽，人们在此时就如堕五里雾中莫名其妙了，它们需要相当的精明，把与此相配合的规则适度损益，以适应人生目的”[③]。因此，《实践理性批判》一开始就首先要把快适、功利、自爱、幸福等一切质料

---

① ［德］康德：《实践理性批判》，韩水法译，商务印书馆2000年版，第18页。

② 同上书，第24页。

③ 同上书，第39页。

性的意志决定根据都排除于法则之外，即使将这些快适从“独乐”扩展到“与人乐”，将个人利益上升为集体利益，自爱推及他人而成为博爱，个人幸福扩展到他人幸福或异口同声地群体幸福，这些经验性的意志规则最终还是会与快乐与不快的情感相关联，因达不到普遍性而不能成为至善的无上条件。“但是倘若我们抽取法则的全部质料，即意志的每一个对象（作为决定根据），那么其中就剩下普遍立法的单纯形式了。”① 可见，排除质料性的广义幸福要素纯属无奈之举。

道德法则从理论或知识角度看只能是形式的，从逻辑上讲，假言命令是有条件的“如果……就要……”，定言命令则排除了假言命令的条件“如果……”，只是强制性地命令“你要”，这就排除了主观目的或意愿之类的经验性决定意志的根据，而单由纯粹实践理性直接决定意志。批评道德法则空洞的人，只是消极地看到其理论上的形式性，但我们回想一下，康德强调自由、上帝、灵魂这三个理论领域中仅仅可以思维的单纯理念，在实践领域获得其客观实在性，按照同样的思路，道德法则的“实在性”也必须从道德实践角度来领会，从这个角度讲，排除决定欲求能力的质料性对象不仅是“逻辑上”的排除，而是实践意义上的排除和克服，自由意志正是要经过不断的排除或否定广义的幸福原则的影响，才能遵守绝对命令。而作为消极的抑制或否定，其根源恰恰在于道德主体从德行切入而通往至善的道路上，无法或不能顾及各种经验性的、最终与快乐或不快情感相关的幸福，因而没有能力、而不是不想考虑行为的结果，道德法则的形式性就根源于此。

意志自律的自“律”与“自”律

就道德实践的自足性而言，意志自律原则无疑是其最高体现，在《实践理性批判》中，自律原则出现在道德法则之后。我们知道，按照德国古典哲学的一般特点，在论述顺序中后出现的，往往是更为丰富的或更高的东西，加之我们受中国传统思维方式的影响，难免将这种自足

① ［德］康德：《实践理性批判》，韩水法译，商务印书馆 2000 年版，第 27 页。

性上升为某种“慎独”之类的高级修行境界。然而，如果我们仔细阅读康德的文本，就会发现自律首先是对自己的约束，是自“律”，人首先需要或必须予以约束，为什么呢？因为道德主体在大多情形下，恰恰受禀好或本能的刺激而行为，遵守道德法则对有限的人来说，是困难而非常态的。法则普遍有效，不仅限于人类，而且可推及一切有理性意识的有限存在者，甚至将神也包含进来，“但是在人类这里，这个法则具有一个命令的形式，因为我们虽然设定作为理性存在者的人类具有纯粹意志，但是我们无法设定作为受需要和感性动机刺激的存在者的人类具有神圣意志，亦即不可能有任何与道德法则相抵触的准则这样一种意志。因此，道德法则在人类这里就是一个命令，这个命令是用定言方式提出来，因为这条法则是无条件的；这样一个意志与这个法则的关系就是在义务名下的依赖性，这种依赖性就意味着对行为的一种强制性，这种行为因此就成为职责，因为受本能刺激的（虽然它并不是受此决定的，因而还是自由的）意愿，就身怀一个由主观原因发生并因而能够常常与纯粹客观的决定根据相抵触的愿望，这样就需要作为道德强制性的理性加以抵抗，而这种抵抗能够被正确地称之为内在的却是理智的约束”①。这里提到的纯粹意志，是我们人可能具有的，正是这种纯粹性决定实践理性的自足性，即理性可以不假经验而直接决定意志，从而摆脱意志的一切他律，使人可以自由地自己决定自己。但纯粹意志并不等于或绝不等于神圣意志，人之所以要接受命令，恰恰在于其意志、其准则、其愿望常常与道德法则相抵触，人需要严加管束，甚至是一种强制管束，以使道德强制性的理性抵抗这些基于他律的各种意念或准则。自律原则的这种首要的“律”的被动性显而易见，而被强制性或被依赖性就意味着受限制，受限制则就等于有限。

另一方面，自律特别要排除他律，而他律就是以各种功利、自爱、快适、幸福等作为决定意志的根据，康德认为这些在任何时候都是经验的，不足以作为普遍立法的原则。我们通常把排除他律更多地理解为主体“积极地”抵抗他物诱惑，充分弘扬主观能动性，这层含义不容置疑。然而，自律原则暗含着道德主体只能“自”律，只能约束或管好自己，上升不到

---

① ［德］康德：《实践理性批判》，韩水法译，商务印书馆 2000 年版，第 33—34 页。

“为天地立心”之类的境界，顾及不到诸如他人幸福、集体福利等诸如此类之事务。我们说过，必须正确理解康德的道德法则的形式性和空洞性，如果一厢情愿地随意增加内容，法则就会沦为道德学的说教，康德并非在寻求某些直接改善人类道德或为其谋得福利的指导原则，人们按照它做，就会将“上帝之国带到我们中间”①。因此道德自律对他律的排除，除了我们前面说过的，排除各种广义的幸福原则之外，还有一点也要注意，道德方面最高的自律原则，管不住他人的道德，也不是要将心比心，为他人着想，为全人类谋福利。实际上，能够将同情推及他人，正是以“自己”恪守法则为根据，“通过这种法则的形式我限制我建立在禀好之上的准则，以为它裁成法则的普遍性，并且使它因此适合于纯粹实践理性；正是出于这种限制，而不是出于附加一个外在的动力，将我的自爱的准则也扩展到他人的幸福上这个义务概念才能够产生出来”②。这就是说，即使将作为“好的”禀好的自爱原则推及他人，也同样是意志的他律，有限道德主体不应染指，自律就是只听从法则对自己进行强制性约束，消极地说只能“穷则独善其身”或“己所不欲，勿施于人”，至于“达则兼济天下”或“己欲立而立人，己欲达而达人”，在康德看来是他律的某种形式。虽然“出于对人的爱和同情的关切而向他们行善，或出于对秩序的热爱而主持正义，是非常好的，但这里还不是我们举止的真正的道德准则，即与我们厕身于作为人的理性存在者的立场相切合的道德准则”③。这样做反而事与愿违，导致道德法则经验化，而“意愿的一切他律非但没有建立任何职责，反而与职责的原则，与意志的德性，正相反对”④。自律看上去更像是“自私”。

法则决定对象及其限度

令人们感到康德道德主体自由度高的另一个因素是，道德法则决定

① ［德］康德：《实践理性批判》，韩水法译，商务印书馆 2000 年版，第 143 页。

② 同上书，第 36 页。

③ 同上书，第 89 页。

④ 同上书，第 33 页。

实践理性的对象。在理论理性领域，主体旨在认识对象，尽管人为自然立法彰显了主体认识的能动性，但毕竟对象是先行被给予的，而不是主体在发生学意义上自己创造出来的，认识主体只是借助先天直观形式和范畴，对所与的刺激进行的规范和整理，从而形成经验之对象。而实践理性似乎直接“创造”对象，这是由其特殊性质所决定的。因为实践理性的对象是善和恶，但“如果善的概念不是从一个先行的实践法则中推论出来的，而相反应该充任这个法则的基础；那么这个概念只是某种东西的概念，这种东西的实存预示快乐，并因此决定了主体造成这种东西的因果性，即欲求能力”①。这就是说，如果善恶对象先于道德原则，那么就我们无法先天地洞见对象与快乐情感的必然关联，要辨别对象的善或恶而决定我们的意志，就只能取决于经验，而这样一来，法则要求的客观性和普遍性就丧失殆尽，沦为因对象之不同而各异的主观准则。此外，善恶也不能被视为达到某种目的的手段，因为这样一来，善只是某种有用的东西，本身不是善而是依他物而定的善，同样是他律的或经验的。因此，在实践理性领域中，主体之自由就达到了最高度，其立法不仅是规范对象，而且对象是由道德主体依照法则行为而创造出来的，道德主体似乎真的可以“为天下立心”，甚至“说有光，于是就有了光”。

然而，自由并不等同于无限，这种“创造”出来的善恶对象，仅仅局限于“应然”层面。“判断某种东西是否是纯粹实践理性的对象，也仅仅是区分我们愿望一种行为的可能性或不可能性……”② 这里提到的愿望或想要，指向某种应该。如果对象决定欲求，那么我们能否就必须首先考虑心想事成的自然能力，显然，有限的主体完全无法保证心想事成，反过来，如果不计较有限的自然能力，我们至少可以愿望某种对象，“而问题也就是：在我们力所能及的范围内，我们是否可以愿望一种指向某个客体的实存行为；因而，行为的道德可能性必须先行；因为在这种情况下，不是对象，而是意志的法则才是行为的决定根据”③ 并不是真正如“上帝说有光，于是就有了光”那种意义上的创造，而仅仅

① ［德］康德：《实践理性批判》，韩水法译，商务印书馆 2000 年版，第 62 页。

② 同上书，第 61—62 页。

③ 同上书，第 62 页。

是我们的愿望，它“应该”实现，这就是先验哲学的理想性特征。主体“能”提供规则以规范质料性的东西，本身就有引导现实不断前进的旨趣，这确实是主体哲学之能动性方面的体现。但主体也“只能”提供规范，理想本身无疑限于一种应然，道德法则不能决定一个真正现实地发生在现象界内的事情，能决定的只是主体的愿望，但由于这愿望是遵循法则的，因此，虽说没有现实地造就某种现象界内善或恶的事情，但造就了愿不愿意遵守法则的主体本人。“但是，善或恶任何时候都意指对于意志的一种关联，只要这个意志受理性法则的决定而使某种东西成为它的客体；因为意志决不受任何客体或客体表象的直接决定，相反它是使自己成为充任行为动机的理性规则（一个客体因此而成为现实的）的能力。于是，善或恶在根本上与行为，而不是与个人的感受状况相关联；倘若某种东西应该是，或者应该被认为是绝对地（在所有方面无条件地）善的或绝对地恶的，那么它只是行为的方式，意志的准则，因而是作为善人或恶人的行为者本人，而不是任何一种可以称之为善或恶的事情”。[①]

道德法则决定对象，但这个对象只是作为善人或恶人的行为者本人，而重要的是：义人决定义行，这是马丁·路德的主张，康德接收到他的道德批判中。按照法则行事的人是动机善良的善人，而只有善人才可能做出善行，出于违背法则的意愿而成就了哪怕是好的结果，比如盗贼偷出了贪官，也不具有道德性；而出于善意，结果事与愿违，却具有道德性，是否按照法则行事之评判标准不在人，而在作为知心人的神，马丁·路德说，人只能通过“消极的正义性”而蒙受“异己的神圣性”。因此，道德主体可以不顾及自己的兴趣、爱好、利益、幸福等而断然依照法则行事，无疑是自由意志的最高体现；但另一方面却也只能造就应然层面的善人，保证不了实然层面的善事，甚至善人的标准在人看来也只是善意而已。先验哲学有意拉开理想与现实的距离，以给予人不断进步的动力，我们绝不否认康德的这种深意，但本体与现象的矛盾，应然与实然的差距，道德主体事与愿违的尴尬，本身就发源于道德主体的有限性。

① ［德］康德：《实践理性批判》，韩水法译，商务印书馆 2000 年版，第 65 页。

作为感性动力的敬重对道德狂热的抑制

与善良主体“事与愿违”相反的情形是恶人成就好事，即行为的合法性但非道德性，康德有时用宗教术语称之为“伪侍奉”。因此，对于有限的道德主体而言，仅仅根据行为的合法性并不能判定这个行为是否发自内心，遵守客观法则还必须在主观上找到某种感性的动力，成为自觉自愿的行动。“如果动力被理解为存在者意志的主观决定根据，而这个存在者的理性凭其天性并不必然合乎客观法则，那么由此得到如下结论：第一，人们决不能赋予神的意志以动力；第二，人类意志的（以及每一个被创造的理性存在者的意志的）动力决不能是某种与道德法则不同的东西；第三，如果行为不仅应当实现法则的条文，而且还应该实现法则的精神，那么行为的客观决定根据必须始终同时是行为唯一主观充分的决定根据。”① 由此我们首先看到，神的意志用不着被赋予动力，神是主观与客观、理性与感性的完全同一，而道德主体之所以需要主观决定根据，即某种动力，正是由于“这个存在者的理性凭其天性并不必然合乎客观法则”，② 于是，为了避免某些行为仅仅是遵守法则的“条文”，而不是实现法则的“精神”，行为的客观决定根据还要配以一种切实作用于主体的感性力量，以期理性与感性达于统一。而这种期待本身就已经暴露出道德主体的有限性，基督教的“坚振礼”，就是用来鼓舞人心的，其根源实际上恰恰在于有限主体并不“凭其天性”就愿意向善。有限存在者天性中具有诸多禀好，而这些禀好终归与某种快乐或不快的情感相关联，实践理性的这种感性动力，其功能恰恰在于否定或限制这些感性冲动，正因此，瓦解一切情感的东西才被称作一种特殊的情感，即敬重。“于此应当注意，就如敬重是施于理性存在者的情感之上的作用，从而是施于理性存在者的感性之上的作用，它以道德法则让其承担敬重的这种存在者的感性，从而以这种存在者的有限性为前提；于

① ［德］康德：《实践理性批判》，韩水法译，商务印书馆 2000 年版，第 78 页。

② 同上书，第 82 页。

是，对于道德法则的敬重不能赋予一个至上的或超脱一切感性的存在者，感性对于它不可能成为实践理性的障碍。”① 人的行为更乐于依从各种禀好引起的快乐情感而与神有别，所以这种敬重“感”的作用首先是消极的，遵守道德法则落实到行为层面被称为职责，职责由于排除各种禀好而本身之中就包含了实践的某种强制性，而强制就是因为出于职责的行为常常是主体不情愿做的，“这就是说，道德法则对于绝对完满的存在者的意志是一条神圣性的法则，但对于每一个有限的理性存在者的意志则是一条职责法则，一条道德强制性的法则，一条通过对法则的敬重以及出于对职责的敬畏而决定有限的理性存在者的行为的法则”②。

敬重感的这种消极贬损作用，康德特别用以防范各种形式的道德狂热，而道德狂热恰恰是由于主体忘掉其有限性造成的。敬重是一种理性的情感，和感性情感本质上不同，是拒斥一切感性情感的情感，康德反复强调这种动力直接与对法则的意识同一，而道德狂热就是以乐意、景仰或爱等积极的感性力量，代替敬重感这种起否定作用的动力，以幻想着通过道德修养达到对道德的“爱”或向往，达到“随心所欲不逾矩”的圣人境界。对此，康德坚决否认：“如果一个理性的创造物某一天达到了能够完全乐意去执行一切道德法则的层次，这无非就意指：在他心中，甚至连存在着引诱他去偏离这些道德法则的欲望的可能性都没有。……但是，任何一个创造物绝不可能达到道德意向这个层次。因为它是一个创造物，因而就他为完全满足自己的状况所需要的东西而言，一向不是自足的，所以他就绝不可能完全祛除欲望和禀好。”③ 这种无视主体有限性，认为通过某种“修身养性”就会产生所谓道德情感，并自愿遵守道德法则是一种妄想，康德称之为道德狂热，“如果最一般意义上的狂热是指根据某些原理着意逾越人类理性的界限，那么道德狂热就是指逾越人类纯粹实践理性所确立的界限，而纯粹实践理性借此界限禁止将合乎职责的行为的主观决定根据，亦即这种行为的道德动力置于别处，而不是置于法则本身之中，禁止将因此而被携入准则的意向至于别

---

① ［德］康德：《实践理性批判》，韩水法译，商务印书馆 2000 年版，第 82 页。

② 同上书，第 89 页。

③ 同上书，第 91 页。

处，而不是置于对法则的敬重之中，它因而命令将那摧毁一些傲慢一切虚荣自爱的职责思想设立为人类一切道德性的无上生活原则”。[1] 我们看到，主体对主观感性动力的需要，敬重感的消极否定作用，本身就意味着道德主体的有限性，而防范以感性情感偷换理性情感的道德狂热，则从反面暗示了就有限主体而言，理性与感性的完全融合，所谓道德情感或“随心所欲不逾矩”只是一种傲慢而已。

至善的时间性和历史性

康德区分了至善和无上的善，尽管《实践理性批判》通常被视为道德哲学或探究道德何以可能，于是对于至善之条件，即作为德行的无上的善的讨论就构成其主要内容，而至善的第二要素，即幸福则处处遭贬。“但是，不言而喻的是，倘若道德法则作为无上的条件已经包含在至善的概念里面，那么不单至善是一个客体，而且它的概念和它通过我们实践理性而可能的实存的表象同时就是纯粹意志的决定根据；因为，事实上正是已经包含在这个概念里面并且被一同思想的道德法则，而不是别的对象依照自律的原则决定意志。”[2] 由此我们可以看出，康德绝不是只要求道德而不顾及幸福，因为“道德法则作为无上的条件已经包含在至善的概念里面”，于是至善也就成了纯粹意志的决定根据，这就意味着，至善其实几乎和自由一样，是一个潜在的悬设，虽然在整个批判中表达的不是那么明确。主体按照道德法则行事，最终追求的还是德福双至的至善境界，只不过有限主体所能左右的，只是至善的无上条件，即德行；抑或说，迈向至善的切入点，只能是让道德法则，而不是别的对象依照自律的原则决定意志。由此，我们就可以更加清楚地理解康德对于伊壁鸠鲁，特别是斯多亚学派的批判。以幸福原则作为决定意志的根据，是有限存在者最乐意的，却完全不可能达到至善。而斯多亚学派采取了阿 Q 的做法，把德行视为至善，把道德的纯粹性和自足性过分提

① ［德］康德：《实践理性批判》，韩水法译，商务印书馆 2000 年版，第 93 页。

② 同上书，第 121 页。

升，妄图把人所具有的纯粹意志等同于上帝的神圣意志，而他们也看到事实上无法等同，就在精神上谋求幸福方面的某种自足性，这在康德看来，其实是无视幸福。由此足以看出康德对于幸福的关注，他甚至说："但是如果道德学（它单单托付职责，而不提供自私愿望的规则）得到完整的阐述，那么只有促进至善（将上帝之国带至我们中间）这个以法则为基础的道德厚望，这个不能事先从自私的心灵里升腾而起的道德厚望一样唤醒，并且为此缘故趋向宗教的步子已经迈出之后，这个德性学说才能命名为幸福学说，因为对幸福的希望首先只是与宗教一起发轫的。"[①] 德性学说在一定条件之下居然可命名为幸福学说，按照德国古典哲学的一般思路，加上了条件的并且后出现的，一定会高于先前出现的，就此而言，幸福的内涵比道德还要多，尽管达到至善的道路，因主体之有限性而不能从幸福迈出步伐。

"对幸福的希望首先只是与宗教一起发轫"[②]，就表明道德批判必然导向宗教批判，并且至善的进程将由于人的有限性而被推至无穷遥远。至善是由道德法则决定的意志的必然客体，对于这个意志而言，意向完全切合于道德法则是至善的无上条件，"但是，意志与道德法则的完全切合是神圣性，是一种没有哪一个感觉世界的理性存在者在其此在的某一个时刻能够达到的完满性。因为与此同时它仍然作为实践上必然的而被要求，所以它只有在一个向着那个完全的切合性而趋于无穷的前进中才能见及"[③]。由于至善的无限延期，就要求灵魂不朽的悬设，灵魂不朽首先是德行的要求，因为意向与道德法则完全切合，对于感觉世界的有限存在者遥不可及，它保证至善的第一和首要部分，即德性的完整性。满足了德行这个无上条件，才可以考虑配当的幸福，斯多亚认为的德性即幸福，在康德看来是局限于主观精神境界的自欺欺人，但人之能力所及的对于道德法则的遵守却又根本不预告任何幸福，于是，因为这种彻底的有限性，上帝存在就必然成为实践理性的另一个要求或悬设。尽管我们通常会强调康德"道德宗教"比之"宗教道德"对于主体能动性的

---

① ［德］康德：《实践理性批判》，韩水法译，商务印书馆 2000 年版，第 143 页。

② 同上书，第 142—143 页。

③ 同上书，第 134 页。

高扬，但从另一方面看，道德批判导向宗教批判之必然性，终究还是表露了道德主体的有限性。德行作为无上条件，保证不了包含幸福的客观至善，而任何真正的哲学之最终关切，都在于人类之洪福，就此而言，康德非但不应被归入某种“理想主义”者，而是一个彻头彻尾的现实主义者，尽管先验哲学的理想性拉开了与现实的距离，但这种距离正是旨在引导人们不断在历史和时间中成就现实。正是在道德批判和必然随后的宗教批判以及《判断力批判》中，康德著作开始出现了不同于《纯粹理性批判》中的历史和时间的维度，尽管这种维度由于先验哲学的框架被一再封锁，但事情本身已经超出了康德本人所能掌控之外。后来的黑格尔认为绝对精神在达到绝对知识时，时间就会消亡，历史就会终结，那么反过来，时间和历史恰恰就是达不到绝对知识的标志，是人作为主体，无论认识主体还是道德主体之有限性的根本标志。

结语

康德哲学被称为批判哲学或先验哲学，而批判本身就有划界的含义，《纯粹理性批判》防范知识越界，《实践理性批判》防范将信仰经验化或神秘化，同样有限定或约束之意。对知识或道德的约束最终归结为对主体之各种妄为的约束，同时就是对主体之有限性的揭示。先验哲学用主体所提供的规则或原理规范无序的、质料性的东西，或者规范自然给予的刺激，或者规范人自身的各种可概括为幸福的主观意向。康德正确地揭示出被规范的对象和规则本身之间的矛盾，黑格尔后来则扩展并发挥了这种矛盾，将其作为事物发展的积极动力。但无论调和矛盾还是正视矛盾，矛盾本身就意味着主体所提供的原理或规则，面对无限广阔、无限发展的自然对象或自身对象之有限规范力。人们通常强调主体积极规范的能力，这无疑符合近代哲学的主旋律，但另一方面，康德哲学中表露出来的主体之被动性和有限性，在当今科学技术高度发达，主体的建构已经扩张到每一个角落的情形下，无疑对于反思我们的生存境况有所启发。就道德领域而言，道德法则之形式性根源于纯粹实践理性在丰富的质料面前之无能，仅按照法则行事的自律原则，因而也更多地表现为“约束”自己的自“律”，以及约束“自己”的“自”律，消极的约束不是积极的修身养性，约束自己不是向他人传递美德或为他人谋求福利。即使道德法则决定甚至创造对象，这种创造也仅限于有善念的善人，善人“应该”成就善事，而大多情况还并非如此。道德主体因其天性趋乐避苦，违背法则是其常态，不听理性呼唤且人性软弱，因而需要感性上有所驱动，作为动力的敬重因此也只能担负贬抑禀好，将职责设立为无上生活原则的使命，同时防止将对道德法则的敬重，偷换为对道德的“爱”或道德情感，以供心灵虚弱的主体自欺欺人。最后，由于至善的第二要素，即幸福之不可企及，最终需要灵魂不朽和上帝存在的悬设，而悬设（Postulate）本身就有“要求”的意思，道德主体所能做到的极限，只能是恪守法则，但作为俗人，骨子里不会就此心甘情愿，总是希望或要求德福双至，尽管是道德导致宗教，但人的有限性却因此彰显无遗。以上之种种表明，当代西方哲学家有意褒扬康德而贬抑黑格尔的原因之一，就是蕴藏在康德哲学中对人的有限性的揭示，对于康德提出的三个问题：我能够知道什么？我应该做什么？我可以希望什么？海德格尔评说道：“人类理性的最内在的关切在自身中结合了上述三个问题，在这里，人的理性的能够、应该和可以都成了问题。……不过，人类理性在这些问题中不仅泄露了其有限性，而且其最内在的关切也指向有限性本身。”[①] 可见，即使进入本体领域的道德主体也同样有限，黑格尔将有限性扬弃到无限性之中，而康德有意拉开了有限和无限、理想和现实之间的张力。两种思路并无实质性冲突，但在主体建构过度膨胀的今天，有限性无疑应该成为人定位自己在宇宙中的位置时的重要参考。

---

① ［德］海德格尔：《康德和形而上学问题》，《海德格尔选集》，孙周兴译，上海三联书店 1996 年版，106—107 页。

身心之学的重建与自律道德的回归

——朱子的工夫论及其心性论基础

江求流*

摘　要：工夫论是理学的核心问题之一，在朱子的哲学体系中，工夫论占据着至关重要的地位。他通过对湖湘学派“先察识后涵养”的工夫进路的反思，确立了以“先涵养后察识”为核心内容的工夫进路。在这一工夫进路中，涵养工夫既包括身体层面的调节，又包含着意识层面的调节，构成了朱子对先秦儒家身心之学的继承和重建；而察识工夫则意味着主体在相应的情境中对自身天理良知的遵循，这一过程没有任何目的性，甚至不以湖湘学派所说的对本体的体认为目的。如果说，湖湘学派的察识工夫具有明显的他律色彩，那么朱子的察识工夫，则是从他律道德向自律道德的回归。此外，朱子的工夫进路的确立过程，也包含着从中和旧说“性为未发、心为已发”到中和新说“性为未发、情为已发、心统性情”的转变。它既涉及对主体内在的知觉运用能力的重新发现，又涉及对心的内涵进行重新界定。如果说，“性为未发、心为已发”构成了“先察识后涵养”这一工夫进路的心性论基础，那么，从“性为未发、心为已发”到“性为未发、情为已发、心统性情”的转变，则是朱子为“先涵养后察识”的工夫进路重新奠定心性论基础的努力，换言之，在朱子那里，“性为未发、情为已发、心统性情”这一新的心性理论构成了“先涵养后察识”这一工夫进路的心性论基础。

关键词：朱子；工夫论；身心之学

---

* 作者简介：江求流（1985—　），安徽寿县人，陕西师范大学政治经济学院讲师暨哲学博士后流动站研究人员。主要研究方向为朱熹哲学暨宋明理学。

众所周知，工夫论是理学的核心问题之一。对朱子而言，工夫论在其哲学体系中同样占据着至关重要的位置。谈到朱子的工夫论问题，不可避免地要涉及他对湖湘学派“先察识后涵养”的工夫论的批判。实际上，朱子自身工夫论的建构正是在对湖湘学派的批判之中完成的。

一　对湖湘学派工夫论的反思

作为宋明理学中的一个重要学术流派，湖湘学派对工夫论有其独特的理解，即“先察识后涵养”。在中和旧说时期，朱子对此一工夫进路非常推崇，曾说：“大抵衡山之学，只就日用操存辨察，本末一致，尤易用功。”① 然而，在乙丑之悟的中和新说确立之后，朱子对“先察识后涵养”这一工夫进路进行了一次翻转，从而确立了“先涵养后察识”的工夫进路。那么，朱子为何要进行这一翻转呢？要回答这一问题，就必须首先弄清湖湘之学的“先察识后涵养”的具体内涵是什么。湖湘学派关于“先察识后涵养”的论述首先集中体现在胡宏与彪居正的如下对话中：

> 彪居正问：“心无穷者也，孟子何以言尽其心。”曰：“惟仁者能尽其心。”居正问为仁，曰：“欲为仁，必先识仁之体。”曰：“其体如何？”曰：“仁之道弘大而亲切，知者可以一言尽，不知者虽设千万言亦不知也。能者可以一事举，不能者虽指千万事亦不能也。”曰：“万物与我为一，可以为仁之体乎？”曰：“子以六尺之躯，若何而能与万物为一。”曰：“身不能与万物为一，心则能矣。”曰：“人心有百病一死，天下之物有一变万生，子若何而能与之为一？”

---

① （宋）朱熹：《答罗参议》，《续集》第五卷，《朱子全书》，上海古籍出版社 2000 年版，第 25 册，第 4747 页。按陈来先生的考证，此书作于乾道元年（1165）（参见陈来《朱子书信编年考证》，生活·读书·新知三联书店 2007 年版，第 34 页。）而确立中和新说的乙丑之悟发生在乾道五年（1169），因此这显然是中和旧说时期的说法。

居正竦然而去。他日某问曰："人之所以不仁者，以放其良心也。以放心求心可乎？"曰："齐王见牛而不忍杀，此良心之苗裔，因利欲之间而见者也。一有见焉，操而存之，存而养之，养而充之，以至于大，大而不已，与天地同矣。此心在人，其发见之端不同，要在识之而已。"①

通过这一论述可以看到，湖湘之学将工夫的最终目标设定为"识仁之体"，而按照胡宏的说法，要达到这一境界，具体的工夫进路是在良心发见之时能够通过反省的方式自觉地意识到良心的呈现这一经验性事实，由于良心即是恻隐之心，是作为性体的仁的经验性流露，对良心的察识实质上也就是通过对仁的经验性呈现这一事实的察觉而认识仁之体本身，因此，胡宏一方面说"必先识仁之体"；另一方面又说"要在识之而已"。所谓涵养，则是在察识到良知的存在之后，即在"一有见焉"之后，"操而存之，存而养之，养而充之"，实际上即是对良心的进一步体认、扩充。后来张栻将胡宏的上述观点概括为"学者先须察识端倪，然后可加存养之功"②，即"先察识后涵养"。在深受湖湘学派影响的中和旧说时期，朱子对工夫进路的理解基本与此一致，在著名的"人自有生四书"的第一书中，朱子写道：

天理本真，随处发见，不少停息者，其体用固如是，而岂物欲之私所能壅遏而梏亡之哉？故虽汩于物欲流荡之中，而其良心萌蘖，亦未尝不因事而发见。学者于是致察而操存之，则庶乎可以贯乎大本达道之全体而复其初矣。③

---

① 引自（宋）朱熹《胡子知言疑义》，《文集》第七十三卷，《朱子全书》，上海古籍出版社2000年版，第24册，第3560—3561页。

② （宋）朱熹：《答张钦夫四十九》，《文集》第三十二卷，《朱子全书》，上海古籍出版社2000年版，第21册，第1420页。

③ （宋）朱熹：《与张钦夫三》，《文集》第三十卷，《朱子全书》，上海古籍出版社2000年版，第21册，第1315—1316页。

这里的“致察而操存之”显然是与湖湘学派“先察识后涵养”的工夫进路是一致的。很显然，无论是胡宏、张栻，还是朱子自己对工夫进路的上述理解都明确地既具有察识的环节又包含涵养的环节，朱子为什么在中和新说成立后认为这里欠缺涵养工夫呢？这里的关键就在于，从胡宏和朱子自己的论述看，“先察识而后涵养”中的涵养实质上不过是察识工夫的补充性环节，从根本上说，它仍然属于察识工夫，而不具有独立的工夫意义，因为按照“先察识后涵养”这一工夫路径的安排，如果没有“先察识”这一先行的环节，则“后涵养”这一环节就无从下手。更为重要的是，“先察识”这一环节是建立在良心的呈现这一经验性事实的基础上的，无论是胡宏说的“良心之苗裔”，还是朱子说的“良心萌蘖”，都是指向良心（恻隐之心）的呈现这一经验性事实，对察识工夫而言，如果没有良心呈现这一经验性事实存在的话，那么察识本身也无从下手，更不要说察识后的涵养工夫了。然而，这里需要考虑的是，良心是永无停息地呈现在哪里呢，还是其呈现需要特定的条件呢？事实上，在胡宏和朱子的上述论述中都可以很清楚地看到，良心的呈露并不是无条件的，它实际上是作为主体内在性体的仁在与特定境域相感通时才会呈现出来的。胡宏说的“齐王见牛而不忍杀，此良心之苗裔”，朱子说的“良心萌蘖，亦未尝不因事而发见”，都表明了这一点，即良心的呈现必须因事而发，或者说，仁之体必须感于物[①]而动，倘若没有见孺子入井或者见牛觳觫这样的具体事件发生，就不会有良心的呈现这一经验性事实出现[②]。正如王夫之所言：

> 意或无感而生（如不因有色现前而思色等），心则未有所感而不现（如存恻隐之心，无孺子入井事则不现等）。[③]

---

① 在儒家传统中“物”的基本内涵即是“事”。朱子在注释大学的“格物”之“物”时，就明确说“物，尤事也”。而无论是郑玄还是王阳明、王夫之都是如此理解的。

② 这一点本文在第二章中已经有非常详尽的论述，这也是朱子区分性与情的根本性的问题意识所在。

③ 王船山：《读四书大全说》第一卷。

良心的呈现不同于一般性的意识、思维，它只会在主体与特性的情境相遭遇时才会呈现。但问题的关键是，主体并不是一天到晚都会遭遇触动良心呈现的事件。实际上，能够触动主体内在的性体，从而流露出恻隐、羞恶、辞让、是非之心的情境，在主体的日常生活中并不以常态的形式出现。那么，如果按照“先察识后涵养”的工夫进路，在没有良心呈现的大多数时间内，主体的工夫显然无法安顿。正因如此，在中和新说确立后，朱子对张栻所说的“学者先须察识端倪之发，然后可加存养之功”提出了批判：

> 所谓“学者先须察识端倪之发，然后可加存养之功”，则熹于此不能无疑。盖发处固当察识，但人自有未发时，此处便合存养，岂可必待发而后察、察而后存耶？且从初不曾存养，便欲随事察识，窃恐浩浩茫茫，无下手处，而毫厘之差、千里之缪将有不可胜言者。①

良心的呈现就是性体、仁体的发用，也就是已发，但问题的关键就在于“人自有未发时”。如果按照“先察识后涵养”的工夫进路，在良心未发时，就不用做工夫，也不知该如何做工夫。但对于朱子而言，“此处便合存养”，也就是说，真正的涵养工夫是在良心未呈现的那些日常生活的大多数时间内进行的，而不仅仅是依赖于良心呈现这种特殊的、暂时的情境所进行的察识工夫的补充性环节。正因如此，朱子说：“近看南轩文字，大抵都无前面一截工夫也。大抵心体通有无、该动静，故工夫亦通有无、该动静，方无透漏。若必待其发而后察，察而后存，则工夫之所不至多矣。”② 之所以说南轩（张栻）那种“先察识后涵养”的工夫是“无前面一截工夫”，从而“工夫之所不至多”，根本原因在于良心的呈露是因事而发、感物而动的，因此就时

---

① （宋）朱熹：《答张钦夫四十九》，《文集》第三十二卷，《朱子全书》，上海古籍出版社 2000 年版，第 21 册，第 1419 页。

② （宋）朱熹：《答林择之二十二》，《文集》第四十三卷，《朱子全书》，上海古籍出版社 2000 年版，第 22 册，第 1981—1982 页。

间上说是短暂的，如果仅仅依赖先察识而后涵养，那么主体日常生活中做工夫的时间也就不会很多，日常生活的绝对多数时间内反而无须做工夫了。正因日常生活中良心的呈现是一种非常态的情况，而大多数时间内良心都不是处于呈现状态的，因此，“先涵养后察识”的工夫进路中的“先涵养”就是日常生活的绝大多数时间内所进行的修养工夫，而“后察识”则意味着在良心呈现这特殊情况下所进行的工夫。因此，如果说，在“先察识后涵养”的工夫进路中，涵养工夫只是察识工夫的一个补充性的环节，因此，察识工夫才是工夫的根本所在；那么在“先涵养后察识”的工夫进路中，涵养工夫则具有更为根本性的地位，它在实际上构成了察识工夫的基础性前提。正如朱子所言：

> 未发有工夫，既发亦用工夫。既发若不照管，也不得，也会错了。但未发已发，其工夫有个先后，有个轻重。①

未发时的工夫显然是指涵养工夫，已发时的工夫则是察识的工夫，而涵养与察识不仅“有个先后”，而且“有个轻重”，也就是说在“先涵养后察识”工夫进路中，涵养显然比察识具有更为重要的地位，朱子自己就曾经用“本领工夫”② 一词来表达涵养工夫所具有的根本性地位。

二 涵养工夫与身心之学的重建

不过，对朱子而言，涵养工夫之所以是根本性的工夫，不仅因为它在日常生活中所能够进行的时间长，更为重要的是，“先察识后涵

---

① （宋）朱熹：《语类》第九十四卷，《朱子全书》，上海古籍出版社 2000 年版，第 17 册，第 3151 页。

② （宋）朱熹：《已发未发说》，《文集》第六十七卷，《朱子全书》，上海古籍出版社 2000 年版，第 23 册，第 3268 页。

养”与“先涵养后察识”两种不同的工夫进路中的涵养工夫在内涵上具有根本的不同。事实上，由“先察识后涵养”到“先涵养后察识”的转变并不仅仅是一种形式上的先后顺序的翻转，倘若如此，朱子就不会说张栻那里“无前面一截工夫”，也不会说他自己的中和旧说欠缺“平日涵养一段工夫”①。而欠缺“平日涵养一段工夫”则表明，在朱子看来，“先察识后涵养”中涵养并非真正意义上的涵养，因为它实质上不过是察识工夫的一个补充性环节。那么，朱子所说的涵养工夫的真正内涵是什么呢？

众所周知，朱子那里的涵养工夫实际上是继承了程颐所说的“涵养须用敬”之说。② 当然，持敬工夫并非程颐的发明，而实质上是在孔子那里就已经存在的一种修养方式，在孔子那里已经将“敬”作为自我修养的方式而提出来了。《论语·宪问》中“子路问君子”，孔子首先的回答就是“修己以敬”。在这里，孔子已经将“敬”作为一种君子修己、成德的基本方式而提出来了。此外，《论语·雍也》篇中也有“居敬”之说。对朱子而言，持敬工夫实际上是儒学最为核心的修养工夫，他甚至说：“敬之一字，圣学所以成始成终者也。”③ 那么作为涵养工夫的敬又该如何下手呢？在《大学或问》中朱子曾经以自问自答的方式回答了这一点：

> 曰：然则所谓敬者，又若何而用力邪？曰：程子于此，尝以主一无适言之矣，尝以整齐严肃言之矣。至其门人谢氏之说，则又有所谓常惺惺法者焉。尹氏之说，则又有所谓其心收敛不容一

① （宋）朱熹：《与湖南诸公论中和第一书》，《文集》第六十四卷，《朱子全书》，上海古籍出版社 2000 年版，第 23 册，第 3131 页。

② 朱子中和新说确立后的工夫论是继承程颐的“涵养须用敬，进学则在致知”。从广义上说，无论是涵养还是致知都属于工夫的范畴，前者属于《中庸》所谓的尊德性，后者属于道问学。不过从狭义上说，尊德性属于更为具体的工夫，而道问学属于广义上的工夫，对朱子而言，道问学对于尊德性具有引导性、补充性的意义，而尊德性才是工夫的核心内涵。关于道问学与尊德性，或者说，致知与涵养之间的关系问题，本文将在第五章进行专门的处理。

③ 朱熹：《大学或问》，《朱子全书》，上海古籍出版社 2000 年版，第 6 册，第 506 页。

物者焉。观是数说，足以见其用力之方矣。①

在这一论述中，持敬工夫被概括为四个方面，即：A. 主一无适；B. 整齐严肃；C. 常惺惺；D. 其心收敛不同一物。A、B 两者来自程子，实际上主要是程颐，而 C、D 则是来自程门后学。不过，如果全面地阅读朱子的文献，可以发现，朱子所强调的持敬工夫主要是主一无适和整齐严肃两个方面，这在《敬斋箴》一文中得以明确体现：

> 正其衣冠，尊其瞻视；潜心以居，对越上帝。足容必重，手容必恭；择地而蹈，折旋蚁封。出门如宾，承事如祭；战战兢兢，罔敢或易。守口如瓶，防意如城；洞洞属属，毋敢或轻。不东以西，不南以北；当事而存，靡他其适。勿贰以二，勿叁以三；惟精惟一，万变是监。从事于斯，是曰持敬；动静弗违，表里交正。②

这里的"正其衣冠，尊其瞻视""足容必重，手容必恭"等主要涉及的即是整齐严肃，而"不东以西，不南以北；当事而存，靡他其适。勿贰以二，勿叁以三；惟精惟一，万变是监"则非常明确地属于主一无适的范围。这一点也体现在如下的论述中：

> "持敬"之说，不必多言，但熟味"整齐严肃""严威严恪""动容貌""整思虑""正衣冠""尊瞻视"此等数语而实加功焉，则所谓直内、所谓主一，自然不费安排而身心肃然，表里如一矣。③

从以上对于持敬内容的介绍又可以很明显地看出，整齐严肃与主

---

① （宋）朱熹：《大学或问》，《朱子全书》，上海古籍出版社 2000 年版，第 6 册，第 506 页。

② （宋）朱熹：《敬斋箴》，《文集》第八十五卷，《朱子全书》，上海古籍出版社 2000 年版，第 24 册，第 3996—3997 页。

③ （宋）朱熹：《答杨子直一》，《文集》第四十五卷，《朱子全书》，上海古籍出版社 2000 年版，第 22 册，第 2072 页。

一无适作为日常涵养工夫的具体内容实际上涉及两个不同的层面，如果说整齐严肃所涉及的是对身体的调节，那么主一无适显然涉及的是对意识的调节，如果借用儒学的固有词汇，持敬涵养工夫实质上涉及身与心两个层面，正因如此，朱子说持敬工夫可以达到“身心肃然，表里如一”。在这一意义上，由整齐严肃与主一无适所共同构成的涵养工夫实质上是包含身心两个层面在内的一种全方位的工夫进路。就这一点而言，朱子那里的持敬涵养的工夫，就与那种仅仅关注意识层面的修养工夫具有本质的区别。事实上，从前文的论述中可以看到，湖湘学派的“先察识后涵养”的工夫是一种仅仅关注意识层面的工夫，在那里身体层面的调节没有得到应有的关注。因此，朱子这种身心兼顾的修养工夫值得特别注意。这一点如果与西方思想中的精神修炼的传统加以对比，就更能显现出其独特性。在西方主流的思想传统中，身体往往被看作是灵魂的负担。“对大部分古希腊罗马的哲学家来说，哲学实践就是一个将灵魂从肉体中摆脱出来的过程”，因此其修养工夫也就成为一种“纯粹的精神修炼，其中并无身体的位置”[①]。当然，西方哲学传统中的这种精神修炼的工夫植根于根深蒂固的身心二元论传统。这一观念从以亚里士多德为代表的古希腊时期就已经存在，到笛卡儿那里达到顶峰。赖尔曾经对这种被他称为“官方学说”的理论进行了如下的概括：“可能除了白痴和怀抱的婴儿外，每个人都有一个躯体和一个心灵。有些人则宁愿说，每个人都既是一个躯体又是一个心灵。通常，他的躯体和他的心灵被套在一起，但在躯体死后，他的心灵可以继续存在并依然发挥作用”[②]。在赖尔看来，西方传统中以二元论为主流的对身心关系的理解，将一个具体的人假定为两个不同形态的存在的结合，它们分别是物理性的存在和心理性的存在，前者是身体，后者则是人的心灵；前者存于时空之中，后者则是超越时空的。[③] 这种对身心关系的理解，一方面将身心理解为两种完全异

---

① 彭国翔：《儒家传统的身心修炼及其治疗意义》，参见杨儒宾、祝平次编《儒学的气论与工夫论》，华东师范大学出版社 2008 年版，第 11 页。

② ［美］吉尔伯特·赖尔：《心的概念》，徐大建译，商务印书馆 2009 年版，第 4 页。

③ 同上书，第 6 页。

质的存在，二者如同两个不同性质的物体一样机械性地结合在一起，无法相互作用；另一方面，这种理解的背后又隐含着贵心（灵魂）而贱身（身体）的观念，反映在修养工夫上就是精神修炼，也就是仅仅从心上做工夫。但在朱子看来，心是“气之精爽”[①]，因此心是身体的内在机能[②]，因此身体层面的修养工夫与意识层面的修养工夫实际上是可以相互作用的。正如朱子所言：

> 根本枝叶本是一贯，身心内外原无间隔。今曰专存诸内而略乎外，则是自为间隔，而此心流行之全体常得其半而失其半也。曷若动静语默由中及外，无一事而不敬，使心之全体流行周浃而无一物之不遍、无一息之不存哉？观二先生之论心术，不曰“存心”而曰“主敬”，其论主敬，不曰虚静渊默而必谨之于衣冠容貌之间，其亦可谓言近而指远矣。[③]

由此可见，朱子对修养工夫的理解是建立在一种一元化的、身心互动的身心观之上的。正因如此，他不会将修养工夫仅仅理解为一种意识层面的精神修炼，而对身体层面的修养工夫也非常重视。

实际上，朱子不仅非常重视身体层面的修养工夫，对他而言，身体层面的修养工夫比心灵层面、意识层面的修养工夫更为重要。在他看来，身体层面的整齐严肃是持敬涵养工夫的最核心的层面。他曾经多次谈到这一点，如：

---

① （宋）朱熹：《语类》第五卷，《朱子全书》，上海古籍出版社 2000 年版，第 14 册，第 209 页。

② 朱子这种对心的理解与前文所提到的将心理解为一种实体化存在不同，而与现代科学对心的理解更为接近。在现代科学中，心的实质内涵是意识，无论是理智、情感还是意志，乃至潜意识都是意识的不同表现形式，而意识是在生物进化过程中产生的。（参见［美］杰拉尔德·埃德尔曼《第二自然》，唐璐译，湖南科学技术出版社 2010 年版，第 21 页。）需要指出的是，前文曾经一再指出，在朱子那里，以仁义礼智为内涵的人性实质上也是身体的内在机能。这一点与心是身体的内在机能并不矛盾。在朱子那里，仁义礼智之性也是心的一个层面，即也是身体内在机能的一个层面。

③ （宋）朱熹：《答何叔京二十四》，《文集》第四十卷，《朱子全书》，上海古籍出版社 2000 年版，第 22 册，第 1835 页。

熹窃观尊兄平日之容貌之间，从容和易之意有余，而于庄整齐肃之功终若有所不足。岂其所存不主于敬，是以不免若存若亡而不自觉其舍而失之乎？二先生拈出“敬”之一字，真圣学之纲领，存养之要法，一主乎此，更无内外精粗之间，固非谓但制之于外而无事于存也。所谓“既能勿忘勿助，则安有不敬”者，乃似以敬为功效之名，恐其失之愈远矣。①

比因朋友讲论，深究近世学者之病，只是合下欠却持敬工夫，所以事事裂灭。其言敬者，又只能说存此心，自然中理，至于容貌词气往往全不加工。……程子言敬，必以整齐严肃、正衣冠、尊瞻视为先。又言未有箕踞而心不慢者，如此那是至论。②

上述议论虽然都有其针对性，但如果考虑到朱子还有“夫子教人持敬，不过以整衣冠、齐容貌为先”这样的说法，那么丝毫不用怀疑身体层面的修养工夫在朱子那里所具有的根本性地位。事实上，在儒学传统中，身心之学中最为核心的工夫就被称为修身，《礼记·大学》篇甚至提出“自天子以至于庶人，一是皆以修身为本”，这里的修身固然可以做广义的理解，即看作修养、修为的代名词，但这一名词无疑也体现了身体层面的修养在儒学修养工夫中所具有的核心地位，可以说，修身最为直接的进路无疑是对身体的调节。而对于朱子而言，身体的调节构成了工夫最为核心的部分，正因如此，他对《礼记·玉藻》所说的“君子之容舒迟，见所尊者齐速。足容重，手容恭，目容端，口容止，声容静，头容直，气容肃，立容德，色容庄，坐如尸，燕居告温温”，以及孔子所说的“君子有九思：视思明，听思聪，色思温，貌思恭，言思忠，事思敬，疑思问，忿思难，见得思义”这类以身体的调节为核心的修养工夫非常重视，认为它们是真正的“涵养

---

① （宋）朱熹：《答何叔京二十一》，《文集》第四十卷，《朱子全书》，上海古籍出版社2000年版，第22册，第1833页。

② （宋）朱熹：《答林择之九》，《文集》第四十三卷，《朱子全书》，上海古籍出版社2000年版，第22册，第1979页。

本原"[①] 的工夫。

张载曾经说"为学大益，在自求变化气质"[②]，事实上，朱子之所以会给予身体层面的修养工夫以如此重要的地位，也与他对"变化气质"的重视密不可分。不过，对朱子而言，不仅整齐严肃这类直接的身体层面的工夫具有变化气质的意义，而且实际上，以主一无适为主要内容的意识层面的调节也同样具有变化气质的意义。程颢曾经以现身说法的方式指出："某写字时甚敬，非是要字好，只此是学。"[③] 这里的敬显然是从主一无适的角度说的，而这里的"学"显然是变化气质之学。朱子对程颢的这一说法非常肯定，并将其收入以"存养"为主题的《近思录》第四卷中[④]，而朱子自己则作有《书字铭》对此加以阐发："只此是学。握管濡毫，伸纸行墨，一在其中；点点画画，放意则慌，取妍则惑。必有事焉，神明厥德"[⑤]。这里的以主一无适为具体内容持敬工夫更为具体地说就是专一，这从朱子反对"放意"就可以明确地看出。事实上，在朱子那里，主一正是以专一为核心内容的，他曾经非常明确地说"主一只是专一"[⑥]。无论是主一还是专一，它所强调的无非是现代人常说的专心致志，做起事来不三心二意[⑦]。正如朱子所言："做这一事，且做一事；做了这一事，却做那一事。今人做这一事未了，又要做那一事，心下千头万绪。"[⑧] 事实上，人们在日常生活中总是有很多事务需要处理，而处理事务的意识状态决定了效率与效果，因此意识层面的专一显然十

---

① （宋）朱熹：《语类》第八十七卷，《朱子全书》，上海古籍出版社 2000 年版，第 17 册，第 2965 页。

② （宋）张载：《经学理窟·义理》，《张载集》，中华书局 2006 年版，第 274 页。

③ （宋）程颢、程颐：《河南程氏遗书》第三卷，《二程集》，中华书局 2004 年版，上册，第 60 页。

④ 参见陈荣捷《近思录详注集评》，华东师范大学出版社 2007 年版，第 151 页。

⑤ （宋）朱熹：《书字铭》，《文集》第八十七卷，《朱子全书》，上海古籍出版社 2000 年版，第 24 册，第 3997 页。

⑥ （宋）朱熹：《语类》第九十六卷，《朱子全书》，上海古籍出版社 2000 年版，第 17 册，第 3240 页。

⑦ 钱穆也曾指出，敬"照现在话说，只是一个精神集中"。参见钱穆《中国思想史》，九州出版社 2012 年版，第 198 页。

⑧ （宋）朱熹：《语类》第九十六卷，《朱子全书》，上海古籍出版社 2000 年版，第 17 册，第 3240 页。

分必要。但意识层面的专一并不仅仅具有工具性的意义，它同时也具有修身的意义。我们很难设想一个整日心猿意马，做起事来三心二意的人会是一个很具有修养的人。但正如朱子所发现的“今人做这一事未了，又要做那一事，心下千头万绪”，这是一种衡诸古今都不变的基本事实，因此这种专一的工夫诉求就具有非常明确的现实意义，它虽然不具有直接的道德伦理的内涵，但仍然变化气质、涵养本原的不可或缺的组成部分，正因如此，朱子也将其作为涵养工夫的重要内容。

在朱子那里，无论是对身体的调节还是对意识状态的调节，作为涵养工夫最终都指向变化气质。由于气质是每个人先天所禀，因此，气质的变化一方面非常重要；另一方面又非常困难。但在朱子看来，“气有可反之理，人有能反之道”①，这就意味着一方面变化气质具有可能性②；另一方面主体也具有变化气质的具体进路，上述所论的涵养工夫正是朱子对变化气质的具体进路的探讨。而通过上文的论述也可以看到，以整齐严肃、主一无适为主要内容的持敬构成了朱子所说的涵养工夫的基本进路。这一意义上的涵养工夫，与那种作为察识工夫的补充性环节的体认、扩充式的涵养工夫具有本质的不同，它不仅对主体的意识状态加以调节，同时也对主体的身体姿态加以调节，换言之，它这一工夫进路实际上是将工夫安顿在身体与意识的不同层面，同时这一工夫进路也不依赖于作为道德意识的良知呈现这一前提，从而能够将工夫安顿到日常生活行住坐卧的任何时空之中。因此，它既是对儒学传统中身心之学的自觉继承，也是对先秦儒学身心之学的重建。通过这一重建，使得儒学的身心之学能够以一种更容易为人们所把握的方式展现出来。正如有学者指出：“朱熹在思想理论上通过对二程‘持敬’思想的创新阐释，而构成具有普遍适用性的‘中和新说’，其根本意向，就在于上至最高权力者下至百姓的所有成员，皆

① （宋）朱熹：《论语或问》，《朱子全书》，上海古籍出版社 2000 年版，第 6 册，第 863 页。

② “气有可反之理”中的理是在可能性的意义上说的，这涉及朱子哲学中理的另一种内涵。在朱子那里，在作为人性的性理之外，作为一个概念的理还包含着可能性、必然性等内涵，关于这一点，本文第五章将做进一步的探讨。

能在人伦日用之间得以实践。”①

三 察识工夫与自律道德的回归

正如前文所言，“先察识后涵养”的工夫依赖于良心呈现这一具体情境，但不可否认一些气禀非常差的人往往是麻木不仁，因而，变化气质能够对气禀的不良加以克服，从而使得主体在遭遇孺子入井等具体情境时人性能够更好地发用，这也就为良心的呈现提供了前提保证。正是在这一意义上，朱子指出：

> 古人只从幼子常视无诳以上、洒扫应对进退之间，便是做涵养底工夫了。此岂待先识端倪而后加涵养哉？但从此涵养中渐渐体出这端倪来，则一一便为己物。又只如平常地涵养将去，自然纯熟。今曰“即日所学，便当察此端倪而加涵养之功”，似非古人为学之序也。②

由此可见，朱子之所以特别强调涵养工夫，正是因为涵养工夫构成察识工夫的基本前提，涵养工夫能够保证察识工夫更好地发挥其效用——如果气质不美，麻木不仁，即便见孺子入井也默然视之，那么察识工夫也就无法着手了。正因如此，在朱子看来，涵养与省察“诚不可偏废，然圣门之教详于持养而略于体察……夫必欲因苗裔而识本根，孰若培其本根，而听其枝叶之自茂耶”③。对朱子而言，涵养工夫正是涵养本原、培植根本的工夫，只有气质得以变化，人性的功能才能够更好地发用，而察识工夫才能更好地发挥其作用。

---

① 王健：《在历史真实与价值真实之间》，华东师范大学出版社 2007 年版，第 227 页。

② （宋）朱熹：《答林择之二十一》，《文集》第四十三卷，《朱子全书》，上海古籍出版社 2000 年版，第 22 册，第 1980 页。

③ （宋）朱熹：《知言疑义》，《文集》第七十三卷，《朱子全书》，上海古籍出版社 2000 年版，第 24 册，第 3562 页。

当然，在上述论述中也可以看到，朱子虽然给予持敬涵养的工夫以非常根本的定位，也没有否认察识工夫的重要性，不过，朱子在中和新说后所确立的察识工夫，实际上与湖湘学派的察识工夫也存在着很大的差异。这明确地体现在朱子对胡宏所说的“欲为仁，必先识仁之体”的批判上。虽然胡宏的这一说法根源于程颢在著名的《识仁篇》中的说法：“学者须先识仁。仁者，浑然与物同体。义、礼、知、信皆仁也。识得此理，以诚敬存之而已。”[①] 但胡宏所言与程颢毕竟还有所不同，这里的关键就在于，胡宏这一说法是对彪居正“为仁”之问的回答。对朱子而言，彪居正之问与胡宏的回答涉及知与行之间的关系：“为仁”是行，而“识仁之体”是知，但胡宏之说中的一个“必”字意味着为仁的道德行动必须建立在知“仁之体”这一前提之下，那么就会产生如下的问题，即在未知“仁之体”的情况下，主体还是否应该践行道德行为。显然，按照胡宏的说法，主体的日常道德实践将缺乏可能，因为，对“仁之体”的体察、认知并非是一件非常容易达到的境界。[②] 正因如此，朱子虽然并没有对程颢之说提出异议，但对胡宏则毫不客气地批判道：“‘欲为仁，必先识仁之体’，此语大可疑。”[③] 对朱子而言，伦理道德实践无疑是人伦日用之中不可或缺之事，它不因主体未能“识仁之体”而减损其重要性与必要性。实际上，主体或许一生之中永远也不能“识仁之体”，但不会对事亲、从兄之事一无所知，实际上，主体内在的人性总会在人伦日用之中有所呈露，见父则孝、见兄则悌这是发之人心而不容已的，主体所该做的就是循而行之。正是在这一意义上，朱子对湖湘学者吴晦叔批判道：

---

① （宋）程颢、程颐：《河南程氏遗书》第二卷，《二程集》，中华书局 2004 年版，上册，第 17 页。

② 正如陈代湘所言：“湖湘学知先行后说的最大危险就在这里，识得仁体是一种很高的境界，这种境界不是人人都可以瞬间直悟的，但未识体之前还是要躬行践履，不能坐待识仁之后再践履。如果硬要等到识仁之后，那么道德践履就会出现未识仁而不践行的空缺时段。”（陈代湘：《朱熹与胡宏门人及子弟的学术论辩》，《船山学刊》2012 年第 3 期。）

③ （宋）朱熹：《知言疑义》，《文集》第七十三卷，《朱子全书》，上海古籍出版社 2000 年版，第 24 册，第 3561 页。

> 大抵向来之说，皆是苦心极力要识“仁”字，故其说愈巧而气象愈薄。今日究观圣门垂教之意，却是要人躬行实践、直内胜私，是轻浮刻薄、贵我贱物之态潜消于冥冥之中，而吾之本心浑厚慈良、公平正大之体常存而不失便是仁处。其用功著力，随人浅深，各有次第。要之须是力行久熟，实到此地，方能知此意味。盖非可以想象臆度而知，亦不待想象臆度而知也。①

对朱子而言，既然作为人性主要内涵的仁实质上是主体内在的功能性存在，那么，只有在身体力行的行仁实践中，这种功能性存在才能够使得这种能力得到一步一步地提升。而且仁体作为一种身体的内在机能，它非一种实体化的存在，它不会以任何形象化的方式向人们展现，因此如果不能够身体力行，那么所谓的识仁、知仁不过是一种“想象臆度”罢了。不难发现，朱子对湖湘之学的上述批判正是出于对力行道德实践的强调。②

更为重要的是，这种以识仁、见体为导向的察识工夫，还存在着一个巨大的问题，即将人伦日用中的道德行为工具化。正如杨儒宾所概括的，“先察识后涵养”的工夫进路中“学者为学的首要工夫就是体认本体，等有所见了以后，再涵养此本体，而且涵养也不是静态的涵养、后

---

① （宋）朱熹：《答吴晦叔八》，《文集》第四十二卷，《朱子全书》，上海古籍出版社2000 年版，第 22 册，第 1912—1913 页。

② 本文第二章曾经指出，朱子曾经批判程门高足谢良佐的学问是“以活者为训，知见为先”。关于“以活者为训”在第二章那里已经有过详细的分析，而朱子对“知见为先”的批判则与他对湖湘学派的批判密不可分：谢良佐作为湖湘之学的鼻祖，其以“知见为先”的观念与湖湘学派所说的先识仁体而后可以为仁的观念具有重要的影响，就理论后果而言，它与湖湘之学一样都隐含着对道德实践的消解的倾向，因而，朱子对谢氏以“知见为先”的观念的批判也与他对力行道德实践的强调密不可分，正因如此，朱子对谢良佐进一步批判到：“其意不主乎为仁而主乎知仁……盖其平日论仁，尝以活者为仁，死者为不仁。但能识此活物乃为知仁，而后可以加操存践履之功；不能识此，则虽能躬行力践，极于纯熟，而终未足以为仁也。夫谓活者为仁，死者为不仁可矣，必识此然后可以为仁，则其为说之误也。……然直曰知仁，而不曰为仁，则又并与其扩充之云者而忘矣。必如其说，则是方其事亲从兄之际，又以一心察此一心，而求识夫活物，其所重者乃在乎活物，而不在乎父兄，其所以事而从之者，特以求夫活物，而初非以为吾事之当然也。此盖源于佛学之余习，而非圣门之本意。”参见（宋）朱熹《论语或问》，《朱子全书》，上海古籍出版社 2000 年版，第 6 册，第614—615 页。

天的涵养，而是人生的动态行为随时随地体证此‘理’”[①]。但如此一来，人伦日用之中事亲、从兄的道德实践不过成为体认本体的工具。这一点在作为胡宏门人张栻那里就有很明显的体现，并突出地体现在他的《癸巳论语说》之中，如在注释“志士仁人”章时，张栻说道：“仁者，人之所以生也，苟亏其所以生，则其生亦何为哉?”但在朱子看来这一诠释存在着很大的问题，他说：

> 志士仁人所以不求生以害仁者，乃其心中自有打不过处，不忍就彼以害此耳，非为恐亏其所以生而后杀身以成仁也。所以成仁者，亦但以遂其良心之所安而已，非欲全其所以生而后为之也。此解中常有一种意思，不以仁义忠孝为吾心之不能已者，而以为畏天命、谨天职，欲全其所以生者而后为之，则是本心之外别有一念，计及此等利害轻重而后为之也。诚使真能舍生取义，亦出于计较之私，而无悫实自尽之意矣。大率全所以生等说，自他人旁观者言之，以为我能如此则可，若挟是心以为善，则已不妥帖。况自言之，岂不益可笑乎?[②]

从朱子的这一批判不难发现，在张栻那里存在着将日常的伦理道德实践工具化的严重倾向，毋庸置疑，这一倾向根源于其所继承的湖湘之学的识仁之说，它以识仁、见体为诉求，而将日常的实践行为都作为达到这一目的的工具。但在朱子看来，对人伦道德的身体力行不过是“遂其良心之所安”，这是天理之自然，而并非是为了识仁、见体。如果“欲全其所以生者而后为之”，那么道德实践不过成了“计较之私”。也正是在这一意义上，朱子又对张九成所说的“当事亲，便当体认取那事亲者是何物，方识所谓仁；当事兄，便当体认取那事

---

① 杨儒宾：《论“观喜怒哀乐未发前气象”》，《中国文哲研究通讯》第十五卷（第3期）。

② 参见（宋）朱熹《与张敬夫论〈癸巳论语说〉》，《文集》第三十一卷，《朱子全书》，上海古籍出版社2000年版，第21册，第1379页。

兄者是何物，方识所谓义”[①] 提出了批判，他说：

> 顷年张子韶之论，以为：“当事亲，便当体认取那事亲者是何物，方识所谓仁；当事兄，便当体认取那事兄者是何物，方识所谓义。”某说，若如此，则前面方推这心去事亲，随手又便去背后寻摸取这个仁；前面方推此心去事兄，随手又便着一心去寻摸取这个义，是二心矣。[②]

这里的“二心”与前述引文中的“本心之外别有一念”在内涵上是一致的。其实质内涵就在于，本来事亲、从兄出于主体的爱亲、敬长之心，是人性感通的自然而然的结果，主体只要“遂其良心之所安”，尽其爱亲、敬长之心即可，但如果在事亲、从兄之时又要别起一念来反思“我”所以能事亲、从兄的这一本心是何物，并进一步借此达到识仁、识义的目标，那么事亲、从兄的行为实际上不过是达到识仁、识义这一目标的工具，不再具有伦理道德内涵和价值。

而在朱子那里，察识工夫与湖湘学派这种借助察识以体证本体的进路具有根本的不同。与湖湘学派一样，朱子那里的察识工夫也是建立在良心呈现这一基本前提之下，良心的呈现在本然的状态下可以直接指引主体当下采取行为，但由于主体往往会在这一当下考虑到自己的安危利害而抑制良心的召唤。对朱子而言，真正意义上的察识工夫意味着，当你察知到良心的召唤之时，就应该“遂其良心之所安”，换言之，真正的察识工夫，就是要在天理人欲交战之时，察见自己的本然之善心，并听从它的指引以采取相应的行为。这也就是朱子所说

---

① （宋）朱熹：《语类》第三十五卷，《朱子全书》，上海古籍出版社 2000 年版，第 15 册，第 1303 页。张九成虽然不属于湖湘学派，不过他这里所说的“识仁”“识义”等工夫诉求与湖湘之学的识仁、见体之学具有极大的相近之处，从理论上说，这两种工夫进路所包含的问题是类似的。

② （宋）朱熹：《语类》第三十五卷，《朱子全书》，上海古籍出版社 2000 年版，第 15 册，第 1303—1304 页。

的“存天理，去人欲”[①]。由此可见，朱子那里的察识工夫实质上是通过对主体自身的道德本心的察知，并进一步将其落实到具体的道德行为之中，即便自身的道德本心受到来自人欲的干扰、抑制，也要“遂其良心之所安”，而不可为人欲所夺。由此可见，与湖湘学派将察识良心作为体证本体的中介、工具性环节不同，朱子那里的察识工夫，仍然强调的是力行道德实践的重要性。这从如下的论述中可以进一步地看到：

> 只如一件事，见得如此为是，如此为非，便从是处行将去，不可只恁休。误了一事，必须知悔，只这知悔处便是天理。……道理只要人自识得，虽至恶人，亦只患他顽然不知省悟；若心里稍知不稳，便从这里改过，亦岂不可做好人？孟子曰：“人之所以异于禽兽者几希！庶民去之，君子存之。”去，只是去着这些子，存，只是存着这些子，学者所当深察也。[②]

这一论述就清楚地表明察识工夫最终要落实在“从是处行将去”这一道德践履之上。而这里的“去，只是去着这些子，存，只是存着这些子”，正是“存天理，去人欲”。由于从察识到践履的转化，存在着天理人欲交战的心理斗争过程，因此，这一过程实质上也就是一个道德自律的过程，相反那种将对良心的察知当作体认本体的工具性获得的察识工夫反而与他律道德很难划清界限，正如朱子所言，这种察识工夫骨子里正是“出于计较之私，而无悫实自尽之意”[③]。有意思的是，众所周知，

---

① 这里可以看到，“存天理，去人欲”这一表述，虽然在近代以来饱受诟病，是因为人们并不了解这一表述的实质内涵。而从本文的论述看，这一表述实质上是朱子工夫论的一个重要组成部分，并且具有重要的价值意义。

② （宋）朱熹：《语类》第一一七卷，《朱子全书》，上海古籍出版社 2000 年版，第 18 册，第 3678 页。

③ 正如康德所言：“凡是在必须把意志的某个客体当作根据，以便向意志颁布那决定意志的规则的地方，这规则就只是他律；这命令就是有条件的，即：如果活着由于一个人想要这个客体，他就应当如此这般地行动；因而它永远不能道德地，即定言地下命令。”（［德］康德：《道德形而上学奠基》，杨云飞译，人民出版社 2013 年版，第 85 页。）事实上，在湖湘学

牟宗三先生正是以朱子的道德学说为他律道德，从而判定朱子是“别子为宗”，并肯定胡宏一系则是儒学正统所在。但在这里可以看到，实际上朱子那里反而存在真正意义的自律道德，而以胡宏为代表的湖湘之学的道德学说却与他律道德更为接近。更进一步而言，朱子对湖湘学派察识工夫的批判，实质上正是从道德的他律化向自律道德的回归。

四　工夫论的心性论基础

前文业已涉及，在朱子对工夫进路的探讨与他的心性论思想中“中和旧说”向“中和新说”的转变具有密切的关联。众所周知，中和旧说向中和新说的转变首先涉及的是朱子对已发未发的理解，简单地说，是从旧说的“未发为性、已发是心”转变为新说的“未发是性、已发为情、心统性情”。关于这一转变过程，前贤已经有很

（接上页）派那里，以体证本体为目标察识工夫，实际上是将本体作为工夫过程的目标，即康德这里所说的客体，而察识工夫作为一种行为实际上是“想要这个客体”，因此察识工夫本身是工具性的，从而是他律的。有意思的是，牟宗三先生曾经认为朱子是他律道德，因此是别子为宗，而胡宏一系则是自律道德，是儒学正统所在。李明辉先生曾经将牟宗三的这一判教的依据概括为：“他们是否承认孟子的‘本心’义，而接受‘心即理’的义理架构？如果是的话，则必属自律伦理学。不接受此义理架构，但有一独立的‘道德主体’概念，仍不失为自律伦理学……若连‘道德主体’底概念亦不能挺立起来（如朱子），便只能归诸他律伦理学。”（李明辉：《儒家与康德》，台北联经出版公司 1990 年版，第 45 页。）但正如杨泽波先生所指出的：“按照李明辉的划分，能否称为道德自律，主要是看其有没有一个独立的道德主体。孟子的道德本心自然属于道德主体……但我们知道，朱子哲学的最高范畴是天理或理，理必须在事中显现，落实在具体的事物之中而为事物之性，理是就总体而言，性是就个体而言，就此而言，性或性体就是朱子学理中的道德主体。”在这一意义上，杨先生不同意李明辉从是否承认道德主体的角度判定朱子为他律道德，因为既然朱子那里确认了性体的实在性，自然也可以归入道德自律。不过他又进一步指出：“朱子学理的问题不在有没有一个独立的道德主体，而在这个理没有孟子的心义，使理没有活动性，最后沦为死理。”（杨泽波：《牟宗三道德自律学说的困境及其出路》，《中国社会科学》2003 年第 4 期。）然而，事实上，如果回顾本文第二章、第三章的相关分析，就可以看到，在朱子那里，以仁义礼智为具体内涵的天理或性体，不仅具有其实在性，从而是“存有”的，而且具有其功能性，从而是“活动的”。因此，朱子那里的性体实际上是“既存有又活动”的，因此，他那里的理或天理也不是死理，从而将朱子判为他律伦理学显然不合适。当然，更为重要的是，从自律、他律的角度来理解朱子哲学乃至儒家哲学都有其内在的限度，在很大程度上，是一种理论的误置。（关于这一点可以参见唐文明《隐秘的颠覆：牟宗三、康德与原始儒家》，生活·读书·新知三联书店 2012 年版，第 63—137 页。）

细致的考察[①]，本文不再赘述。本文所关注的是中和旧说向中和新说的转变与朱子对工夫进路的理解之间的关系。正如陈来先生所指出的那样："已发未发学说作为一种心性哲学主要是为确定一种适当的修养方法提供一个理论的基础。"[②] 事实上，朱子对中和问题的参悟本身就源于对工夫进路的探求，这一点与其师李延平对他的教育有着直接的关系。朱子曾说："李先生教人，大抵令于静中体认大本未发是气象分明，即处事应物自然中节。"[③] 这里的"未发"与"中节"即涉及以已发、未发为中心的中和问题，但在李延平的教法中更为重要的则是"静中体认"这一工夫进路。后来朱子对中和问题的探究实际上是起源于对延平教法的反思[④]，因而这种反思的核心也必然在于对工夫进路的探究。实际上，这一点可以从如下这一总结性的概括中看出：

> 《中庸》未发、已发之义，前此认得此心流行之体，又因程子"凡言心者，皆指已发"之云，遂目心为已发，而以性为未发之中，自以为安矣。比观程子《文集》《遗书》，见其所论多不符合，因再思之，乃知前日之说虽于心性之实未始有差，而未发、已发命名未当，且于日用之际欠缺本领一段工夫。盖所失者，不但文义之间而已。[⑤]

---

① 牟宗三《心体与性体》第三章关于《朱子参究中和问题之发展》；刘述先《朱子哲学思想的形成与发展》第三章《朱子参悟中和问题所经历的曲折》，以及陈来在《朱子哲学研究》第七章关于"已发未发"的论述等相关的研究对此都有详细的考察。

② 陈来：《朱子哲学研究》，华东师范大学出版社 2000 年版，第 164—165 页。

③ （宋）朱熹：《答何叔京二》，《文集》第四十卷，《朱子全书》，上海古籍出版社 2000 年版，第 22 册，第 1802 页。

④ 刘述先先生业已指出了这一点："延平的思想却好像一种触媒，引起朱子对中和问题的参究发生几度转折。"参见刘述先《朱子哲学思想的发生与完成》，台湾学生书局 1982 年版，第 71 页。

⑤ （宋）朱熹：《已发未发说》，《文集》第六十七卷，《朱子全书》，上海古籍出版社 2000 年版，第 23 册，第 3267 页。这一论述与朱子刚刚参悟出中和新说时所作的《与湖南诸公论中和第一书》的开头部分基本一致，在那里他说："前日之说，非惟心、性之名命之不当，而日用功夫全无本领，盖所失者不但文义之间而已。"（（宋）朱熹：《与湖南诸公论中和第一书》，《文集》卷 64，《朱子全书》，上海古籍出版社 2000 年版，第 23 册，第 3130 页。）

朱子中和新说确立后所作的《已发未发说》表面上看是对何为已发、何为未发的系统性分析，但从“日用之际欠缺本领一段工夫”这类论述中也可以明确地看到，在朱子那里，对已发、未发的“命名”并非仅仅是一个抽象的理论问题，它更进一步关系到的是日用工夫的安顿问题，由此可见，中和旧说向中和新说的转变并不仅仅是对何者为性、何者为情，以及心、性、情之间关系的理论探讨，它所涉及的更为核心的问题是日用工夫的理解与安顿，进一步而言，中和说所涉及的心性论问题是为工夫进路的安顿服务的，前者构成了后者的理论基础。

那么，这里需要进一步追问的是，朱子从“先察识后涵养”向“先涵养后察识”转换与中和旧说向中和新说的转变之间究竟有什么关联呢？实际上，正如前文所言，中和旧说与中和新说并非是对心性问题的抽象的理论思考，而是对不同工夫进路的理论基础的一种探讨，或者说，对心性问题的不同理解，也就意味着不同的工夫进路，这可以通过如下的列表来展示：

	具体内容	工夫进路
中和旧说	性是未发、心是已发	先察识后涵养
中和新说	性是未发、情是已发，心统性情	先涵养后察识

问题的关键就在于，为什么“心是已发，性是未发”则工夫进路所关联的工夫进路是“先察识后涵养”，而“性是未发，情是已发，心统性情”所关联的工夫进路是“先涵养后察识”？事实上，从上述列表中不难发现，中和新说与旧说相比就其内容而言，最为明显的是多出了一个“情”字，并对心做了重新定位，即心不再被看作已发，而是“统性情”者。而其中唯一不变的则是“性是未发”这一定位。正如笔者在别处所指出的，朱子那里的性以仁义礼智之性为具体内容，作为一种感通能力，它在没有遭遇孺子入井等具体情境时是不会以经验性的方式呈现出来的，但一旦主体与相应的情境相遭遇，就会以恻隐、羞恶、辞让、

是非等方式呈现出来，这就是性体的发用，也就是已发[①]。在这一意义上，所谓的心是已发还是情是已发，实质上就是说究竟恻隐、羞恶等该称之为心还是称之为情的问题。正如朱子所言，这首先是一个“命名”[②]的问题。在中和旧说的“心是已发”这一命名中，实际上是将心看作是仁义礼智之性的发用，而在“情是已发”这一命名中，则意味着情是仁义礼智之性的发用。但这一命名的差异到底意味着什么呢？这就必须进一步从工夫进路上来考察。如前所论，无论是“先察识后涵养”，还是“先涵养后察识”，这里的察识工夫都是作用于已发之时，也就是作用四端呈现之时[③]，但察识过程作为一种心理行为实际上包含着察者与被察者两个层面，即包含着察识的意识主体和这一意识主体的对象。首先可以确定无疑的是，四端是作为被察者，即作为察识的对象而出现的。但在中和旧说“心是已发”这一命名中，四端即是心，心即是四端，那么这里就只有被察识者，而没有察识的意识主体。正因如此，朱子说旧说中“未发、已发命名未当”[④]。而在中和新说“情是已发，心统性情”这一结构中，四端被命名为情，而“心统性情”的“心”则是以察识主体的身份出现的。这就对察识这一工夫过程中不同的层面给予了很好的定位，或者用朱子自己的话说，这里的察识主体与被察识者都有了恰当的“命名”。需要进一步指出的是，之所以说这里涉及的是一个命名的问题，在于命名总是“制名义指实”的过程，从察识工夫的具体进路看，察识者与被察识者这两个层面的存在都是一个基本事实，这也是可以通过人们的日常经验加以证实的，并非是一个理论上的预设或虚构，

---

① 参见江求流《感通能力与“可以为善”：朱子对人性的理解》，《问学——思勉青年学术集刊》第1辑，生活·读书·新知三联书店2015年版。

② 朱熹在《与湖南诸公论中和第一书》中说中和旧说是“心、性之名命之不当”，（（宋）朱熹：《与湖南诸公论中和第一书》，《文集》第六十四卷，《朱子全书》，上海古籍出版社2000年版，第23册，第3131页。）在《已发未发说》中说“未发、已发命名未当”（（宋）朱熹：《已发未发说》，《文集》第六十七卷，《朱子全书》，上海古籍出版社2000年版，第23册，第3269页。）都明确指出这里首先涉及的是一个“命名”的问题。

③ 前文曾经直接称之为良心，在中和新说中，这里的良心更为恰当地应该被称之为情，这里先姑且称之为四端。

④ （宋）朱熹：《与湖南诸公论中和第一书》，《文集》第六十四卷，《朱子全书》第23册，上海古籍出版社2000年版，第3131页。

因为命名实际上就是对已经存在的基本事实进行恰当的分殊与定位。

而在上述分析中也不难发现，在“情为已发，心统性情”这一新的命名与定位中，心的内涵与中和旧说中的“心为已发”中的心也具有实质的差别。在“心为已发”这一命名中的心以四端为具体内涵，实际上它是性体的发用，但在“情是已发，心统性情”中，情才是性体的发用，而心则以一般意义上的知觉意识为具体内容。换言之，在中和新说中，朱子实际上是对主体的知觉意识能力给予了一个前所未有的关注。问题是为什么要重视这种能力？这是因为，“人之一身，知觉运用莫非心之所为”[①]。这一论述出自中和新说确立后的《答张钦夫第四十九书》，在那里朱子还特别强调，“比观旧说，却觉无甚纲领，因复体察，得见此理须以心为主而论之，则性情之德、中和之妙，皆有条而不紊矣”[②]。可以追问的是，为什么在中和新说确立后朱子要强调这一点。这是因为，并不是因为朱子确立了“性是未发、情是已发，心统性情”这一理论前提，然后才有“先涵养后察识”的工夫进路，而是朱子反思到“先察识后涵养”的工夫进路存在巨大的问题、反思到涵养工夫的重要性之后，他才发现中和新说中的“性是未发、心是已发”并不恰当，而其中最大的问题就在于它未能给知觉运动能力以恰当的定位。而之所以一定要给知觉运动能力以恰当的定位，是因为无论是涵养还是察识都离不开这种能力。如前所述，察识工夫无疑离不开那种作为察识主体的知觉能力，而在涵养工夫中，无论是调节身体姿态的整齐严肃的工夫，还是调节意识状态的主一无适的工夫都离不开知觉运动的能力。由此可见，倘若没有这种能力，那么察识工夫尚且无法进行，更遑论涵养工夫了。当然，这种能力的存在是一个本体论的事实，它不因主体没有发现它、没有重视就不存在，即便是“先察识后涵养”的工夫中，这种能力在实质层面上还是进入了工夫的具体过程中，因此朱子是在确立“先涵养后察识”的工夫进路时重新发现了这一能力的重要性，从而对其加以特别强调。

---

① （宋）朱熹：《答张钦夫第四十九书》，《文集》第三十二卷，《朱子全书》第21册，上海古籍出版社2000年版，第1419页。

② 同上。

不难发现，在朱子那里，从中和旧说的“性为未发、心为已发”到中和新说“性为未发、情为已发、心统性情”的转变，既涉及对主体内在的知觉运动能力的重新发现，又涉及对心的内涵进行重新界定。如果说，“性为未发、心为已发”构成了“先察识后涵养”这一工夫进路的心性论基础，那么，从“性为未发、心为已发”到“性为未发、情为已发、心统性情”的转变，则是朱子为“先涵养后察识”的工夫进路重新奠定心性论基础的努力，换言之，在朱子那里，“性为未发、情为已发、心统性情”这一新的心性理论构成了“先涵养后察识”这一工夫进路的心性论基础。

生活的彰显或消逝？

——试论“自媒体时代”生活之本质

徐志宏*

摘　要：“自媒体”是当代人生活经验的形象表征，要理解当下生活世界发生着的根本变化，极有必要对其进行深入本质的哲学思考。本文选取了颇具启示性的三大经验现象，借助海德格尔“文化价值”、马克思“异化劳动”以及齐泽克“实在界之荒芜”的视角加以审视，试图揭示自媒体时代生活之当代遭遇：首先被制作成文化；然后经历异化的深化。生活貌似丰富的“彰显”背后，很可能蕴藏着生活本身悄然“消逝”的危险。

关键词：自媒体时代；生活；文化价值；异化劳动；实在界的荒芜

仿佛是一夜之间，世界迈入了“互联网时代”；之后，用了更短得多的时间，又升级为“自媒体时代”。什么是“自媒体”？2003 年 7 月，美国新闻学会媒体中心发布了由谢因波曼与克里斯·威利斯联合提出的“We Media”（“自媒体”）研究报告，对“We Media”下了一个严谨的定义：“We Media 是普通大众经由数字科技强化、与全球知识体系相连之后，一种开始理解普通大众如何提供与分享他们自身的事实、新闻的途径。”① 换言之，就是每个人都能用来发布自己亲眼所见、亲耳所闻、亲身所感事件的载体。如今国内最常见的自媒体有博客、微博、微信、

---

* 作者简介：徐志宏，复旦大学哲学学院副教授，主要研究方向为马克思主义与科学技术、身体哲学。

① 转引自：http：//baike. baidu. com/link？url = TAwuzx7NKueKFEGAil7kmMTILQeknt TH-hUF5mewIHAPWo1XC1MuVAH0VCY8HQG0u.

论坛/BBS 等网络社区。

自媒体的出现意味深长。曾经以书刊、报纸、广播、电视等形式示人的传统媒体，曾经与平民百姓相距甚远、高不可攀乃至神秘神圣的媒体组织，曾经由“权威”自上而下发布或灌输给民众的媒体资讯，如今落向了民众个人，落向了民众的日常生活。换个角度讲，完全可以将自媒体时代理解为这样一个时代：个人的日常生活变成了（或正在变成）“新闻发布”。几千年来一直沉默于幽暗区域的普通人的日常生活忽然被“照亮”了，登上了历史前台。对此，传媒工具的加速革新当然功不可没。如果说借助于个人计算机（PC），人们连接了互联网；那么，借助于智能手机，人们就成了自媒体。如果说互联网让世界变成“平”的①；那么，自媒体则让世界变成“我”的；当然，同时也让“我”变成世界的。

现代技术创新所具有的加速特点使自媒体迅速改变着人们的生活，也令理论越来越难以被把握、被驾驭甚至人们只是被动地跟上它的变化。这一点，从各领域学者面对扑面而来的新奇案例所做的仓促应对中可以见到②；多数理论工作者，都选择了避而不见。

本文认为，首先，“自媒体时代”的名称并非哗众取宠，它的威力也不是个人只要拒绝使用智能手机就可抵挡的；其次，对于“自媒体时代”的种种生活经验的思考却远未达到哲学本质的深度；最后，海德格尔曾批判性地提出的“文化价值”和马克思的“异化劳动”思想可为本质性地理解“自媒体时代”的生活经验提供颇具启发性的视角；而齐泽克的诠释则完全可作为对海德格尔和马克思相关思想的当代补充和延伸。

---

① 自从托马斯·弗里德曼所著的《世界是平的：21 世纪简史》（［美］托马斯·弗里德曼：《世界是平的：21 世纪简史》，何帆、肖莹莹、郝正非译，湖南科学技术出版社 2006 年版）面世后，书名中的“平”迅速被接受为一个可用以归纳现时代特征的概念。

② 如，由“微博”140 字的字数限制引发的关于“碎片化阅读”等各种“碎片化”现象的批判讨论；由“人肉搜索”引发的各种关于网络的规范、伦理、法律等的讨论。笔者认为这是理论试图把握和引领现象的自然和必要的行为，但哲学还应有更为本质的思考。

一 当代人的“自媒体”生活经验

让我们先从生活世界的经验现象开始。为更好地深入“自媒体时代”生活之本质，笔者选取了以下三种紧密关联的经验现象作为研究对象。

经验一：“随身听”现象——为生活配上背景音乐。

“随身听”最早是日本人的发明（“walkman”）[①]，是一种个人可随身携带的音乐播放器的通称，音乐载体从磁带、CD 变成现在的“数字”形式。这一事物早在“自媒体”出现之前就极为流行。但它成为值得我们关注的现象，远非因其“可随身携带”以及形式上的越来越便利；倒是首先在于它的那副耳机和它播放的内容即音乐。在“苹果”牌随身听的广告中，那个戴着耳机随着音乐扭动的黑色人影和长长的白色耳机线令人印象深刻，几乎可以成为某种意象性的存在。

耳机，隔绝个人与世界：戴上耳机，就只有我一个人可以听到音乐，其他人无法听到，而我也不再听到外部世界的声音。所以，这副耳机为我营造了一个绝对个人的世界。用声音的方式，我过滤并隔离了世界，为自己建构起专属一己的世界。更要紧的是，这个声音非同寻常：它是音乐。生活世界中是没有音乐的，只有自然界的声音，还有一系列令人不快的噪音。而音乐则是人的创造，更准确地说，它是艺术家的创造，属于广义的“戏剧”[②]，是“文化”的一个显眼的符号。

由于“随身听”的发明，人们忽然痴迷于听音乐了，而且是让音乐只为我一个人所听，只萦绕在我一个人的耳畔，这意味着什么？通常以为这无非表明了一种个人兴趣——对音乐的爱好罢了；甚至只不过是为了用一种美妙的乐音来隔绝外在噪音的干扰。这种解释显然不无道理，但若仅限于此则未免肤浅。为了更为深入，在此我们不能忽略这种个人

---

① walkman 是日本索尼公司 1979 年的发明，产品名称就叫“walkman”，中译为“随身听”。一经问世就广为流行。

② 本文用广义的“戏剧”涵括音乐、电影、电视等各种艺术形式。

音乐的“随身携带性”。也就是说，因其便利性，我们完全不必再“专门地”只是在做“听音乐”这件事，或者，在某个固定的地方（如传统意义上的剧院或家中）听音乐；相反，人们通常是边做其他事边听着音乐，或者，在从某地到某地的途中听音乐。这意味着，原本没有音乐的“生活”，现在有了音乐；而且，它是生活的“背景音乐”。而“背景音乐”原来只存在于“戏剧”之中。由此可见，“随身听”使“生活”变得离“戏剧”更近了。在此意义上，痴迷于“随身听”意味深长，意味着我们正在改造我们的生活：为生活配乐，将其难以忍受的“粗糙”“寂寞”乃至“丑陋”制作成“戏剧”或艺术品，即文化本身。由于音乐本身的神奇魅力，这一切只要借助于一副耳机就能实现，这便是“随身听”能如此盛行不衰以致成为公认的文化现象的原因。

经验二：“微信日常化”现象——将生活做成“作品”发布。

“微信”当下大有后来者居上，取代“微博”与“博客”之势。这股势头之猛，无人能挡。“微信”正以令人不可思议的速度成为日常生活极其重要乃至不可或缺的一部分。只要有一部智能手机，就可以申请一个“微信”号码，进而拥有“朋友圈”，在圈中发布任何信息。和在“随身听”现象中人们主要以音乐改造生活不同，这一现象更关乎文字与图像，目前看来也更易令用户上瘾。智能手机越来越齐全的功能为其流行提供了极大便利。现在的智能手机除了摄影、摄像和自拍功能，还能下载各种美图软件，为用户即刻间制作出具有心仪的风格和效果的照片。有了令人迷醉的图像，再配上说明文字；或者，将生活的点滴落于文字，再配以契合的图像，就可以作为一个完整的“作品”——一个关于我们自己生活的作品——发布到“朋友圈”了。朋友们见到我们精心制作的“生活作品”，通常会纷纷“点赞”和评论；而那一刻，我们就收获了莫大的价值感。

就像生活世界本无音乐一样，文字和图像原来也是艺术家的创造，属于高尚而遥远的文化元素。在传统媒体时代，在纸质媒体还占绝对主流的时期，人们经常幻想当自己的文字被铅印出来，出现在报端或书本中之际，自己会有多么激动。为什么？因为公开发表的文字与图像仿佛具有神奇功效，能令人晕眩，如同舞台上的聚光灯一般，令人产生不朽的错觉。

今天，当代人都正在或主动或被动地变成一个“自媒体”。这意味着，我们可以完全沉浸在那种晕眩之中，不朽的错觉更真实了。所以，人们很快就迷上了这样一种全新的生活方式：一边生活，一边拍摄、描述，一边将此图文并茂的“生活”之艺术品上传，公布。由此，我们沉迷于改造和制作生活，并欣喜于让生活五彩纷呈地“彰显”。

经验三：“草根选秀”现象——“我”就是偶像！

在自媒体时代，“秀”成为一个无比重要的词。这个“秀”，除了是对英语“show”一词的音译；也含有其在汉语中“突出、出色、美好”的意思；更有英语“show”的“展现”乃至“炫耀”之意。所以，现在电视比赛都叫作“选秀”。这特别表达了一种当代主流的个人价值观——“我”就是偶像！如果我优秀，那么，我一定要将此优秀给“秀”出来，或“彰显”出来，让所有人都看到。

在诸多选秀节目中，各种“草根选秀”节目正在主宰电视荧屏。从最早的歌唱类选秀（如今依然还是最多，这与音乐的特性相关，这一点耐人寻味），到舞蹈类、演讲类、知识类、竞技类等项目选秀，五花八门，令人目不暇接。这类比赛节目最引人注目的一点是，它的舞台为所有平民草根而设。由大量这类选秀节目在电视屏幕上的公开播放营造出了一个颇为鼓舞民心的时代讯息：在今天，只要你有一技之长（甚至没有一技之长也行），只要你敢于参赛，敢于在电视上露面，那么，你总能找到那个适合你的舞台（不是比喻意义上的，而是真实的舞台），甚至一夜成名，变成明星。

此外，在这个“草根舞台”上，最令人瞩目的还有两件事。第一件事关乎“梦想”，就是那个也许已成经典的问题——“你的梦想是什么?”这个问题如今属于所有种类比赛中的评委必问之题。但是，由于它的必问性乃至“逼问性”，使“梦想”这个原本还是个人性或偶然性的东西变成了理所当然的事实和必然性；并且，这种对“理所当然”的营造霸道地遮蔽了这个问题可疑的合法性。最终，它源源不断地向着舞台上以及电视机前的每个人传递着这样一条“绝对命令”：你必须有梦想！人怎么可以没有梦想呢？就此而言，这个“草根舞台”完全可以恰如其分地称之为“梦想舞台”——一个可以一窥现代人“梦想”及梦想方式的场所。其间隐匿的强制性完全被遮蔽在五光十色的魅惑之中。

第二件事关乎“故事”，即每个选手必须要有“故事”方可能获胜。除了舞台上的精彩表现，还必须有能够像“故事”那般打动评委和观众的生活——它应该或者是悲惨的，或者是励志的，或者是离奇的……当这个要求越来越成为参赛者和评委彼此都心知肚明的潜规则时，人们就不难理解如下“怪”事了：生活的不如意遭遇成了最大的资本；生活的平淡、顺利成了先天的缺陷，需要找到独特视角的诠释方能示人；人人都开始对自己的生活进行“故事化”处理，甚至杜撰造假。这件事跟被逼问的“梦想”问题一样，令每个人都开始重新思考、理解并“处理”自己的生活。

从“自媒体时代”的这些生活经验中可以清楚地发现，生活以及人们对生活的理解与欲望正发生着极其深刻的变化，其中最引人注目之处莫过于生活正在被迅速戏剧化，从而被日益“彰显”为某种快速消费的文化作品。

二　“人类活动被当作文化来理解和贯彻”

上述三种当代现象或经验都具有不同于以往生活的、独具特色的核心因素：背景音乐；“我”的文字，“我”的画面；属于“我”的舞台，舞台上的聚光灯和麦克风，舞台下的镜头，“我”的“梦想”，“我”的“故事”——这些因素都曾是远离粗糙生活（尤其是平民生活）的文化元素，而今却统统成了生活本身的可能性。甚至，这可能性闪耀得如此之近，如此诱人，从而成为完全现实的生活目标，令生活的非“文化”维度（生活的原始属性）越来越令人难以忍受。

我们时代的这一现象，其实早在20世纪30年代海德格尔的笔下，已有所预示。海德格尔把它表述为：“一切行为和活动被理解为文化”

“人类活动被当作文化来理解和贯彻。”① 此事如此重大，以至于海德格尔在当时就已将其界定为“现代的根本现象”之一。那么，这个时代为什么要将一切活动都理解和贯彻为文化呢？海德格尔认为，根本原因是这片“大地”上的“精神”遗落了，于是“精神”被歪曲为“智能”和“文化”；同时，这也意味着对“存在”的遗忘，被遗忘的“存在”则要求在“价值”中得到弥补。最终，文化被理解为一种最具精神意味的价值，亦即最高价值。在这里，海德格尔敏锐地揭示出现代发生的两个根本变化：其一，对“价值”的追求成为至关紧要之事，亦即，人必须是一种有“价值”的存在者，必须是一个有“价值”的生命过程；其二，文化成为一种最高的价值表现形式。所以，此种文化又被海德格尔称之为“文化价值”。②

本文所选取的经验现象印证了这一点。在“随身听”音乐的衬托下进行的活动，哪怕只是默默地走路，默默地坐在公交车上、地铁车厢里，都具有文化的色彩——音乐激荡起心灵的波动，令它产生各种细致入微的情感，这种情感与生活中的情绪反应不同，相当于把此情此景转换为电影镜头之后产生的观感，所以本质上属于文化创造的范畴。“随身听”的魅力恰在于它运用音乐对情感的影响力，使人脱离生活并把生活对象化，将原本粗陋的生活在想象的内空间当中转变成唯美的电影镜头，而戴着耳机默默行动的“我”，则是镜头中的主角。这是一个小人物主角（也许唯有小人物才特别渴望当主角），但是，只要通过想象的镜头成为主角，生活即刻就被赋予一种“文化价值”。也许，音乐的瞬时流逝性注定了由“随身听”营造的文化价值的虚幻性，但那虚幻是被真实感受到的情境。与之对照，智能手机和选秀舞台之所以有着更大魅惑力，很可能在于其真实可见（而非想象中）的镜头。这镜头，曾经为摄影师所专用，也曾是画家手中的画笔；而镜头中、画布上，曾经是明星和贵族被设计好的造型。如今，镜头在“我”手，镜头对准的是“我”的“生活”。如此被记录的生活，具

---

① ［德］海德格尔：《林中路》，孙周兴译，上海译文出版社 1997 年版，第 99、72 页。

② 参见［德］海德格尔《形而上学导论》，熊伟、王庆节译，商务印书馆 1996 年版，第 49 页；《林中路》，孙周兴译，上海译文出版社 1997 年版，第 98—99 页。

有文化价值，令人觉得平凡普通的小人物生活也美丽起来，可欣赏了，值得过了。

可见，在对生活的文化性改造和制作中，既表现了人们对文化的价值性理解，更蕴含着人们对自我价值的渴求。据此，我们可将“自媒体”生活理解为对“追求自我，实现价值”的渴求。

以前，人们在彼岸的“超感性世界”（天国或理念的世界）寄托价值与意义，此世的生活因而只有有限的意义，总体上属于蒙昧幽暗的区域，仅被理解为工具或过渡。但自近代以来，科学实证主义和资本主义确立了此岸世界的绝对权威，价值和意义落到了每一个作为个体的“我”和“我”此世的“生活”之上。这意味着现代人只剩一个“此世”的维度，但他不能仅仅是“生活着”；所以，他要把生活和生命理解为自觉的生产、创造过程，以此来实现其最高的自我价值。海德格尔认为，根据这一逻辑，才会出现资本主义永远停不下来的创新和“生产主义”。所以，他最终把批判的矛头指向了马克思，因为马克思恰恰主张人的本质是自我的生产。①

那么，以“自媒体”形式呈现的、当代人对生活的“彰显”或文化改造，究竟是不是暗合了马克思对人的本质的理解呢？

三 “生活本身仅仅表现为生活的手段”

马克思反对依赖于任何他者来理解人的本质，他认为人的本质乃是由人自身的生产（或劳动）所创造的。而今天的人们借助科技手段越来越习惯于将生活“制作”成“文化作品”，以此赋予生活以意义，这是不是就是马克思所说的作为人之本质的“创造”呢？

要回答这个问题，就必须来回顾一下马克思语境中的劳动、生产与创造。马克思认为劳动是人的本质，因为在哲学本体论的意义上，

① 参见［德］海德格尔《晚期海德格尔的三天讨论班纪要》，丁耘摘译，《哲学译丛》2001年第3期。

人是其劳动造就的。他曾明言：“生命如果不是活动，又是什么呢?”[①] 而且，他所说的活动并非抽象的、不痛不痒的无论何种活动，而是特属于人的，自由自觉的感性、对象性活动，是一种革命性的实践。

理解这种劳动最好的方式莫过于对照马克思所揭示的“异化劳动”。异化劳动之所以受到马克思的猛烈批判，根本原因就在于它颠倒了劳动对于人的本质意义——人的本质本是由劳动生产出来的，而异化劳动却因完全偏离和扭曲了真正的劳动，导致生产出完全扭曲和异化的人：“劳动这种生命活动、这种生产生活本身”变成“不过是满足一种需要即维持肉体生存的需要的一种手段”；也就是说，“生活本身仅仅表现为生活的手段”[②]。

“生活本身仅仅表现为生活的手段”——马克思在这一论断中所揭示的乃是问题之实质：工人（劳动者）的生活被鲜明地分成两块内容，一块是异化劳动（劳动本该属人，却令人感同牲畜，避之如避瘟疫般唯恐不及）；另一块是难得的休闲时光（吃喝、性，本是自然，却是唯一令人觉得像人的活动）。无论如何，这两块生活内容的边界是清晰的，也就是说，它们在工人心目中善与恶的属性也是明确的。但马克思作此论断的意图显然不是要将二者颠倒过来，将吃喝、性、休闲定义为生活的手段，而将劳动定义为生活的目的。毋宁说，他的批判含有两个维度：其一，生活分裂；其二，性质颠倒。当然，在马克思看来，这两个维度是相互联系的，而且无非由异化劳动生产出来。所以，他始终只强调劳动或生产并非要宣扬一种“生产主义”，而是要从源头上消除生活的分裂，以及被分裂的两部分本质上同样的异化。

依据马克思这一思路，我们可以对当代生活有更好的领会。从表面上看，人们工作、劳动时的状况和生活条件已经大大改善，以至于马克思的“异化劳动”概念显得似乎已然过时。但是，若就生活依然被分裂为互相矛盾的工作—休闲，而所谓文化价值的追求依然只能在“休闲”上做文章（使之成为对毫无价值感可言的工作部分的弥补和逃避）而言的话，情况又如何呢？存在着本质的变化吗？如果今天的

---

① ［德］马克思：《1844 年经济学—哲学手稿》，人民出版社 2000 年第 3 版，第 55 页。

② 同上书，第 57 页。

世界本质上还不得不被马克思所揭示的“资本逻辑”所统摄的话，那么，我们所推崇的创造和文化价值究竟是真的完成着人的本质，还是“异化”的当代变型与纵深化发展呢？答案不言自明。从这个意义上来讲，海德格尔与马克思的洞见是一致的：马克思预见的异化之极致，便是海德格尔所谓形而上学的完成。换言之，如果说海德格尔的“文化价值”让我们懂得生活的“彰显”其实就是将生活制作成文化，其本质却是形而上学的完成的话，那么，马克思的“异化劳动”则使我们明白这种对生活的“彰显”其实只是将异化引向极致。那么，形而上学的完成和异化的极致究竟意味着什么呢？这需要转向齐泽克。

四 “最大的输家是生活本身”

在齐泽克看来，形而上学的完成和异化的极致意味着生活本身成了“最大的输家”。当代众多哲学家认为尼采的一大功绩在于他发现了人的“身体”，宣告“一切从身体出发”“重估一切价值”（内含有提高“身体”之价值的逻辑），较之马克思的“感性”更具体，较之笛卡尔的“我思”则更尘世化，是“我”之伸张的进一步完成。但是，齐泽克却一针见血地指出，“如果大张旗鼓地张扬生活，反对一切超验性事业（transcendent causes），那么最大的输家则是生活本身”，所以，尼采的伸张构成了一个“尼采式的悖论”。[①]

齐泽克所谓“大张旗鼓地张扬生活”，就是本文聚焦的“自媒体”式生活——令生活尽量地暴露在以“镜头”为象征的第三只眼的注视下，从而将生活尽可能地美化成文化制品，使“生活本身”具有价值，使作为生活主人的“我”具有价值。这种价值感，进而甚至令人产生“不朽”的幻觉和对“不朽”的欲望。随时随地的微信发布，草根舞台上的明星梦…这个时代的科技发展看来无不是为世界变成“我”的和

---

① ［斯洛文尼亚］斯拉沃热·齐泽克：《欢迎来到实在界这个大荒漠》，季广茂译，译林出版社 2012 年版，第 103 页。

“我”变成世界的而服务的。曾经只为极少数“英雄”享有的“不朽”待遇，今日正在向每一个“我”召唤！人们发自内心地相信，从牛顿的苹果夷平了彼岸与此岸的等级，到乔布斯的“苹果”夷平了人与人的等级，科技为人类带来了真正的自由与平等的福音。

既然如此，为什么断言“最大的输家则是生活本身”呢？“生活本身”究竟有什么可被输掉的呢？

这就不得不涉及“生活是什么”这个问题了。但我们还是首先来看生活被价值所“照亮”的形而上学乃至消费主义内涵——它意味着“概念化”（形而上学的方式）和“商品化”（消费主义的方式）向着生活无孔不入地覆盖和渗透。生活被再现为文化，必须以生活的概念化和商品化为中介方能完成；而这个过程，同时也意味着实体世界的消融。离开了实体世界的牵引，价值就滑向符号了，在消费世界中，它则表现为不断变换的时尚。变成文化的生活只有“风格”的差异，而没有本质的区别。比如，原始部落穷困而自然的生活和大都市繁荣却抑郁的生活之间，是没有好坏之分的。什么都行，什么都好，导致了追逐的无止境，变幻的无止境，以及确实的价值判断的不可能。所以，从追求“价值”和“文化”出发，最终竟变成“价值”是不可能的（因其不确定），只能把“追求”本身理解为绝对价值——亦即永不停顿，不断创造，不断出新。

齐泽克借用电影《黑客帝国》的台词“欢迎来到实在界这个大荒漠”，准确地表达了这一当代历事，即生活世界这个实在界正在日渐荒芜，乃至消逝。现在，我们可以大致地说说“生活”是什么——它类似于海德格尔的“大地”，马克思的“感性活动”，齐泽克的“实在界”。这些术语共同表达的核心维度则是前概念的生活世界。

西方哲学在当代有一个重大的转向，就是朝着这个维度的转向——马克思坚持改造世界的实践，尼采强调回到身体，胡塞尔主张生活世界，其实都是为了挽救在形而上学上走入末途的哲学。然而，吊诡的是，所有这些来自实在界的拯救者（实践、身体、生活世界），都被概念化、符号化、价值化，一言以蔽之，又被形而上学吞噬了。

“自媒体”和“消费主义”时代的到来，就是最有力的证明。生活世界、个人的隐私世界非但没能成为“超感性世界”破灭后施行“拯救”的那个场所；反而，因为某种神秘力量的推动，生活与个人也在一种“向自然回归”的假象中一并被形而上学化了。人们一次一次地“投身于”某种“真正的生活”（自然风景区的度假，关爱身体，修养心灵……），又一次一次地发现它只是被制造出来的概念和消费品。最后，人们只能陷入困惑与绝望：什么是“真实”？有没有“真实”？我在追求的那个独一无二的“我”，真的是独一无二的吗？更令人沮丧的是这样的疑问：真的是“我自己”在追求吗？

这件事意味着，在哲学尚未走出困境之际，生活世界却已走上形而上学之路：追求不朽的文化价值。因此，这个高扬生活、彰显生活的时代，骨子里竟是前所未有大规模的形而上学时代，人人形而上学的时代，从而也是形而上学彻底完成、从而导致生活悄然消逝的时代。

借助于海德格尔、马克思与齐泽克的视角，我们在自媒体生活“追求自我、实现价值”的表象下看到了隐藏的危险：生活世界和自然界一样，正在疾速消失。由符号的无限性而引发的怀疑主义，原来只是哲学和哲学家才有机会染上的病症，现在，每个人都存在罹患此病的风险了。唯因如此，由美国好莱坞塑造的人物阿甘——一个脑子傻傻的，却不断投身于“做”的人——才可能成为这个时代的全民偶像。而且，生活世界的消逝（即形而上学化）速度，由于网络、技术和资本的推动，是以往哲学望尘莫及、难以想象的。

那么，还有出路吗？或者更乐观一点问：出路何在？马克思曾把希望寄托在“自我异化的扬弃同自我异化走的是一条道路”[①] 上。海德格尔给出的建议是反价值而思，即反形而上学而思，从而守护存在。而齐泽克则认为唯一的出路就是创造一种新的集体性（collectivity），即共同地、完全地投身于实践，取消那造成无限倒退的“第三只眼”的注视。[②]

这大致就是当代哲学去形而上学化的一条可能路径：从追求形而上学的真理，到厌倦形而上学，回到生活，回到大地，回到身体，回到沉

---

① ［德］马克思：《1844 年经济学—哲学手稿》，人民出版社 2000 年第 3 版，第 78 页。

② 齐泽克别出心裁地借用情侣间维护亲密关系的唯一途径来解释所谓“新的集体性”：“不是彼此凝视对方的眼睛，忘记四周的世界，而是手拉着手，一起看着身外的某处，即他们共同为之奋斗的事情，共同舍身投入的事业。”（［斯洛文尼亚］斯拉沃热·齐泽克：《欢迎来到实在界这个大荒漠》，季广茂译，译林出版社 2012 年版，第 98—99 页。）

重、劳累以及气喘吁吁的生动知觉，乃至回到沉默。这时，也只有这时，自媒体时代各种价值展示与文化现象所激发的众生喧哗才会变得愈发令人沉思：生活不同寻常的“彰显”会不会恰恰意味着生活本身的“消逝”？

六祖求法偈与“何期自性”偈的关系及《坛经》心、性、佛三者之关系探析

王新水*

摘　要：惠能的求法偈与神秀的求法偈在思想上并非势不两立，二偈的前两句是从不同的角度表达对同一个真理的看法，后两句则分别说明不同的问题，因此二偈的思想并不相互矛盾。神秀之偈前两句是以表诠的方式肯定人人本有自性菩提、心本明净这些大乘佛教的基本思想，后两句则说明修行见性的方法；而惠能之偈前两句则是以遮诠的方式揭示自性菩提、明净本心也是无自性空，后两句则继续以此方式描述见性后的境界。惠能的求法偈与“何期自性”偈之间，并不存在未见性的初悟和见性的彻悟这种差别，二者的差别只是在于，前者是以遮诠的方式表达见性后的境界—本体之一如；而后者不过是表诠方式来表达罢了。“何期自性”偈的思想与《金刚经》“应无所住而生其心”的思想有必然的内在联系。“明心见性，顿悟成佛”说揭示心、性、佛之间的复杂关系，体现了空假不二的中道观。

关键词：本心般若；自性菩提；无住；无念；见性成佛

* 作者简介：王新水，复旦大学哲学博士，苏州大学哲学系副教授，主要研究方向为先秦儒家和道家哲学、汉传佛教哲学以及哲学原理等。

一 《坛经》[1]开篇明宗

六祖惠能（一作“慧能”，本文统一作“惠能”）当年在韶关大梵寺讲堂升座为众说法，开宗明义，开示法要如下：

菩提自性，本来清净，但用此心，直了成佛。[2]

这四句话，可以视作整部《坛经》乃至惠能全部思想的简要概括。这十六个字，融合了印度大乘佛教的心、佛、众生三无差别，一切众生悉有佛性和东晋道生法师的顿悟成佛等思想。

买柴之人曾向惠能转述五祖弘忍之言：

但持《金刚经》，即自见性，直了成佛。[3]

这与上引惠能之说，一脉相传，大旨相近。二者都强调成佛可当下即了，“直了成佛”离不开弘忍的“即自见性”“即自见性”也离不开惠能的“但用此心”。“见性”即见人本有的本来清净的菩提本性，“用此心”即用人本有的本心般若。弘忍和惠能所用的本心、本性、自性三词含义虽异，但所指实一。因此，所谓识心、明心、见性等词，所指也一样。弘忍谓神秀曰：

---

① 本文所引《坛经》原文，皆出自《大正藏》第48册收录的宗宝编的《六祖大师法宝坛经》。虽然宗宝本《坛经》加进了惠能之后的一些思想，但后来添加的那些思想除了少数之外，其余大都可从惠能本人思想合理引申出来，因此本文引文不纠缠各版本文字上的一些差异。

② （唐）宗宝编：《六祖大师法宝坛经》，《大正藏》，第48册，第347页下。（后文凡引用《坛经》，皆省略编者和经名）

③ 同上书，第348页上。

无上菩提，须得言下识自本心，见自本性，不生不灭。①

又谓惠能曰：

不识本心，学法无益；若识自本心，见自本性，即名丈夫、天人师、佛。②

此处所谓“本心”“本性”，所指不异，而所谓“识自本心”，其所指亦即“见自本性”。惠能曰：

我于忍和尚处，一闻言下便悟，顿见真如本性。是以将此教法流行，令学道者顿悟菩提，各自观心，自见本性。③

此处所谓“各自观心，自见本性”，与开篇所说“但用此心，直了成佛”含义相同，“观心”即“但用此心”，“自见本性”须“各自观心”，“自见本性”即“直了成佛”。所谓“自见本性”即“顿见真如本性”，而“真如本性”即“真如本心”或“自性菩提”，故“自见本性”即是“顿悟菩提”。“顿悟菩提”即是“直了成佛”。

以上依据《坛经》原文概述惠能思想宗旨，下文进而考察惠能求法偈与“何期自性”偈之间的关系及相关要义。

二　神秀求法偈与惠能求法偈之同异

因为惠能求法偈乃直接针对神秀之偈而作，所以先分析神秀之偈及其与惠能之偈的异同。

神秀求法偈曰：

---

① 《大正藏》，第48册，第348页下。

② 同上书，第349页上。

③ 同上书，第351页上。

身是菩提树，心如明镜台，时时勤拂拭，勿使惹尘埃。[①]

前两句把身和心分别比作菩提树和明镜台[②]，是说人本有菩提自性和真如本心，本心本来像明镜一样清净不染。后两句是说，人人本有的清净菩提和觉悟本性，会受到后天的染污和遮蔽，所以要时时刻刻勤加擦拭，不让它受到各种烦恼的染污和遮蔽。神秀此偈不但符合原始佛教以来“心性本净，客尘所染”的一贯教义和大乘佛教一切众生悉有佛性的宗旨，而且与五祖本人所强调的人人自有“本心般若之性”[③] 的观点也不相悖。可是，五祖为什么一看偈就判定神秀“入门未得，不见自性”[④] 呢？

有人认为，这是因为神秀偈秉承的是《楞伽经》的如来藏思想，不符合其师弘忍所要求的“取自本心般若之性”[⑤] 这一要求。从神秀偈本身以及《坛经》本文来看，这一说法实难成立。此偈本身并不与如来藏思想明显相关，而据《坛经》所说，弘忍本人也不反对《楞伽经》，他“拟请供奉卢珍画《楞伽经变相》”[⑥] 一事即是明证。

五祖弘忍说神秀“入门未得，不见自性”，并非说神秀在佛法方面尚未入门，这不符合事实，而是突出他未见自性，也就是没有觉悟。“入门未得”可以理解为是指尚未入见性觉悟之门。而五祖如此判定的原因，不在神秀偈的前面两句，因为这两句并不违背五祖之意，而在后面两句：时时勤拂拭，勿使惹尘埃。在吩咐门人作偈求法时，五祖有如下提示：

思量即不中用，见性之人，言下须见，若如此者，抡刀上阵，

---

① 《大正藏》，第 48 册，第 348 页中。

② “明镜台”此处取“明镜”之义，而非取“明镜之台”之义。之所以用“明镜台”而不用“明镜”一词，实是为了与第四句最后一字“埃”押韵。有人为了立异而强分“明镜台”与“明镜”之别，认为“明镜”喻心，而“明镜台”乃喻身，心之依附于身，如明镜之立于镜台。此解看似察毫析微，实则忽略古人作韵文之常识，卒致毫厘千里。

③ 《大正藏》，第 48 册，第 348 页中。

④ 同上书，第 348 页中—下。

⑤ 同上书，第 347 页下。

⑥ 同上书，第 348 页中。

亦得见之。①

所谓“思量即不中用”“言下须见”，不仅仅是说光靠思维推理和言说不能见性，而且也意在强调，“见性”不是细细琢磨、磨铁成针、慢工出细活之事，而是电光火闪间的顿然觉悟之事。可是神秀却竟然说要“时时勤拂拭”！这个“时时”到底要多长时间？要“时时”到什么时候？如果正好碰上刀来剑去、殊死搏斗的紧急关头怎么办？这个时候还不顿然觉悟见性而是勤拂拭能管用吗？能出离生死苦海吗？

见性的方法既已走样，自然就无法见性。所以五祖说神秀“汝作此偈，未见本性，只到门外，未入门内。如此见解，觅无上菩提，了不可得”②。所谓“只到门外，未入门内”，也是就“觅无上菩提”亦即彻悟而言，而不是说连佛法之门都未入。五祖接着继续强调见性乃顿然之事，说“无上菩提，须得言下自识本心，见自本性”③。所谓“言下”犹如“一说完”“话音刚落”，意为“当下”，表示顷刻、刹那之间。

见性只在顷刻之间，那是否片刻之后即前功尽弃，退回原形，完全形同没有觉悟的凡夫俗子呢？见性虽只在刹那，但一见即永不退转，方可谓之“言下自见”。正如五祖所说：

> 于一切时中，念念自见，万法无滞，一真一切真，万境自如如。如如之心，即是真实。若如是见，即是无上菩提之自性也。④

也就是说，若真顿见本性，任何时候，每时每刻都能自见，对一切都无滞无碍，能就任一事物的真如实相，把握一切事物的真如实相。这时候心即真如，亦即真心或真如心，也是自性所显的无上菩提，或

---

① 《大正藏》，第48册，第348页中。

② 同上书，第348页下。

③ 同上。

④ 同上。

无上菩提朗现的自性。既然顿然见性之后无上菩提即时刻宛然朗现，那自然就根本不需要时时提防而“勿使惹尘埃”了。如果还需要时刻警惕“勿使惹尘埃”，那就意味着根本就没有见性。难怪五祖不认可神秀。

但神秀偈的前面两句毕竟没有偏离大乘佛法的本旨，也不违背五祖之意，而后两句虽然作为见性的方法被否定，但也并非不可作为非上根弟子渐修的方法，所以五祖对它并未全面否定，而是吩咐“但留此偈，与人诵持。依此偈修，免堕恶道；依此偈修，有大利益”①。这些吩咐很有分寸，只说依此偈修可免堕恶道和得大利益，并不说可以见性成佛。可是，接下来五祖又令门人“尽诵此偈，即得见性”②，这却让人颇费思量。既然此偈表明神秀本人“未见本性”且见性的方法有误，那他人诵持此偈，怎么可能“即得见性”呢？如果此处“见性”别无他意的话，那五祖此令当另有深意。

联系前后文，仔细体会，可得二解。前面五祖刚刚对门下众弟子做了集体批评，说他们“终日只求福田，不求出离生死苦海，自性若迷，福何可救”③。如果这时只说诵持神秀偈可免堕恶道和得大利益，而不说能见性成佛，那吩咐他们都诵持此偈，与鼓励他们只求福田有何差别呢？所以后面补充说“尽诵此偈，即得见性”，这是一种方便示教，既可消除五祖自己前后教导之间暗藏的矛盾，又可鼓励弟子们尽心诵持，不得偷懒，毕竟他们的道行比上座弟子神秀还是差得太远，神秀偈对他们渐修还是大有裨益。此其一。其二，后文五祖许可惠能之偈已见性，但当众却故意说“亦未见性”④，为的是避免让惠能被人忌妒，遭人暗害。那么此处对众门人说诵持神秀偈即得见性，就是意在让众人以为神秀已见性，将得衣法，从而不再留心惠能是否见性，惠能因而也就可以避免遭人妒害。

惠能一听童子唱诵神秀偈，就知道神秀未见本性，然后作偈曰：

---

① 《大正藏》，第 48 册，第 348 页下。

② 同上。

③ 同上书，第 348 页上—中。

④ 同上书，第 349 页上。

菩提本无树，明镜亦非台。本来无一物，何处惹尘埃？①

从字面上看，惠能之偈确实与神秀之偈句句相反，这就是通常所谓的“翻案”法。但惠能此处用的不是像对卧轮禅师偈那样简单的直接否定的方法，而是釜底抽薪之法。“惠能没伎俩，不断百思想，对境心数起，菩提作么长”② 是对卧轮禅师偈“卧轮有伎俩，能断百思想，对境心不起，菩提日日长”③ 的直接否定，但对“身是菩提树，心如明镜台”的直接否定本应是“身非菩提树，心岂明镜台”，而惠能却作“菩提本无树，明镜亦非台”，这就是釜底抽薪。皮之不存，毛将焉附，既然菩提无树，明镜非镜（台），那身又何所是，心又何所如？然而这还只是惠能釜底抽薪的表层含义。

进一层的含义是，如般若、中观理论所说，人本有的菩提本性和明净本心也是无自性空。这里当然不是像有人所解释的那样，以为惠能意在否定菩提本性和明净本心像树和明镜台那样有可见的形体。接下来第三句“本来无一物”，按般若、中观思想，当然就是说一切万法皆无自性。万法皆无自性即万法本性皆清净空寂，由此故说“何处惹尘埃”。当然，这句可视为双关语：菩提本无，明镜非镜，身本无身，心亦非心，既然身心本无，何处能惹尘埃？这是一层意思。另一层意思是，“尘埃”作为万物之一，也是无自性空，空物如何能被他物沾惹？不能被他物沾惹，故说“何处惹尘埃”。

但惠能之偈还有更深层的含义。如果仅仅从般若、中观思想的角度来看，惠能之偈所说，也不过是万法皆虚妄不实、诸法实相毕竟空、本来清净这些大乘佛教最基本的常识，而根本就没有触及人人本有自性清净心这一如来藏思想的要旨，以及“一切众生悉有佛性”这一涅槃佛性思想的核心教义，这怎么能说比神秀之偈高明呢？神秀偈至少还承认了人人本有明净本心、菩提自性，承认了一切众生悉有佛性。

因此，要明了惠能偈与神秀偈的差别，不能仅从缘起性空的本体论

---

① 《大正藏》，第 48 册，第 349 页上。

② 同上书，第 358 页中。

③ 同上书，第 358 页上。

（为表达方便，权且借用“本体论”这个哲学术语，虽然佛学的缘起法与西方哲学传统的本体论旨趣迥异）方面来论，还应进一步从证悟实相的境界层面来看。惠能之偈不能仅仅理解为是对诸法缘起性空、虚幻不实这一大乘佛学基本常识的简单重复，而要进一步理解为是他对自己见性彻悟之境界的表达。依五祖之言，见性即意味着“万法无滞，一真一切真，万境自如如。如如之心，即是真实”①。也就是说，见性者不仅是从理上言说，一切法——包括自性菩提和真如本心——都是无自性空，都是真如实相，而且还能实证照见如是。从真谛观照，万法是真如实相，实相无相；依俗谛观照，万法皆虚幻不实。从境界上而言，“本来无一物，何处惹尘埃”，是指不住著于任何一物，任何一念，尘埃烦恼尽除而彻底明净无染。既然惠能已经见性，当然就不必再像神秀那样，为求见性而“时时勤拂拭，勿使惹尘埃”了。

虽然五祖根据他自己的观点判定惠能见性而神秀未见性，虽然惠能自己也说神秀偈未见性，但并不能由此即认为惠能偈所表达思想是对神秀偈所表达思想的直接否定。惠能的“菩提本无树，明镜亦非台”与神秀“身是菩提树，心如明镜台”所表达的思想并不相矛盾，因为惠能不可能否定神秀这两句话中所包含的人心本来明净、人本有菩提自性、一切众生悉有佛性这些观点。惠能不过是用遮诠的方式表达这些观点罢了，而神秀用的则是表诠的方式。两个人一正一反、一否定一肯定，合起来就是真空妙有的中道正观。惠能的表达是从否定立言，神秀的表达是从肯定立论，互不相碍，一体相生。因此两人所表达的思想并非互相反对。

神秀“时时勤拂拭，勿使惹尘埃”说的是平时修行或见性的方法，而惠能“本来无一物，何处惹尘埃”道的是见性之后的境界，两人所说根本就不是同一件事，因此虽然字面意思相反，但在思想上并非势不两立，而是可以并存不悖。这种并存与五祖和惠能对神秀见性方法的否认并不冲突。

---

① 《大正藏》，第 48 册，第 348 页下。

三 惠能求法偈与“何期自性”偈的关系

虽然惠能的求法偈是见性后的境界之语，但见性者不会只有遮诠式的否定揭示，而没有表诠式的肯定描述，否则就堕入恶趣空的断见邪道。再说，惠能的遮诠也是因应神秀偈而方便表达的缘故。所以随后五祖为他解说《金刚经》，听到“应无所住而生其心”时，马上就大悟“一切万法不离自性”[①]，并一连说出五个“何期自性”：

> 何期自性，本自清净；何期自性，本不生灭；何期自性，本自具足；何期自性，本无动摇；何期自性，能生万法。[②]

这就是向表诠的肯定方向靠拢。前面只是遮诠说“本来无一物”，这里才肯定的提出自性“本自具足”“能生万法”。

因为这里说惠能因听经而“言下大悟”，所以很多人就认为惠能原来的偈并非真正的顿悟见性，而是要到五祖为他秘密讲解《金刚经》时才真正彻悟见性。有人还附会禅宗所谓的“三关”之说，认为前面求法偈只是破了初关，到此才真正破末后关。且不说对何谓“三关”本就众说纷纭，而且就对修行次第和证悟境界的解说而言，各种“三关”之说实际并未为佛教原有的修行次第和果位境界理论增加任何实质性的内容，因此大可不必套用“三关”之说来为惠能的求法偈和“何期自性”偈分判高低。我们不必否认惠能的求法偈是真正的顿悟见性，以便抬高“一切万法不离自性”的“言下大悟”。这里所谓的“大悟”，可以理解为是惠能对用表诠的方式肯定自性这一表达方式的大悟，而不一定是说到这时才真正顿悟见性。前面因为随顺神秀偈而只用遮诠的方式否定，这时又顿悟可以同时用表诠的方式肯定，二者并行不悖，一体不二。所以接着对五祖用了一连串肯定的表诠：

---

① 《大正藏》，第48册，第349页上。

② 同上。

自性本自清净，本自具足，能生万法。当然，其中还夹带了两个遮诠：本不生灭，本无动摇。

自性与本心是一回事，本自清净就是说心之本性本来清净无染，人本有菩提自性，菩提本来清净无染。清净无染就是真如实相，实相非相，故自性本无生灭；实相如如不动，故自性本无动摇。万法不离真如自性，离真如自性则无万法，静态地说即自性本自具足，动态地说即自性能生万法。自性生万法是指万法依自性而显现，显现犹如生，不显现则犹如灭。当然，依赖真如自性而显现万物，不能视为依赖某个实体产生万物，否则，即有违缘起性空之教而堕入执着诸法实有的小乘或外道之见。

另外，由上可见，“自性本自清净”与神秀的“身是菩提树，心如明镜台”之说，要旨也并无大异。

四 “何期自性”偈与“应无所住而生其心”的关系

有些人认为，惠能上述那些大悟后对自性的表诠，与“应无所住而生其心”的含义似乎风马牛不相及。事实并非如此。先排除一种看法。这种看法认为，“至‘应无所住而生其心’，惠能言下大悟”①，这句话只是表明，恰好就在五祖讲到“应无所住而生其心”这一句的这个特定时刻，惠能“言下大悟”了，而不是说惠能就是因为“应无所住而生其心”这一句话的含意而当下大悟，这里强调的是大悟的特定时机，而不是大悟的思想关联。之所以不取这种看法，不是说它全无道理，而是因为《金刚经》“无所住”思想恰恰是惠能“无住为本”这一核心思想的源头之一。因此，我们宁愿先承认惠能的“何期自性”说与“应无所住而生其心”这句话在意义上的内在关联。

“应无所住而生其心”意为应该不住著于任何事物而生心。如此生起之心当然就是本有的般若心或清净心。之所以不应该住著于任何

① 《大正藏》，第 48 册，第 349 页上。

事物而生心，按《金刚经》说，是因为“诸相非相”“凡所有相皆是虚妄”，是因为任何事物都是性空假有。而“诸相非相”就是真如实相，“无所住”“不取于相”即是如如不动。惠能既然以自性本心为真如，那他听到“应无所住而生其心”即当下大悟，表诠地肯定“一切万法不离自性”“自性本自清净”等语，不是水到渠成，自然而然吗？两者怎么会成风马牛呢？这里惠能所做的只是把自性和真如合而为一罢了。

因为是秘密为惠能单独说法，无须再担心给惠能招致妒害，所以五祖听惠能肯定地表诠自性之后，虽认为他已悟本性，却不再言此意彼地说他“亦未见性”，而是以强调自己见解的方式间接表达对他见性的肯定：“不识本心，学法无益。若识自本心，若见自本性，即名丈夫、天人师、佛。”此处似乎暗示，五祖认可惠能已经见性成佛。

五　无住与无念

惠能“无住为本”的思想当然与“应无所住而生其心”的观念有直接关系，与《维摩诘经》的“从无住本立一切法”① 的观点似乎也不无关联。至少从表述来看，惠能似乎是把两种看法融为一体。

惠能从主观的心念无常和客观的诸法实相两面来说明无住。从人的本性而言，心念无常，刹那刹那，念念不住，因此心念对于一切事物和现象，都不应该固执住著，这才符合人的本性，故应“无住为本”。但是如果事物和现象本身是固定不变的实有，而人心对它们却只能像蜻蜓点水般的一掠而过，一触即离，那怎么可能证悟诸法实相而成佛呢？是故应知，人心前念今念后念念念不住，不仅合乎人的本性，亦且相应诸法实相。正因为诸法实相毕竟空，实相无相，诸相非相，所以人心对于一切法也只有念念不住，才能相应于诸法实相，从而证悟成佛。所谓“无住为本”“无住”不仅是指人心本来念念不住，而且也是指诸法实相本来无住，实相无住故能成就诸法，为诸法所依，

① 《维摩诘所说经》第二卷，鸠摩罗什译，《大正藏》，第 14 册，第 547 页下。

故谓无住为一切法之本。“本”非实体之谓，而是所依之义。

无念，不是百物不思，万念断绝。否则，不但如无情识之物，永难成佛，而且人“一念绝即死”①，死而业未销，又去别处转生，如此生死轮回，苦海无边。因此，无念，就是心对万境起万念，但却不滞著于任何一念，不为任何境所染著，“于念而无念”②，不住一法而生心。这是惠能“无念为宗”的第一层含义，这可以说是《金刚经》“应无所住而生其心”的翻版。真如自性即毕竟空，虽本自具足，能含能起万法，但实则无一法为实有，无一法非虚幻不实，因此“自性本无一法可得”③。既如此，则本无任何实有之法可供起念。这是依《金刚经》“诸相非相”而立“无念为宗”，是第二层含义。“无念为宗”的第三层含义是，真如，即如诸法实相而为真，亦即诸法性空所显之真实。就人心而言，真如即真如自性，而自性亦非实有。因此，对诸境无念，也就是对任何法都不起分别，因为诸法本非实有，无可分别；而对诸法不起念，实际也就是对真如起念，因为不对诸法起念乃因诸相非相，而诸相非相即真如自性本无相，真如自性本无相即诸相非相，因此于诸相非相而念，则所起乃真如自性之念，所念乃真如本性，此即所谓“真如即是念之体，念即是真如之用”④。若无真如本性，一切法即无所依，进而连依非相所方便安立之念亦不可能。“念真如”的思想，在南朝梁真谛所译、相传为马鸣菩萨所造的《大乘起信论》中已比比皆是，惠能大概是借鉴而有所发挥。

六　心、性、佛的关系

何谓心？何为性？心、性关系如何？为何明心见性即成佛？

有人认为，惠能所谓“心”是指涅槃妙心，所谓“性”是指中道

---

① 《大正藏》，第 48 册，第 353 页上。

② 同上。

③ 同上。

④ 同上书，第 353 页中。

佛性。[1] 因为这两种含义是心、性最具有解释性的普遍性含义，所以当然可以用来解释惠能的部分思想，但从《坛经》本身来看，这种看法证据似乎略显不足，而且明显把惠能“心”的含义单一化了。

何谓心？惠能所谓的“心”是不是都指清净真心？显然不是。他曾明确指出“心元是妄”“心如幻”[2]，即以心为妄心。

但当惠能用“本心”这个概念时，就不是指假谛意义上的心，但也不是直接指清净真心，而是指众生本有的般若心。惠能说：“般若无形相，智慧心即是。若作如是解，即名般若智。”[3] 智慧心即般若心。又说“但净本心……无杂无染”[4]，意为使般若心不受遮蔽而起照用，即能观诸法毕竟空，自性本来清净，故可无杂无染。

何为性？心性关系如何呢？

惠能说：“心是地，性是王，王居心地上，性在王在，性去王无。性在身心存，性去身心坏。”[5] 心、性本来空假不二，但惠能此处更强调“性”的重要性，因此说性为心之王，性在心在，性去心坏。这个“性”就是指本来清净的菩提自性、真如本性。如果没有本来清净的菩提自性、真如本性，心就无法存在（而且身乃至万物也都无法存在）。而所谓的心悟而不著，就是悟本来清净的菩提自性、真如本性，不著就是不著于心的虚妄如幻以及由此妄心而生起的诸相。

妄心怎么跟本来清净的菩提自性、真如本性并存共立、相安无事呢？从原始佛教到大乘佛教，一直认为“心性本净，客尘所染”。这句话部派佛教有各种解释，但没有一种解释能圆融自洽，以致《成实论》认为“心性本净”只不过是一种方便立说。惠能当然不会否认“心性本净，客尘所染”这一说法，但他有自己的解释。惠能认为，从假谛或俗谛看，心是染是妄；但从空谛或真谛看，心本来清净无染，真而非妄。“心元是妄”所谓的“元”虽是“原本”之义，但并非就

---

① 参见田光烈《禅宗六祖得法偈之我见（下）》，《法音》1990 年第 9 期，第 10—19 页。

② 《大正藏》，第 48 册，第 353 页中。

③ 同上书，第 350 页中。

④ 同上书，第 351 页上一中。

⑤ 同上书，第 352 页中。

空谛而言，而是从假谛来说。从假谛看，心原是妄。如果从空谛看，则心之性原是真，本来清净。

惠能对心的这种解释，可以用来解释《大乘起信论》为什么能成立“一心开二门”之说。众生心何以能开出心真如门和心生灭门二门？按般若、中观理论和惠能思想，任一众生心既是不生不灭的空，同时又是有生有灭的假有，是空假不二的中道。由心乃不生不灭之空开出不生不灭的真如门，由心乃有生有灭之假有开出生灭不已的生灭门。因为不生不灭的空性、真如为万法之所依，故心真如可视为不生不灭的如来藏，而心生灭门则是依不生不灭的如来藏而开出。生灭心与不生不灭的如来藏或真如心和合，即是阿黎耶识。因此，阿黎耶识即是空假不二的中道众生心。

从空谛看，包括心在内的万法都本来清净。所谓本来清净也就是毕竟空，就是真如实相，就是法性实际，这些都是中观派或空宗的共识。但是直接认为毕竟空、本来清净、真如实相、法性实际等就是“觉悟性”，并直接称之为“菩提自性”，却并非空宗的观点，而是空宗和如来藏思想结合的产物。《大乘起信论》（真如本觉说）、天台（部分思想）、华严、禅宗南宗等，都属于这一思想系统。虽然普遍地就万法而言的毕竟空、本来清净、真如实相、法性实际等不能直接就被说成是觉悟性、菩提自性，但是如果特别地就心而言毕竟空、本来清净、真如实相、法性实际等，那当然可以直接说它们就是菩提自性、觉悟性，因为无论是从空谛而言的本来清净之心，还是从假谛而言的本来虚妄之心，都具有知觉。正因为心有知觉，所以惠能在经中才多次说，但心清净，就可成佛。所谓“但心清净”，显然不是指立足于空谛而说心本来就清净，而是说若心能不著于万法，能对万法不作分别，能去恶存善、能除垢去染等，亦即说若心能起般若现用。当然，“但心清净就可成佛”也不是从转染成净、离妄归真从而复归清净真心这个意义上而言（这是北宗禅的路子），而是从心能清净就能起般若心之用从而自见本有的自性菩提而言。因此虽然都是以性觉为基础，但是与《起信论》、华严、菏泽禅等以复归清净真心的修行旨趣不同，惠能是以自见本心本性以起现用为修行指南。

心的清净本性即是人的自性或本性，惠能称之为自性菩提、自性佛。虽然惠能说“自性能含万法名含藏识”① “大圆镜智性清净”②，但不能仅由此即简单断定此处所谓的“自性”完全等同于唯识学所谓的第八识。因为唯识学的第八识生万法是依赖含藏于其中的有漏无漏各类种子，而惠能的自性含万法只是就万法依自性真如所显现而言，并非说自性中含藏有待缘而现行成万法的种子。

惠能侧重就人心、自性说空。他说“心如虚空”“自性真空”，自性“无有一法可得”但又“能含万法”，所以心和自性都名为大，亦即摩诃。③

何以明心见性即是成佛呢？

惠能既然把空移到人心自性上说，那么成佛也就在于人心自性，不用向外寻求。他说“本性是佛，离性无别佛”④。不但空是自性真空，般若也是自性般若，所以惠能强调：“不识自性般若，犹如说食不饱。”⑤ 又说“佛向性中作，莫向身外求”“菩提只向心觅，何劳向外求玄”⑥。“向心觅”就是向本有的般若心寻觅，“向性中作”，就是自见本有的自性般若，自性菩提。

因为心有知觉功能，所以心能迷能悟，能著能不著。心迷时即是妄心呈现，悟时即是般若心起用。迷妄心与般若心本是一心，因其作用不一而有分别。心若迷而著，则是众生；若悟而不著，则是佛，故说“但用此心，直了成佛”。无情之物正因为没有心，因而缺乏知觉情识，所以不能成佛。而人如果断绝百念，一物不思，就如同无情，自然也就不能成佛。

像大乘涅槃思想一样，惠能也认为众生本有佛性，本有菩提般若之智，一律平等，只是因为迷悟不同，才有愚智之别，迷者愚，悟者智。因此，惠能特别注重从主体的迷悟和心念的著离来论凡夫与佛、烦恼与菩提之间的不一不异的关系。一念迷就是凡夫，一念悟就是佛。

---

① 《大正藏》，第 48 册，第 360 页中。

② 同上书，第 356 页中。

③ 同上书，第 350 页上、中。

④ 同上书，第 350 页上。

⑤ 同上。

⑥ 同上书，第 352 页上、中。

念念不住着于事物就是菩提，一念住着就是烦恼。然而，如何才能做到念念不住着于事物呢？惠能说，只要发挥自性般若就行了，般若心自会荡相遣执。

惠能认为，要发挥自性般若，须先悟般若乃人人自性本有，而非外来。而要悟般若乃人人本有，则须听善知识教导，或读佛经。大乘大智与小根小智之人的区别，不在于自性般若的有无，也不在于自性般若智的大小，而在于各人能不能运用般若，常起观照。而小根小智之人之所以闻说《金刚经》这一最上乘法门也不能像大乘大智之人那样开悟，就在于其烦恼太重且根深蒂固。

为此，惠能说“不悟即佛是众生”① ——这句话不好理解。佛是已觉悟者，怎么还会退堕变成不悟呢？当然，可以把它理解为一个反事实条件句：“如果佛不悟，佛就是众生。”佛不悟是绝对不可能发生的事情，因此这个反事实条件句并不是说佛真的会变成不悟，而是以此假设强调悟对于成佛的决定性作用。这种解释虽然可以成立，但对惠能思想的理解未必深入，也不会有多大促进。

实际上这句话透露出惠能思想的一个关键。惠能虽然认为众生都本有自性菩提、自性般若、真如本性，但并非当下现成就是佛，而是需要识自本心、见性开悟才能成佛。如果没有明心见性，那虽本有自性菩提、自性般若、真如本性，也只是一种可能性意义上的佛，而不是现实的佛。一切没有开悟的众生，都是可能性意义上的佛，但并非现实的佛。所以“不悟即佛是众生”这句话的意义可理解为：如果不悟，就只是可能性意义上的佛，这样的佛当下还是众生。而这也就是惠能所谓“凡夫即佛，烦恼即菩提”② 的真正含义。

“即心即佛”③ 是后世禅宗标志性的“口头禅”。但惠能的解释并不像后世那样飘忽玄虚。惠能认为，不分先后、平等无别地双修定慧，达到定慧一体，般若心现照，就是即心即佛。佛由心生，众生心与佛心本性无别，但众生并非当下现实就是佛，只有了悟本心本有，双修

---

① 《大正藏》，第48册，第351页上。

② 同上书，第350页中。

③ 同上书，第355页上。

定慧，本心发用，才当下是佛。用法海悟偈说就是：心之本性本来是佛，于此不悟就委屈了自己的本心，定慧是识心成佛的原因，只有双修定慧，心才能不执着于虚幻不实的事物，而当下即佛。① 这是总说"即心即佛"。至于"前念不生即心，后念不灭即佛；成一切相即心，离一切相即佛"②，则是分说，即分别就各种具体情况而言。就心念的生灭而言，"前念不生"即不执着于已生之念，"后念不灭"即不有意克制未起之念，能如此也是"即心即佛"。就心与事物及现象的关系而言，"成一切相即心"是说心能生一切事物和现象，"离一切相即佛"是说心生一切的同时又不为一切所束缚，这也是"即心即佛"。

把真如、菩提、般若都收归于自性本心，又把自识本心和明见真如本性、自性菩提、自性般若等同于顿悟成佛，这是惠能顿教法门的思想前提，整部《坛经》始终反复强调。

惠能说："若悟自性，亦不立菩提涅槃，亦不立解脱知见，无一法可得，方能建立万法。若解此意，亦名佛身，亦名菩提涅槃，亦名解脱知见。见性之人，立亦得，不立亦得，去来自由，无滞无碍，应用随作，应语随答，普见化身，不离自性，即得自在神通，游戏三昧，是名见性。"③ 这可说是惠能对心、性、佛三者关系与见性成佛之义的集中表达。

后人喜欢讲"明心见性，顿悟成佛"。"明心见性"的含义因"心"所指对象的不同而不同。"心"若是指妄心，这四个字就是指当下明了心的真如本性或菩提本性；"心"若是指本心亦即般若心，这四个字就是指呈现般若心，明了自心本有真如本性或菩提本性；"心"若是指真如本性或菩提自性本身，亦即本心就是本性，那"明心"与"见性"就是同义复指，"明心"就是"见性"，"见性"就是"明心"，"明心"可以解释为使心明现，"见性"可以解释为使性显现，"见"此时义同"现"。但不管是哪种含义的"明心见性"，所成之佛

① "即心元是佛，不悟是自屈。我知定慧因，双修离诸物。"《大正藏》，第48册，第355页中。

② 《大正藏》，第48册，第355页上。

③ 同上书，第358页下。

都尚不是自觉觉他、觉行圆满之佛，而只是尚未圆满的别佛，只有在顿悟之后任何时候都能保持本心本性明现，方成觉行圆满的圆佛。

七 疑 问

《坛经》的内容非常丰富，里面几乎可以找到佛教各宗各派理论的踪迹——密宗独有的理论也许除外。因此，后人理解起来难免会产生一些疑问。笔者的疑问如下：

既然人人都本有自性般若、自性菩提，为什么小根小智之人会被深重的烦恼所障碍而不能闻法开悟呢？如果说是因为过去世业障深重，那他们所谓本有的自性般若、自性菩提在过去世就没有吗？如果没有，那所谓本有就非真正的本有，而是始有；如果有，那他们在过去世为什么会业障深重呢？如果只有顿悟见性才能成佛，那不能领悟顿教的小根小智之人，还有成佛的可能吗？如果没有成佛的可能，那惠能会像玄奘所传唯识宗那样，认为有一类众生必定不能成佛吗？

以上疑问当然丝毫无损于惠能思想和整个佛教，就像无我说与轮回说在理性上引起的矛盾丝毫无损于整个佛教一样。承认佛教思想中的一些根本性前提在理性上会引起矛盾，不但不会消解削弱对佛教的信仰，反而会加深巩固对佛教的“信仰”，而且同时也可澄清人们在理性层面上对佛教思想的认识。常听很多人说，他们之所以愿意信仰佛教，是因为佛教与其他宗教不同，是一种理性的宗教，佛教思想中的一切观点在理性上都是不会引起矛盾的。殊不知，这样来信仰佛教，正是一种双重的伤害，既伤害了对作为一种宗教的佛教之“信仰”，又以佛教之名损害了理论理性的思维。

身体与大地式的存在

——理解海德格尔哲学的一条线索

王　珏*

摘　要：“海德格尔哲学中的身体问题”所问及的与其说是海德格尔关于身体的看法，不如说仅仅是一个疑问：“为什么海德格尔的主要著作中缺乏关于身体的研究?”本文将首先对这个极具争议性问题的研究现状作一个全面的评述，并指出当前研究中的最大问题就是身体主题总是不自觉地被现成化了。在这种背景下，本文试图另辟蹊径，不仅仅是去定位海德格尔对身体问题的论述，更是要随同海德格尔一起去揭示身体现象。本文最终表明，身体现象与世界现象处于动态的相互促进的结构中，从这个角度上看，身体维度凭其大地式的特质成为海德格尔哲学中的一个关键枢纽，其中隐含着重大的思想契机。

关键词：此在；身体性；超越；世界；大地

一　问题的缘起与研究现状

海德格尔哲学中的身体问题最初以一种否定的方式引起研究者的兴趣：“为什么海德格尔的主要著作中缺乏关于身体的研究?”一个令人瞩目的事实就是《存在与时间》仅有一处提到了“身体性”这个词：“此在在它的‘身体性’——在这个‘身体性’里隐藏有它自己的一整个问题，然而在这里我们将不讨论它——中的空间化也是依循

* 作者简介：王珏（1979—　），哲学博士，现为西安电子科技大学人文学院副教授。

这些方向标明的。"① 并且，即使在那里，海德格尔也只是径直宣布他将略过对身体问题的研究。然而，令人疑虑的是，基础存在论作为一种对人的存在方式的研究可以在不触及身体维度的情况下而保持其诠释的有效性吗？并且《存在与时间》之后，海德格尔也从未对身体作过任何主题化的论述。与此形成对照的却是，在与海德格尔同时或之后的现象学家那里（如胡塞尔和梅洛—庞蒂），身体成为一个越来越重要的主题。相比之下，海德格尔的沉默就格外耐人寻味了。诸种条件的相互作用使得这样一个褫夺性的问题成为现象学研究中的一个热点，包括德里达在内的许多著名学者都作过专题探论。然而国内学界对这个问题还缺乏深入全面的研究。为了能有效地展开讨论，我将在本文的前半部分对当前的研究状况进行全面回顾，并以此为基础，在本文的后半部分对身体问题在海德格尔哲学中的地位、性质和意义作一个由点及面的概述。

虽然对海德格尔哲学中的身体问题的研究已经前后延续了几十年，但直至今日这个问题仍处在争议之中。每一个进入这个研究领域的人首先要回答的问题就是：为什么海德格尔对身体的论述如此之少？在《存在与时间》中，海德格尔是否不合理地忽略了身体问题？

根据对这个问题的不同回答，研究者也相应地分为两派。

一派认为海德格尔错误地忽略了身体问题，并导致其前期的基础存在论计划出现种种问题。持这种意见的主要有：萨特、瓦朗斯、Frank、Dreyfus、Chanter、刘国英等。

法国学者瓦朗斯指出："在《存在与时间》中我们找不出三十行探讨知觉问题的文字，找不出十行探讨身体问题的文字"，"海德格尔的读者很久以后才觉察到，作者在对我们所筹划的世界的描述中展示出来的细致敏锐，是以完全忽视对我们而言'向来已经在此'的世界为代价。"②

---

① ［德］海德格尔：《存在与时间》修订版，陈嘉映、王庆节译，生活·读书·新知三联书店 1999 年版，第 126 页。

② ［法］瓦朗斯：《一种含混的哲学》，转引自［法］梅洛—庞蒂《行为的结构》，杨大春、张尧均译，商务印书馆 2005 年版，第 2 页。

法国学者 Frank 的批评则是抓住《存在与时间》中对“手”的使用，“本质的东西是，此在必须是在非比喻的意义上是有手的，以便存在着的存在者［非此在式的存在者］能够被叫作是现成在手的，虽然这一必然性是海德格尔从来没有加以考虑的。”① 刘国英的立场与 Frank 接近，也得出“《存在与时间》中肉身现象之忽略”的结论。

美国女性主义者 Chanter 则直接使用“无身体的”（disembodied）这样的词来定位此在，认为“海德格尔对此在的描述比他所能承认的更接近于无身体的先验主体，那种康德从笛卡尔那里继承来的无身体的先验主体”②。

即使如美国学者 Dreyfus 这样海德格尔的忠实阐释者，在处理《存在与时间》中的身体论题时也颇有微词，他最终得出的结论是：对海德格尔来说，“有一个身体这回事并不属于此在的本质结构”“此在并非本质地身体化的”“身体是非本质的”。③

然而细究起来，这些指责与其说击中了海德格尔此在分析中的笛卡儿主义倾向，毋宁说首先暴露出批评者自己所持有的笛卡儿式的二元论立场。比如 Chanter 和 Dreyfus 都使用了“disembodied”和“not embodied”这样的词语，而 Didier Frank 的论证则更是基于这样的前提：“手”必然蕴含着有手的一整个身体，这种思路预设了现成实体的存在。而海德格尔的思考则早已超出了现成存在的层次，他考虑的毋宁说是身体性的在世界之中存在的方式。比如他对手的思考是放在“手势”（Gebärde）的背景下的，我们不应当再把手看作现成实体的一部分，而是要思考手是如何属于胳膊、属于肩膀，属于我的运动（亦即是我移动自己，而不是像个物体那样被移动），从而属于我的身

---

① Frank, “Being and the Living,” in Cadava, Connor, and Nancy, eds. *Who Comes After the Subject*? London: Routledge, p. 144.

② Chanter, “The Problematic Normative Assumptions of Heidegger's Ontology,” inHolland and Huntington, eds. *Feminist Interpretations of Martin Heidegger*, University Park: Pennsylvania State University Press, 2001, pp. 73—108.

③ Dreyfus, *Being - in - the - World*: *A Commentary on Heidegger's Being and Time*, Cambridge: MIPress, 1991, p. 41, p. 37.

体性的在世界之中存在的方式。①

因而，上述批评的致命弱点就在于：海德格尔既然已经超出了笛卡儿式的二元区分，那么他不再以通常的方式谈论身体，丝毫不能证明他就是在赞同无身体的此在，正如《存在与时间》不再谈论意识，并不能被指责为认为此在“无意识”。那些认为海德格尔忽略了身体现象的意见，大多数都未能意识到这个问题，因而把“身体”的概念限制在相当狭隘的范围内。这进而导致他们对海德格尔从其他角度做出的对身体现象的描述视而不见。

相应地，认为海德格尔并没有忽略身体问题的另一派的关键工作之一就是扩大对海德格尔文本的搜寻，扩大身体概念的使用范围，并进而回答海德格尔为什么要在《存在与时间》中选择回避身体问题，以及海德格尔究竟试图从什么角度或以何种方式来把握身体现象。

美国学者 Levin 的“肉身化的存在论维度：海德格尔的存在思想”② 是这种工作方式的典型代表。Levin 认为：“除非是对有身体的存在者而言，亦即除非对被赋予了眼睛、耳朵、手臂和手，喉咙和嘴唇的存在者而言，否则《存在与时间》中的存在论根本既不可理解，也不可实现。”③ 因而基本上海德格尔不可能在他的存在论里忽略对身体的探讨；相反，身体实际上在存在论中扮演了一个中心角色：它是区分此在式的存在者和非此在式的存在者的界限，而基础存在论的一切构想都建立在这个区分之上。身体参与构成存在领会的“Da”，因而海德格尔并非不追问身体现象，只是他是在存在维度中追问的。如果我们循此方向拓展我们对身体概念的使用，那么所有海德格尔关于知觉的思考，关于人与大地的关系的沉思，对“理性动物”的定义都是一种关于身体的谈论。Levin 的这种解决方式与其说是解决了一个问题，毋宁说是打开了一系列的问题。

---

① Heidegger, *Zollikoner Seminare*, Frankfurt am Main: Vittorio Klostermann, 1987, p. 115.

② Levin, “*The Ontological Dimension of Embodiment: Heidegger's Thinking of Being*” in Donn Welton, ed. The Body: Classic and Contemporary Readings, Oxford: BlackWell Publishers, 1999, pp. 122—149.

③ Ibid., p. 129.

因为海德格尔从未主题化地以身体为研究对象，所以一种试图正面处理海德格尔哲学中身体问题的研究面临的第一个问题就是选择哪些文本来支持自己的论证。然而即使在这个看似简单的问题上，也同样众说纷纭，甚至招致刻薄的评论。

围绕着“为什么《存在与时间》缺乏对身体问题的讨论”这一颇具挑战性的问题，有一批学者集中研究海德格尔在20世纪20年代（包括1919年的讲座）的文本。

丹麦学者Overgaard的《海德格尔论身体性》一文探讨了从早期（1919年开始）到《存在与时间》，及之后的两个讲座（1928年的逻辑学讲座和1929—1930年的《形而上学的基本概念》的讲座）中海德格尔对身体问题的态度。Overgaard认为上述Levin的论文对疏忽论的反驳虽然有力，但还不彻底，因为反对的意见主要是针对《存在与时间》对身体问题的回避，因而对反对者的最佳反驳应该只以20年代的文本为基础。他自己的这篇论文就是通过审查海德格尔在这个时期选择表达身体的术语的变迁，来解释海德格尔为什么要回避身体问题。在他看来，“正是因为海德格尔想通了［关于身体性的］这些事情，结果导致他决定回避身体这个术语”，他在“《存在与时间》中明智地回避了身体这个话题”，吊诡的是，“正是为了能够充分地把握身体性地在世界之中存在，海德格尔才被驱迫地在他的代表作中回避了身体主题”①。但Overgaard的这个思路倾向于认为海德格尔在很早的时候就对身体问题形成了成熟固定的看法，而因此遭到Frank Schalow的批评。Schalow认为Overgaard并没有找到海德格尔真正讨论身体问题的地方——亦即1928年的逻辑学讲座中涉及的性别问题的部分——因而其对海德格尔身体观的论述缺少一种发展的眼光，以至于沦为一种多少有些强加于海德格尔之上的意见。

美国学者Cerbone的“海德格尔和此在的‘身体性’：隐藏的问题是什么?”引用文本的时间范围与Overgaard基本一致。Cerbone认为海德格尔之所以在《存在与时间》中回避身体问题，是因为在世界现象

① Overgaard, “Heidegger on Embodiment” *Journal of the British Soceity for Phenomenology*, Vol. 35, 2004, p. 117.

得到清楚地表述之前，身体现象还缺乏适当阐释的基础。也正因为此，1928 年的讲座和 1929—1930 年的讲座作为深化世界现象的场所，也是海德格尔对身体问题做出最明确的探讨的地方（之一）。特别是后一个文本包括了对有机体、动物的存在方式所做的一系列极具挑战性的讨论。此外，德里达著名的“Geschlecht”系列中的第一篇论文，《性别，存在论区别》主要涉及的文本也是海德格尔 1928 年的讲座。

德国学者 Cosmus 的《海德格尔思想中的身体性》一文分为两个部分，分别是对前期《存在与时间》与后期的 Zollikon 讲座的论述，并以此见出海德格尔关于身体思考的前后期的差异。

在 20 世纪 30 年代，海德格尔思想转向之后，随着以基础存在论为背景的对存在意义的追问让位于对在大地与世界的争执中、在天—地—神—人四方域中自身显现的存在的追问，随着存在的澄明之场域由此在的理解转而为纯粹的发生中的“此”（Da）之后，身体的论述也转而与“动物”“大地”以及作为栖居和手工活的“思”这些主题紧密联系起来。涉及的文本则主要有：“艺术作品的本源”、三十年代的尼采讲座、1946 年的“关于人道主义的书信”和“阿那克西曼德的箴言”、1951 年的“人诗意地栖居”、1952 年的“筑·居·思”和《什么召唤思》以及延续 10 年之久的 Zollikon 讲座（1959—1969 年），此外，还有 1966—1967 年的赫拉克利特讲座。

德里达的“海德格尔的手”（Geschlecht Ⅱ）是对这一时期文本的一个出色分析。他从《存在与时间》中“上手状态”和“在手状态”中的“手”，讨论到 1929—1930 年的讲座和“论人道主义的书信”中与动物的爪相区别的人的“手”，并一直追寻到作为手工活的思中的“手”——为存在的澄明所用的手，并以此为海德格尔整个思想的归宿。

深受德里达影响的 Krell 的《神灵生命：海德格尔与生命哲学》一书是对海德格尔论动物性的一个最详尽的研究。在《存在与时间》中海德格尔强调要严格地将基础存在论与人类学、心理学和生物学这类学科区分开来，强调此在的存在方式与生命截然不同，“生命既不是某种纯粹的现成存在，但也不是此在”“把此在看作为（在存在论上未经规定的）生命和任何别的东西，绝不能使此在在存在论上得到规定”[①]。然而其后海德格尔的立场却发生了微妙的变化，在1929—1930年的《形而上学的基本概念》的讲座中，海德格尔发展出一种奇怪的三分法的表达：石头是无世界的，动物是世界贫乏的，人是有世界的。不同于《存在与时间》中的截然断裂，动物（有机体、生命、身体）充任了某种中介的角色，使得有世界的存在者（此在）和仅仅世界之内的存在者处于潜在的沟通和联系当中。因而探讨生命，某种意义上就意味着探讨基础存在论的界限和可能性。对动物、生命、有机体（或身体）的探讨因而成为海德格尔哲学内部的一个别具特色的论题。这方面的研究还包括：McNeil的“超越有机主义的生命：在海德格尔的1929—1930年的弗莱堡讲座中的动物存在”，Agamben的“开放：人与动物”，Nancy的“世界的意义”，Frank的“存在与生存”以及马修·卡拉柯的“海德格尔的动物哲学”。

Haar的《大地之歌：海德格尔与存在历史的基础》则是在大地这个主题上关于海德格尔的身体问题的最出色的论述。人（homo）的命名就来自泥土（humus）[②]。现象学家中，胡塞尔是第一个指出身体与大地的紧密联系的人，梅洛—庞蒂[③]和德里达[④]都引用和讨论过胡塞尔这方面的论述。在这个背景下再来看海德格尔转向后的标志性命题“大地与世界的争执”或“人在大地上栖居”，意味就格外醇厚了。可以说，如果“大地”是海德格尔哲学中不可或缺的因素的话，那么身体同样也是。

综上所述，在海德格尔是否忽略了对身体现象的论述这个问题上，我们宛如置身于巴门尼德式的岔路口上：在其中一条路上我们只能得到无结果的指责，因为一旦认定海德格尔只是忽略了这个问题，那么同时也就关闭了在这个问题上继续研究下去的可能性，并且更糟的是，

---

① ［德］海德格尔：《存在与时间》修订版，陈嘉映、王庆节译，生活·读书·新知三联书店1999年版，第58—59页。

② 同上书，第228页。

③ Merleau - Ponty, *Phenomenology of Perception*, trans. C. Smith, Lodon: Routledge and Kegan Paul, 1962, p. 429.

④ ［法］德里达：《胡塞尔〈几何学的起源〉引论》，方向红译，南京大学出版社2004年版，第79—81页。

海德格尔哲学也仿佛因为这个严重的“错误”而丧失了积极意义；相反，另一条路则通向一个潜力极其丰富的研究领域。

然而即使第二条路径也仍然包含着一个严重的障碍，一个至今仍然没有被充分认识到的偏见，那就是，在进入研究之前研究者往往都不自觉地将海德格尔哲学中的身体问题现成化。然而这难道不是对现象学道路的再次迷误吗？现象学不应当接受任何未经审查的现象，每个现象都不能离开使它得以显现出来的视域或方法前提。身体当然也是如此，甚至更要如此，因为身体是最困难的现象。并且如海德格尔晚年的一些概括性的说法——1. 如果没有对在—世界—中的生存论基础的充分阐明，身体现象就还不能够得到处理；2. 而至今还没有出现对身体现象充分有效的描述，亦即从在—世界—中的视角出发的描述①——所暗示的，身体现象与世界现象处于动态的相互促进的结构当中。

在吸取以往研究的经验与失误的基础上，我力图让自己与研究对象建立起更自由的、更具现象学眼光的关系②，不仅仅是去定位海德格尔对身体问题的论述，更是要随同海德格尔一起去揭示身体现象。具体的策略就是，首先无成见地接受海德格尔给予身体的存在论上的地位；其次尝试从海德格尔当时所运用的现象学方法出发，来探寻在这种现象学方法允许的范围内身体这样的存在（按海德格尔的规定）可以显现的程度，以期回答《存在与时间》中是否不适当地忽略了身体现象这一经典问题。

限于篇幅，下文的论述将只截取身体性存在方式中的一个环节（亦即情绪）作为线索，在这个较小的剖面上展示，身体如何在《存在与时间》中成为一个“非现象”，并进一步指出这种缺失并非是纯粹否定意义上的，它毋宁说是基础存在论的一个隐蔽的前提。当基础存在论明确意识到自身对这一前提的依赖时，现象学方法就从一种纯

① Heidegger, *Zollikoner Seminare*, Frankfurt am Main: Vittorio Klostermann, 1987, p. 202.

② 当然，我的“自由”在很大程度上是建立在此前研究的所有成果上，这些成果让我可以熟悉身体问题可能出现的文本和位置，这就让我有可能“自由地”拉开与这些文本的距离，而又不致陷入无的放矢的混乱之中。

粹的光明转入到光明与黑暗、揭蔽与遮蔽的双重运作中。

二 “身体式的在—世界—之中——存在”的模棱两可地位

虽然海德格尔在《存在与时间》一贯以否定的方式运用身体这个词，比如“人的‘实体’不是综合灵魂与身体的精神，而是生存”①，然而在1924年的题为《亚里士多德哲学中的基本概念》的讲座中，海德格尔却明确地将“身体”命名为人在—世界—之中存在的根本方式：“人类的整体的存在方式只能以这样的方式来把握，它必须被把握为人的身体式的在—世界—之中——存在（*Leibmäβige In - der - Welt - sein*）。”② 鉴于两个文本内容和时间上的紧密联系，我们有必要先澄清“身体式的在—世界—之中—存在”这个表达的内涵，以之作为我们在《存在与时间》中定位身体现象的工作的先导。

在这个讲座里，海德格尔是在讨论亚里士多德的 παθος（感受，情绪）概念时引入对身体式存在的概念的。海德格尔论证说 παθος 就是此在的“使入迷”的状态（ein Mitgenommenwerden③ des Daseins）④，并且使其入迷的就是它向来存在于其中的世界，世界从外面带走（mitnehmen）此在。因而，在情绪中真正重要的东西并不是我们实际感受的性质（比如，是爱还是恨）和强度，而是在身体状态上被聚集、被透显的我们存在的根本方式。

换言之，1924年讲座最重要的洞见就在于认为身体性存在的根本

---

① 海德格尔：《存在与时间》修订版，陈嘉映、王庆节译，生活·读书·新知三联书店1999年版，第136页。

② Heidegger, *Grundbegriffe der Aristotelischen Philosophie*, Frankfurt am Main: Vittorio Klostermann, p. 199.

③ Mitnehmen 字典中的含义是“随身带走，拿走”，英译为“carry away”，我觉得这里要表达的就是某种被占住心神的感觉，所以我把 Mitgenommenwerden 尝试地翻作“使入迷”。

④ Heidegger, *Grundbegriffe der Aristotelischen Philosophie*, Frankfurt am Main: Vittorio Klostermann, p. 197.

形式就是通过情绪而整个地生存在外的，被抛入存在者整体中。这一立场看似平淡无奇，但其实意义重大。

首先，这一立场彻底打破了对人的存在方式的层级化的把握，打破心理—生理的二元区分，身体状态（Leibzustand）不再被看作我们内心感受的外在伴随物或者外在表现，“我们不能这样来区分，仿佛楼下居住着身体状态，而楼上居住着感情”“身体性存在（leiblich sein）并不意味着：在心灵上还有一种负担，即所谓身体；而不如说，在自我感受中，身体自始就已经被扣留在我们自身中了，而且身体在其身体状态中充溢着我们自身。”[①] 感受（παθος）就是“人类此在的在其完全身体性的在—世界—之中—存在（in seinem vollen leiblichen In - der - Welt - sein）的入迷”。[②]

其次，通过情绪暴露出来的身体式存在方式的首要特征就是，我们总已经被抛入存在者中间，和其他存在者相认同，并总已经和其他存在者联系在一起。

如Kisiel对这个讲座的分析所指出的，“亚里士多德《形而上学》第5卷所列的30个基本范畴中，有4个在海德格尔关于此在作为在—世界—之中—存在的论述中被一再重复和加强，直到他们之间的基本联系再也无法被忽略为止。核心的范畴就是διαθεσις，安排（disposition），‘这个字的原义就是使事物各得其所’（5. 19. 1022b2）。海德格尔把这个词翻译为现身情态（Befindlichkeit），这个词所指的并不仅仅是一个境域，而且是我发现‘自己’被如何安置、放置、安排［于其中］。它注定成为在《存在与时间》的核心处被探讨的‘在之中’的第一种模式。与这个核心范畴紧密联系的还有εξις，习惯［持有、居有］（5. 20），和παθος，情感或者感受（5. 21），而这两个范畴又都转而从与εχειν相关的术语中得到理解。εχειν，有［执有］和被有（having and being had）（5. 23），是亚里士多德的实体—逻辑学中的一

---

① ［德］海德格尔：《尼采》上卷，孙周兴译，商务印书馆2002年版。

② Heidegger, *Grundbegriffe der Aristotelischen Philosophie*, Frankfurt am Main: Vittorio Klostermann, p. 197.

个核心范畴。”[①] “推广‘有’(εχειν) 的含义，凡使事物结合而不致因各自的冲动而分散者也称为‘有’那个所结合的事物。”(5.23)

可见在脱胎自 διαθεσις(安排) 的现身情态的最早表达中，包含着强烈的与其他存在者联为一体的倾向：通过情绪，我发现自己处在其他存在者中间，并且这不是一种无区别的杂处，好像一个红豆掉到一堆绿豆之中，而是处于能相感相及的紧密联系之中。用亚里士多德的术语来说，就是我“有”万物，同时被万物“有”。

1924 年讲座中关于“身体式的在—世界—之中—存在”论述的基本思想在《存在与时间》中都有所延续，特别是与在现身情态（亦即，被抛、实际性）的名义下讨论的问题直接相关。然而“身体式”的前缀在《存在与时间》中却悄悄消失了，与之相应的是，身体性的地位也开始陷入模棱两可。一方面，与身体性相关的现身情态仍然被看作是此在生存论建构的一个根本环节；另一方面，现身情态作为此在的“使入迷”的状态，成为非本真存在的源头。

可疑的是，我们能否前后一致地设想，一个本质上具有身体的存在者最终却只把其身体性存在的因素限定在非本真的层次上？事实上，在海德格尔哲学中真正成问题从来不是此在有没有身体[②]，而是身体性是否参与到此在存在的本质方式中。追问海德格尔哲学中的身体问题的努力最终都必然会汇集到对世界现象结构的审查上。

虽然基础存在论的研究对象无非就是我们向来所是这种存在者，但当海德格尔以此在来命名这种研究对象时，他同时也就承诺了一种特殊研究方法（现象学的方法）和研究顺序（先验路线）。此在并非对“人”这个名称的一个随随便便的替换，而是对一种存在方式的特别限定。这种特殊存在方式被海德格尔命名为超越（Transzendenz），超越所跨越的并不是某个现成的界限，在超越中被跨越的毋宁说整个

---

① Kisiel, *The Genesis of Heidegger's Being and Time*, Berkeley, Los Angeles, London: University of California Press, 1993, p. 293. 引文中涉及的希腊词的翻译参考［古希腊］亚里士多德：《形而上学》，吴寿彭译，商务印书馆 1997 年版，第 111—114 页。

② 海德格尔从来没有向我们提供任何可能促使我们相信有一个无身体的主体的理由，如笛卡儿在《第一哲学沉思录》列举的那些理由，相反，海德格尔提供的大量描述（用锤子等）倒都已经预设了此在是有身体的。

存在者层次，包括此在自己所是的存在者。因而严格说来，超越的结果并不是区分开两个不同的存在者的领域，而是揭示出两种不容混淆的存在方式。如果超越被看作是对一种存在方式的命名的话，那么此在才是唯一超越的："就仿佛说，无论一个客体能如何'在外'，世界都要'更在其外'。"[①] 换言之，通过超越，此在超出了整个存在者的层次，而成为所有存在者都不得不在其中来照面的视域（Horizont）。此在这个名称纯粹只是就它作为"存在领会的场所"（Stätte des Seinsverständnisses）的作用而言，此在真正说来不过是这个"此"——场所或者通道本身而已——在其中其他存在者的存在得以被通达。

海德格尔如此定义此在，表明他是以一种典型的现象学的提问方式展开《存在与时间》的。如捷克现象学家帕托契卡所概括的，现象的被给予性中蕴含着一种原本的分裂：一边是现象的自我显现；另一边是现象（对主体而言）的可通达性。这构成了任何一种现象学追问的一般结构："现象领域先行分裂为两个环节：一方面为在其诸等给予性模态中的显现者；另一方面乃此显现的所谓主体性基础。"[②]

然而《存在与时间》所预设的现象学方法的特殊之处却是，它试图将这种现象内部的分裂，普遍化为一种存在方式上的断裂："世内存在者成为被揭示的东西，只在第二位意义上它才是'真的'。原本就'真'的，亦即进行揭示的，乃是此在。"[③] 相应地，此在本身就意味着对一种纯粹光明的赢获：在这光明的基础上，其他存在者的存在才得以显现出来，而这光明本身却不以任何方式依赖于被揭示的存在者。

表明这种结构的特质的一个明显的例子就是海德格尔在"因缘"

---

① ［德］海德格尔：《存在与时间》修订版，陈嘉映、王庆节译，生活·读书·新知三联书店 1999 年版，第 415 页。

② ［捷克］帕托契卡："胡塞尔现象学之主体主义与一门'非主体性的'现象学的可能性"，载倪梁康主编《面向实事本身——现象学经典文选》，东方出版社 2000 年版，第 702 页。

③ ［德］海德格尔：《存在与时间》修订版，陈嘉映、王庆节译，生活·读书·新知三联书店 1999 年版，第 253 页。

和“为何之故”之间所做的存在层次上的截然区别。前者是用具的存在方式；后者则只与此在自身的存在相关。用具显现为在一个因缘整体中来照面的，然而这因缘整体本身归根结底要回溯到根本超出因缘之上的存在方式：“为何之故”[①]。

然而，正如多位现象学家已经敏锐指出的，这样的现象结构中隐含着巨大的危险，某种“光的暴力”或“理解的暴力”的危险。因为如果说自身筹划才构成了存在者来照面的视域，而自身性又不依赖于来照面的存在者，那么我们用什么来保证这个视域恰好是适合存在者，能让存在者如其所是地显现出来的视域呢？用什么来弥合在领会着的我与向我自身显现出来的存在者之间的可能裂痕呢？如 Henry 所指出的，早期现象学（包括胡塞尔和《存在与时间》期间的海德格尔）对这个问题并没有足够的注意，而在其方法中留下了危险的断裂，比如，在“面向事情本身”的口号中，完全未提及是什么规定着对事物的直接通达，使这通达不超出事物自身显现的范围。[②]

身体维度凭其独特性质恰恰可以成为这种断裂的一个天然的质疑者和解构者，或者更进一步地说是弥合者。身体维度的独特性首先就在于它使得截然分开的存在层次陷入本质的混淆之中。与超越的运动方向相反，身体性是使此在首先归属于存在者层次的因素。“此在经由它的身体性而实际地被抛在自然之中”“此在被最广义上的自然所主宰”“就在这些它所不是的存在者中，并属于这些存在者”。[③] 由此，身体现象就成为基础存在论中的边缘境况，总是在一种歧义中展现自身：从一个角度上看，身体维度是“此在”超越的起点和根据，是“此在”在它的超越中本质地背负着的东西；但从另一个角度上看，身体维度毋宁说是对超越的直接否定。因而与身体维度相关的部分在《存在与时间》中总是陷入双重解读的可能

① “因缘整体性本身归根结底要回溯到一个‘何所用’（Wozu）之上。这个‘何所用’就不再有因有缘。”（［德］海德格尔：《存在与时间》修订版，陈嘉映、王庆节译，生活·读书·新知三联书店 1999 年版，第 98—99 页）

② Henry, “Material Phenomenology and Language,” *Continental Philosophy Review* 32, 1999, p. 345.

③ Heidegger, *Metaphysiche Anfangsgründe der Logik im Ausgang von Leibniz*, Frankfurt am Main: Vittorio Klostermann. p. 212, p. 174, p. 212.

性里。只有通过对《存在与时间》中内涵的双重路线的展示，我们才可能完全定位《存在与时间》中的身体现象。

三　身体作为大地式的存在

在具体展示《存在与时间》的双重路线之前，我们还有必要对身体性存在方式的特征作一个简要的概括。

如 1924 年的讲座产生情绪的可能性本身正揭示出“此在的负担性质”（den Lastcharakter des Daseins）[①]：一方面此在作为在此存在的一个存在者“在而且不得不在”；另一方面此在“同时”感到自己受到其他存在者的牵连，此在开放自己为对其他存在者易感的。然而怎么理解此在的这种负担性质在《存在与时间》中并不是纯一的、无歧义的。

海德格尔将情绪中暴露出的此在“在而且不得不在”的状态称之为此在的被抛状态（Geworfenheit），并认为被抛的一个本质特性就是它始终笼罩在无法穿透的遮蔽之中，“被抛”状态的何所来和何所往都处在遮蔽中：“情绪把此在带到它的‘此’的‘它存在着’［的事实］之前，这个‘它存在着’正在一团不为所动的谜样气氛中与此在面面相觑。”[②]我们无法解释我们如何在此和为什么在此，我们只能把在“此”这回事单纯地承担起来。这种纯粹的承受状态[③]就是“此在的负担性质”的第一层含义。

可注意的是这种承受状态与此在超越的存在方式的根本区别。超越意味着此在总已经有所理解地与存在者照面了，亦即总已经有一个世界在此打开了，并且这个世界归根到底是由超越的此在来承担的。然而在

---

① ［德］海德格尔：《存在与时间》修订版，陈嘉映、王庆节译，生活·读书·新知三联书店 1999 年版，第 157 页。

② 同上。

③ 事实上，“承受”的存在方式和姿态在后期海德格尔那里成为一个越来越受重视的主题。如在“从一次关于语言的对话而来”的论文中，海德格尔与日本客人探讨了作为一种对承受（Tragen）的聚集的手势，并将之看作适宜于存在的思的姿态。（参看［德］海德格尔《海德格尔选集》，孙周兴选编，上海三联书店 1996 年版，第 1022 页。）

被抛中，与其说是我主动地去揭示存在者的行为，不如说是我直接被其他存在者所占用的状态，是我纯粹被动地被其他存在者所牵引的状态：在此领会（Verstehen）尚未发生，世界尚未打开。“尚未打开”并不是说被抛是一种脱离世界的存在方式，而是说被抛处在世界开放的根基之上。

情绪作为一种存在方式最独特的地方在于它将我们指向某个存在者，我们实实在在地承担着这个引起我们的情绪的存在者的存在，却不必预先理解了它。比如我们可能突然感到莫名的恐惧，却不知道恐惧的确切对象是什么；相反，倒是这种恐惧的情绪本身才引领着我们去找出恐惧的原因。在情绪中，我感觉到自己完全被动地被卷入某种谋求平衡的张力关系中，而平衡的结果就是某个对象的自身展现。就对象还有待建立而言，在情绪中，我们被给予的毋宁说就是视域本身，我们直接承受着整个有待实现的视域。如果说“超越”让我们看到非此在式的存在者必然是在一个已经预先打开的视域中被给予的，那么“被抛”所关注的则是这个视域自身是如何被给予的。

在《存在与时间》的某些地方中，海德格尔似乎暗示，情绪处在比理解更深的层次上，处在比主体的任何主动的行为都更深的层次上，“相对于情绪的原始开展来说，认识的各种开展可能性都太短浅了。”[①]在此，海德格尔的立场更接近于舍勒，而不同于胡塞尔。胡塞尔认为所有实在的意义都是意向性构造的结果，亦即都是主体的理解行为的产物，舍勒则针锋相对地认为，最源初的实在是直接作为“阻抗”（Wider－stand）而被给予的[②]，无须理解的中介。从《存在与时间》的基本结构上看，海德格尔的立场更接近于胡塞尔，倾向于认为任何来照面的存在者都已经是在一个世界中显现，而世界仅仅是此在筹划、领会自身存在的产物。但在对被抛的解释上，海德格尔的立场发生了微妙的，然而意义重大的转移，他开始认为在领会之前，此在还要以一种完

① ［德］海德格尔：《存在与时间》修订版，陈嘉映、王庆节译，生活·读书·新知三联书店1999年版，第157页。

② “世界在体验中原则上也直接作为‘价值载体’和作为‘阻抗’而被给予，正如它作为‘对象’被给予一样。”参见［德］舍勒《舍勒选集》，刘小枫选编，上海三联书店1999年版，第55页。

全不同的方式，与存在者发生关联。这种更源初的关联构成了领会的根据和开端。

另一方面，身体性存在的“负担”性质的又被理解为作为非本真状态的标志的涣散。如前所述，在情绪中此在感到来自其他存在者的牵引，这种牵引的力量可能强到如此程度，以至于此在完全被这些存在者所占据、所俘获，而遗忘了自身。正是出于这种观察，海德格尔将被抛状态所包含的“抛掷”（Wurfen）的动态等同于沉沦状态所包含的“漩涡”（Wirbel）的动态。[①] 亦即，被抛中已经包含着非本真状态的开端。海德格尔以涣散来标明这种非本真的存在方式：“此在的实际状态是：此在的在世向来已经涣散在（zerstreut）乃至解体在（zersplittert）‘在之中’的某些确定方式中。”[②]

可见，“此在的负担性质”处于本质的歧义中：既可以在中性的意义上理解为使承受、使承担，被“夺去”的只是不受限制的主动性；也可以在否定的意义上理解为涣散，是从自身上脱落而被不是其自身的东西所俘获，是从不是自身的东西上理解自身。

至此我们可以为“《存在与时间》身体现象阙如”这个经典问题提出某种解答了。从承受的层次上看，身体性存在处在一切筹划之前，那么正如“被抛”笼罩于一种本质的遮蔽中一样，身体维度也呈现为大地般的存在：它承载着所有可能的视域，但自身却不能在任何视域中穷尽。

从涣散的层次上看，则我们会发现身体性存在同样处在一种本质的非现象中。以“上手”概念为例。“上手”概念经常被用作非难海德格尔的武器，因为“上手”看起来已经非常接近提出身体现象了，然而这只是表面现象。从《存在与时间》的结构上看，当人特别“上手地”使用工具时，上手的存在者恰恰是不显现的。因此，此在与存在者的亲熟状态不仅缺乏必要的现象空间，相反，被定义为需要由现象学的眼光来驱散的“掩蔽状态”（Verdeckungen），是“现象”的反面。只有当上手

① ［德］海德格尔：《存在与时间》修订版，陈嘉映、王庆节译，生活·读书·新知三联书店 1999 年版，第 207 页。

② 同上书，第 66 页。

的关系被打断的时候，比如工具失灵的时候，一个现象的领域才被打开。然而此时现象学的目光已然从上手事物上被引向因缘整体，并最终由因缘整体而被引向 Dasein 的自身存在，亦即引向 Dasein 的超越存在。这样，身体存在作为超越的反面终究没有机会展现出来。

这就是为什么任何认为海德格尔只是错误地忽略了身体现象的指责都不能成立。在海德格尔哲学中，身体现象与世界现象紧紧绑缚在一起，绝不存在偶然疏忽的可能。

更本质的问题是毋宁是身体作为现象中本质的非现象在整个现象结构中的地位：究竟它是需要被光明驱散的黑暗，如涣散状态所表现的；还是一切光明都必须植根于其中的隐蔽的根据，如承受状态所表达的。无论如何，身体始终表现为超越的反作用者，或与光明互生的黑暗；就此而言，身体性存在表达的是这样一种运动，“在［世界的］背后，隐藏着背离主体的方面，即作为一种发生的世界的自行克制”，也即“视域的背面”①。而背面总已经隐含着正面了。这意味着，围绕着身体现象，《存在与时间》始终处在这两条路线的张力之中，只有从这两条路线入手，我们才能真实地接触到《存在与时间》中身体现象（或者更确切地说，是非现象），才能真实地评价身体问题在海德格尔哲学中的地位和意义。

一方面，也是《存在与时间》中主导方面（或者说正面），海德格尔仍然试图把这一维度作为非本真状态收回到本真状态中，以维持住先验路线。这表现在他试图通过“畏”和“向死而在”将人从日常生活的涣散状态中收回来，并为之奠基。在畏中人发现的恰恰是“茫然失所”（unheimlichkeit），由此，畏将此在从其消散于“世界”的亲熟状态中收回来。② 通过这一收回，畏并没有给此在任何具体的可替代日常状态的可能性，畏给予此在的只是回到其根基的选择的自由，“使此在把本真状态和非本真状态都作为它的存在可能性看清楚”，亦即在畏中，此在

① ［德］黑尔德：《世界现象学》，孙周兴编，倪梁康等译，生活·读书·新知三联书店 2003 年版，第 128 页。

② ［德］海德格尔：《存在与时间》修订版，陈嘉映、王庆节译，生活·读书·新知三联书店 1999 年版，第 218 页。

的这两种基本可能性——是我自身和不是我自身——都“依其本身显现，毫不假托世内存在者”。[①] 因为此在首先和通常都依寓于存在者而在，所以畏的情绪很难本真地保持住。这样就需要有某个边缘境域使本真的畏的情绪不被错认，海德格尔认为“本真地先行到死”就是所需的边缘境域。死绽露自己为“最本己的、无所关联的、不可逾越的可能性”[②]，本真的先行到死使得“一切寓于所操劳的东西的存在与每一共他人存在”都无能为力，从而使得此在只能“由它自己出发，主动把它的最本己的存在承担起来”。[③]

简言之，这种思路关键是认为在日常生活的涣散之下还有一种统一的机制，从这种统一性出发，此在原则上已经先行掌握了一切可能性，包括是其自身和不是其自身的可能性，因而一切存在者层次上涣散的可能性都可以溯源自不依赖于任何存在者的本真能在，并从中得到安排。在极端的情况下，海德格尔甚至认为，“出生”可以被死亡“赶上”，“‘出生’就在从死这种不可逾越的可能性回来之际被收进生存，只有这样，生存才会更无幻想地把本己的‘此’的被抛状态接过来”[④]。“虽然死决不能被逾越（überholt），但是至少，生一定能被赶上（eingeholt）。”[⑤]

在此光的暴力达到了最顶点，“Dasein 在其生存之自由中掌握着一种战斗意志，后者作为 Dasein 的‘为其之故’（Um－willen）预先为自己确定了世界，即作为这种自由的普遍境域的世界。……于是，世界完全落入意志之支配暴力中了。”[⑥]

然而在《存在与时间》中也确实存在着反向的运动。不仅是被抛最终要在本真的筹划中方才获得意义（这是第一条路线），而且本真的筹

---

① ［德］海德格尔：《存在与时间》修订版，陈嘉映、王庆节译，生活·读书·新知三联书店 1999 年版，第 207 页。

② 同上书，第 288 页。

③ 同上书，第 302—303 页。

④ 同上书，第 441—442 页。

⑤ 同上书，第 441 页脚注 1。

⑥ ［德］黑尔德：《世界现象学》，孙周兴编，倪梁康等译，生活·读书·新知三联书店 2003 年版，第 154—155 页。

划表明自身还需要存在者状态上的根据。这是因为所有的筹划，在某种意义上，都已经以被抛为前提了，如二者在词根上所透露出的内在联系，所有的筹划（Ent - wurf）都是对被抛状态（Geworfenheit）的一种回应和应答。

> 筹划之为筹划，其本身本质上就是具有不性的（nichtig）。……这里所指的“不性”属于此在面对其生存上的诸可能性的自由存在。但自由仅在于选择一种可能性，这就是说，在于把不曾也不能选择其他可能性这回事承担起来（im Tragen）。[①]

这意味着此在的筹划只能是相对于它已被抛入其中的可能性的筹划，这样，即使筹划意味着此在能自由地将自身遣入另一种可能性中，这种自由也已经是有所承受的自由了，而不是纯粹、无限的自由，在1928年的逻辑学讲座中，海德格尔更直接把自由与表示比较、选择的短语（“宁肯”，eher als）联系起来。[②]

由此，被抛状态获得了某种虽然不那么触目，但却坚韧的基础地位，它以某种完全被动的、彻底承受的方式而对此在的生存发挥着持久的支持作用。

> 只要此在存在，此在作为操心就总是它的“它存在且不得不在”。此在托付给了这个存在者，它只有作为它所是的存在者才能生存，作为这样一个存在者，此在生存着就是它能在的根据，虽然此在不曾自己设置这根据，但它依栖在这根据的重量上，情绪把这重量作为负担向此在公开出来。[③]

---

① ［德］海德格尔：《存在与时间》修订版，陈嘉映、王庆节译，生活·读书·新知三联书店1999年版，第326页。

② Heidegger, *Metaphysiche Anfangsgründe der Logik im Ausgang von Leibniz*, Frankfurt am Main: Vittorio Klostermann, p. 143.

③ ［德］海德格尔：《存在与时间》修订版，陈嘉映、王庆节译，生活·读书·新知三联书店1999年版，第325页。

并且“作为根据性的存在就等于说：从根本上从不控制（nie mächtig）最本己的存在”[①]。正是这种本质的无力挫败了海德格尔将一切非本真状态都收归到本真状态中的努力。它与后一种努力中所体现出控制的强力（比如认为“死亡”能赶得上“出生”）正相反对。

作为被抛状态的本质的无力和作为向死而在的筹划的强力对撞的结果就是，先验路线内部的破裂，“非本真状态以本真状态的可能性为根据”[②] 的先验路线反过来要求以非本真状态、被抛状态为根据，被抛状态的本质无力进入向死而在的本真筹划的中心，成为其基础，如“无力的超强力量”（Ohnmächtige übermacht）[③] 这样的表达所暗示的。

综上所述，《存在与时间》实际上从根子上就陷入了无法弥合的双重路线中：“此在展开在它的‘此在’中，它便同等源初地处身在真与不真之中”[④]“被抛的筹划本质上就是一个双重（Zweifachen）结构。”[⑤] 身体维度的基础地位正是通过这种分裂而得以凸显出来的。

然而这种破裂的结果与其说是否定意义上的结束，不如说是一种更深层次上的重新奠基。因为身体性存在的隐匿性质并非是对世界（视域）的否定，毋宁说它是始终作为视域的背面而起作用的，正如此在的超越始终要背负着来自身体维度的反作用，后者将此在牢牢系缚于存在者整体之中。换言之，视域就不再被看作现象的独立结构了。那被所有现象设为前提的、比所有现象都更“其在外”的视域现在表明自身还需要被庇护在更深的非现象中，被庇护在我们与其他存在者隐秘的相互联系和相互托附中。身体，这个现象学里的盲点，反倒成为牵引着现象学向前变形发展的漩涡中心。海德格尔自己也曾经明白无误地指出身体维度在其整个哲学中所起的这种枢纽地位：“人区别

---

① ［德］海德格尔：《存在与时间》修订版，陈嘉映、王庆节译，生活·读书·新知三联书店 1999 年版，第 326 页。

② 同上书，第 298 页。

③ 同上书，第 435 页。“命运是以缄默着准备去畏的方式向本己的罪责存在筹划自身这一活动的超强力量，是无力的、一任困逆临头的超强力量。”

④ 同上书，第 341 页。

⑤ 同上书，第 230 页。

于一切其他存在者……他拥有双重的性质……一方面他把自身置于澄明之中；另一方面他又被闭锁在澄明的隐蔽的根据中”，而“这一点只有通过身体现象才是可理解的”“通过身体和感官，人接近于大地。”①

然而遗憾的是，海德格尔这一思想的积极意义——不仅对他自己的哲学，而且对整个当代哲学而言——还没有完全发挥出来，甚至还没有被清楚地认识到，正如笼罩在“海德格尔哲学中的身体问题”上的诸多迷雾所表明的那样。这也是我们今日需要一再提起这一问题的深层原因。

① Heidegger &Fink, *Heraclitus Seminar*, trans. C. Seibert, Evanston: Northwestern University Press, 1993, p. 145.

《华严宗佛祖传》中伯亭续法之教观思想分析

张爱萍*

摘　要： 伯亭续法是华严宗云栖袾宏一系在清初于南方弘传华严的重要代表人物，其一生讲经传法，著述颇丰，尤于华严教观着力甚多，在其传世著述中，有关其教观思想的主要有《贤首五教仪》六卷，《五教仪开蒙》《五教断证三觉拣滥图》《法界宗莲花章》《华严镜灯章》各一卷，《五教仪科注》四十八卷。另在《华严宗佛祖传》一书中还收有能体现其教观思想的部分内容，本文即是以十四卷的《华严宗佛祖传》一书为底本，试对其中涉及续法教观思想的部分内容作以初步分析。通过分析可见，续法继承了自华严三祖法藏、四祖澄观以来的以华严宗判教学说会通诸家判教学说的风格，虽然其在不同的地方，通过不同的归纳阐释了诸家判教，但其遵循华严宗的圆融会通的特征是显而易见的。另外，续法在《佛祖传·诸家教观》中首先归纳了西域和中土包括小乘宗、律宗、台宗、慈恩相宗、密宗、净土宗、禅宗、造忏等共十家派系的祖师传承，其主要参考材料为《佛祖统纪》《正法眼藏》等，尤其是其在慈恩相宗部分，除慈恩三祖外，还列举了明末莲居庵一系弘传并有着唯识著述之人，可谓研究此一时期的唯识学的又一线索。最后，本文还介绍了续法对西域三宗和东土七宗教观的总结，从中可见续法似有以“依时判教”为标准来统一诸宗教观的意图。

关键词：《佛祖传》；续法；教观

* 作者简介：张爱萍，西安电子科技大学人文学院讲师。

伯亭续法是云栖袾宏五世法孙，亦是该系在清初弘传的代表人物，其一生著述九十余种，大多佚失，现《卍新纂续藏经》中仅收有其《贤首五教仪》等十六种著述，另有《五教仪科注》《首楞严经灌顶疏》（含《圆谈》）等个别著述虽未入藏，却有传世。特别是笔者于偶然之中曾于上海图书馆古籍部有幸寻得署名为"成法灌顶"的十四卷的《华严宗佛祖传》一书，经笔者初步分析，目前可基本确定该书当为徐自洙在《灌顶伯亭大师塔志铭》中所记续法所作《华严宗佛祖传》十四卷。因其内容庞杂，限于篇幅，本文仅拟对十篇十四卷①的《佛祖传》一书中第五"时会教观篇"及第七"诸家教观篇"中的内容，对续法在《佛祖传》一书中的教观思想进行初步分析。

一　对古德判教的总结

《佛祖传》一书第五篇为"时会教观篇"（第六卷），其主要内容为现收于《卍新纂续藏》第58册的《贤首五教仪》开篇的《贤首时仪教观图》《法界观境普融无尽图》二图，以及同收在第58册的《五教仪》的略本——《贤首五教仪开蒙》一卷。《时仪教观图》《普融无尽图》与《开蒙》图文并茂，再现了华严一宗三时、十仪、五教、六宗、三观之教仪体系，此处不再赘述，参见图1。

---

① 十四卷的《华严宗佛祖传》一书共分为十篇，分别是"□□三宝篇"（第一卷），"释尊说经篇"（第二卷），"西土佛祖篇"（第三卷），"贤家宗乘篇"（第四卷、第五卷），"时会教观篇"（第六卷），"决疑生信篇"（第七卷、第八卷），"诸家教观篇"（第九卷、第十卷），第八篇因缺页其名尚不得知（第十一卷），"□论颂章篇"（第十二卷、第十三卷），"灵应因果篇"（第十四卷）。其在"决疑生信篇"中对台贤诸多争论的回应，如从五个方面对比分析台贤二宗在诸多问题上的争论，并借此指出台宗之失，以及贤宗之得，特别是在其中第五个方面即"取群非质辩失"中，续法选取了《佛祖统纪》《金刚碑》《四明指要钞》等台宗著述中最具代表性的对贤宗的质疑之语，站在贤宗的立场上各个击破。对这一部分内容进行研究，可与对续法《贤首五教仪》一书的研究互相配合。限于篇幅，当另撰文进行介绍。

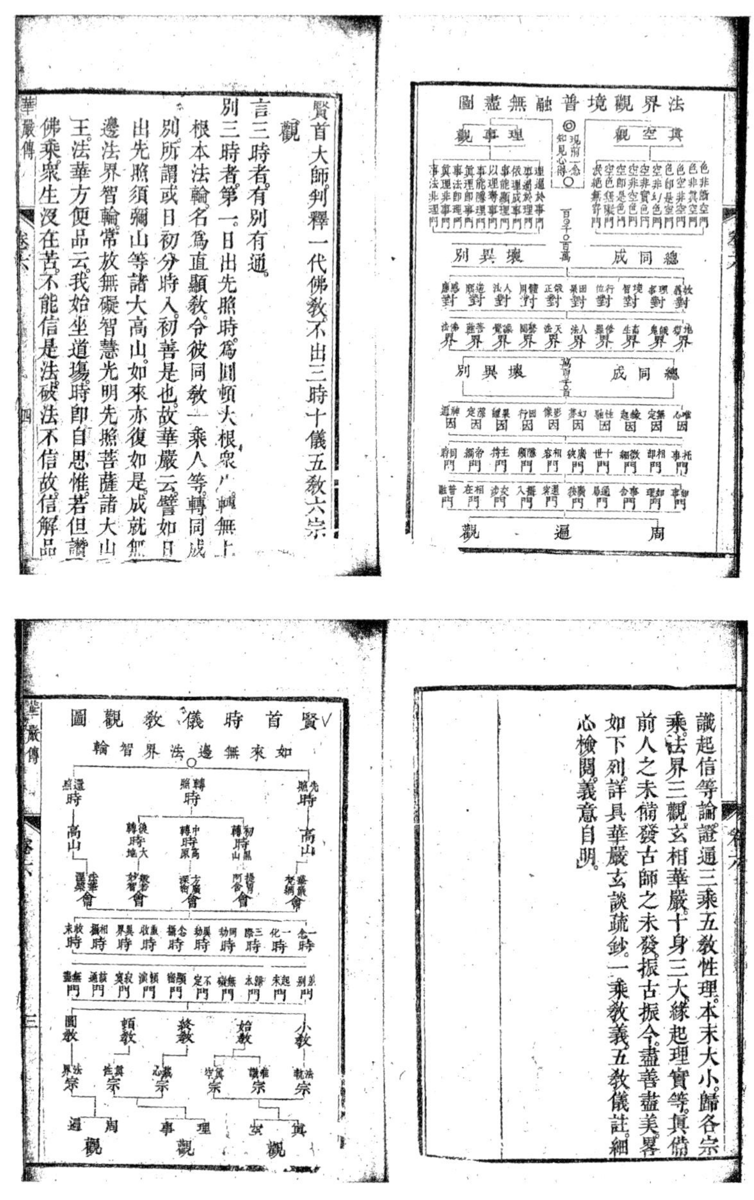

图 1

值得注意的是，在此“时会教观篇”的开篇，续法为引出华严宗判释如来一代圣教之体系，曾简单概括了中土十八家和西域性相二宗之判教，“古德判教，列开八门。一，立一音教，罗什、流支。二，立二种故四家，昙牟、远师半满；延师顿渐，印师平道屈曲。三，立三种教三家，南中诸师顿渐不定，光统律师圆渐顿，吉藏法师根本轮、枝末轮、摄末归本轮。四，四种教二家，光宅权教三车三乘，实教牛车一乘，元晓别通分满四教。五，五种教三家，波颇观行四谛守护无相安乐，武丘岌师顿不定渐开三：有相无相常住，真谛三藏开三，立转照持三轮。六，六种教，顿渐不定，渐开四：有相无相同归常住，乃宋朝岌师一家也。七，七种教二家，隐士刘虬顿渐不定，渐开五：人天有相无相同归常住，道场慧观，去人天而加抑扬于无相之后。八，八种教，天台智者大师化仪四教，顿渐秘密不定，化法四教，藏通别圆。清凉赞曰：上来诸师共十八家。西域判教性相两宗。[1] 戒贤相宗，初有次空后中。智旋光性宗，初时心境俱有，中时境空心有，后时心境俱空。”[2] 图示如下页：

<table>
<tr><td rowspan="16">中土
（18 家）</td><td>一音教</td><td>罗什、流支</td></tr>
<tr><td rowspan="4">二种教</td><td>昙无谶：半、满</td></tr>
<tr><td>慧远：半、满</td></tr>
<tr><td>延师：顿、渐</td></tr>
<tr><td>印师：平道、屈曲</td></tr>
<tr><td rowspan="3">三种教</td><td>南中诸师：顿、渐、不定</td></tr>
<tr><td>光统律师：圆、渐、顿</td></tr>
<tr><td>吉藏法师：根本轮、枝末轮、摄末归本轮</td></tr>
<tr><td rowspan="2">四种教</td><td>光宅：权教三车三乘，实教牛车一乘</td></tr>
<tr><td>元晓：别、通、分、满</td></tr>
<tr><td rowspan="3">五种教</td><td>波颇：观行、四谛、守护、无相、安乐</td></tr>
<tr><td>武丘岌师：顿、不定、渐开有相、无相、常住</td></tr>
<tr><td>真谛三藏：转、照、持三轮</td></tr>
<tr><td>六种教</td><td>宋朝岌师：顿、渐、不定、渐开有相、无相、同归、常住</td></tr>
</table>

① 此处之“西域判教性相二宗”与法藏在《探玄记》及澄观在《华严经疏》中所记载之西域性相二宗判教相同，即指那烂陀寺戒贤、智光二师所传之相性二宗之教判。

② （清）续法：《华严宗佛祖传》第六卷，上海图书馆藏本，第1—2页。

续表

中土（18家）	七种教	刘虬：顿、渐、不定、渐开人天、有相、无相、同归、常住
		慧观：顿、渐、不定、渐开有相、无相、抑扬、同归、常住
	八种教	智者：化仪四教，化法四教
西域（2家）	戒贤相宗	初有、次空、后中
	智旋光性宗	初时心境俱有、中时境空心有、后时心境俱空

这与其在《五教仪》一书中的记载稍有出入。续法曾在《五教仪》卷一解释为何立三时教判时记有："折衷诸说，三为中故。若尽理言之，亦可合为一二，开为九十。今则总相会通，分为十重。"① 见下表②：

	说法时	不违诸教
一音时		菩提流支等
二时教	本教时、末教时	《教章》③
	顿教时、渐教时	护、延诸德④
	平道时、屈曲时	印、敏等师

① （清）续法：《贤首五教仪》第一卷，《卍新纂续藏》第58册，第637页上。

② 此表内容乃根据续法《五教仪》第一卷相应内容整理。

③ 当指法藏在《华严一乘教义分齐章》第一卷中以"教起前后"所言之称法本教和逐机末教之说。

④ 净影慧远《大乘义章》中记"诞公云：佛教有二，一顿二渐。"法藏《教义章》中记"依护法师等，依《楞伽》等经，立渐顿二教。"慧苑在《刊定记》中记"隋朝诞法师等，亦立渐顿二教。"关于护法师、诞法师是否为一人，日僧凝然在《五教章通路记》第十一卷中记有："《章》《疏》云诞法师等，非唯一人所立而已，即如大衍等四宗，南中诸师三教等。是故彼能立之人中，或举诞师，或举护师，随举即得，不可相违。或可诞师亦名护师，如天台师名智顗智者德安，香象名法藏贤首等。或可护字写误即作诞字。《大疏》延师，亦如上通。"据圣凯法师《地论学派的判教思想与南朝佛教》一文考察，此诞法师当指与慧隆（429—490）同时代的高僧江西智诞，其在注释14中注明："'诞'在《大正藏》经本即宋本是'护'，而《和本五教章》是'诞'，故改为诞。"然而，续法在《五教仪》卷三中却记载："对三显一，前三是渐，后二是顿，则不违护、延二师渐顿也。"应将护、延（诞）师视为二人。

续表

	说法时	不违诸教
三时教	根本时、起末时、归本时	吉藏法师
	圆说时、渐说时、顿说时	光统律师
四时教	顿教时、小教时、权教时、实教时	光宅云师
	圆满教、有相教、无相教、常住教	虎丘岌公
五时教	华严时、阿含时、般若时、深密时、法华涅槃时	相宗
	华严时、阿含时、深密时、妙智时、法华涅槃时	性宗
	称性教、有相教、无相教、同归教、常住教	宋朝岌师
	华严时、阿含时、方等时、般若时、法华涅槃时	智者大师
六时教	圆顿教时、人天教时、有相教时、无相教时、同归教时、常住教时	隐士刘公（刘虬）
	圆顿教时、有相教时、无相教时、抑扬教时、同归教时、常住教时	道场慧观等
七时教	华严时、梵网时、阿含时、方广时、般若时、法华时、涅槃时	海东晓师
	华严时、阿含时、大集时、深密时、妙智时、法华时、涅槃时	波颇三藏
八时教	圆顿教时、人天教时、有相教时、无相教时、抑扬教时、同归教时、常住教时、不定教时	南北诸师
九时教	华严时、提胃时、阿含时、方广时、般若时、深密时、妙智时、法华时、涅槃时	真谛、唐三藏等
十时教	华严时、梵网时、提胃时、阿含时、大集时、净名时、深密时、妙智时、法华时、涅槃时	大衍、护身、耆闍师等

这是以华严三时教判开合会通中土西域之判教学说，以示华严三时教与诸家判教不相违背、圆融会通。

另外，续法在《五教仪》卷三解释为何立五种教时，记有：“然虽立五，若融通之，亦可合为一二，开为七八。盖由圣教意趣无边，不可局执而为其是故今遍收诸释且略勒为五重。”[①] 见下表[②]：

	不违诸教	华严五教	
一圆音教	菩提流支、鸠摩罗什立一音教	圆教摄前四教，本末融合，同为如来摄生之善巧方便	
二种教	昙无谶、慧远所立半满二字教	对小显大	小教为半字，后四为满字
	信行禅师所立三一教	对权显实	前二为三乘，后三为一乘
	护、延二师所立渐顿二教	对三显一	前三是渐，后二是顿
	印、敏二师屈曲、平道二教	对末显本	前四为顺机，后一为直显
三种教	戒贤、真谛、玄奘所言三轮教	小教为二乘，始教为三乘，后三为一乘	
	南北朝诸师所立教	前三为渐，顿教为不定，圆教为顿	
	光统律师三教说	前三为渐，顿，圆	
	吉藏所立三教	前四为枝末，同教为摄末归本，别教为根本	
四种教	光宅云、元晓四乘教	初为别教小乘，二为同教三乘，三四为同教一乘，后一为别教一乘	
	大衍四宗教	初为小教，二三为渐，四为顿，五为圆	
	天台四教	初为小乘，二中分无相、法相二教，后三为法性	
	竺道生四轮教	初名小教，二名权教，三四名实教，五为圆教	
五种教	波颇三藏五教	渐中有始终	
	护身五宗教	初名小乘，二名大乘法相，三名大乘无相，四名一乘真性，五名一乘圆融	
	宗密《原人论》	初名人天因果教，次名二乘断灭教，三名大乘法相，四名大乘破相，五名一乘显性	

① （清）续法：《贤首五教仪》第一卷，《卍新纂续藏》，第 58 册，第 637 页上。

② 此表内容乃根据续法《五教仪》第三卷相应内容整理。

这是以华严五教判开合会通诸家判教，以示华严五教判与诸家判教不相违背、圆融会通。

由此可见，按照不同的标准，若以所说经典的先后顺序来看，续法将古德判教总结为十种；以所说经典在教义上的高下来看，续法又将古德判教总结为五种，虽然此十种、五种并未全部涵盖古今判教，且划分标准前后不一[①]，但其以华严三时判和五教判会通古今诸家判教的意图是十分明显的，这是符合华严宗圆融无碍的特征的，且视华严三时判和五教判优于其他诸家判教。所谓“然十重中，一则太简，十则太繁，繁则胶于名相，简则昧其源流。是以今家遍收开合，判立三时，则与教理自不违也。”[②]“立五教者，有多义意。一，释尊说法，开五乘故。二，诸佛利生，多五行故……三，世出世教，并用五故……四，众经论中，常明五故……五，结集法藏，类成五故……六，乘教相摄，唯有五故……七，行位理等，五无多故……八，会通诸说，五无尽故，谓诸德分判或多或少，少则不足，多则枝蔓。今家取中，会为五教，庶于教理不容余议矣。”[③]

早在法藏之时，就曾于《华严一乘教义分齐章》中“叙今古立教”十家，[④]言“此等诸德岂夫好异，但以备穷三藏，觌斯异轸，不得已而分之。遂各依教开宗，务存通会，使坚疑硕滞，冰释朗然，圣说差异，其宜各契耳。”[⑤]这与天台智者大师在“出异解者，即为十

---

① 如以说法时来划分，续法将天台智者判教归为华严时、阿含时、方等时、般若时、法华涅槃时等五时教，而以说法内容的高下则将其归为四种教，但在《佛祖传》中却将其概括为八种教。再如，其在《五教仪》一书中谓华严三时教判不违诸家判教时，称刘虬为六时教，而我们常称其为“二教五时七阶判”，二教为顿渐二教，五时为渐开五时，续法依此将其称为六时教，即顿教加渐教五时。

② （清）续法：《贤首五教仪》第一卷，《卍新纂续藏》，第58册，第637页中。

③ （清）续法：《贤首五教仪》第三卷，《卍新纂续藏》，第58册，第657页下—第658页上。

④ 此十家为：菩提流支所立一音教，护（诞）法师等立渐顿二种教（净影慧远等多同此说），光统律师立三种教，大衍法师立四宗教，护身法师立五种教，耆闍法师立六宗教，南岳思、天台智者立四种教，江南愍法师立屈曲、平道二种教，梁朝光宅云法师立四乘教（信行禅师依此立一乘、三乘二教），玄奘法师立三法轮教。

⑤ （唐）法藏：《华严一乘教义分齐章》第一卷，《大正藏》，第45册，第481页上—481页中。

意”[①] 之后明“南三北七”之难，在此基础上才提出天台之教相判释之说不同。法藏更加强调“古今诸贤所立教门差别非一”的“不得已而分之”，以及“圣说差异，其宜各契”的“务存会通”。

另外，在法藏的《教义章》和《探玄记》中尚未见其按照所判教的数目对古今立教进行排列，此一做法在慧苑时出现，慧苑在《刊定记》“立教差别”中总结了古德判教共十九家[②]，在此基础上提出其四教判。到澄观时，其在《华严玄谈》中曾借鉴慧苑的做法，总结了古今判教共十七家[③]，引出华严五教十宗说。续法继承了澄观的这一做法，先概述中土和西域古德判教，后引出华严判教，并高抬华严判教：“备前人之未备，发古师之未发，振古振今，尽善尽美。”[④] 据此篇目前所留存的文字看，主体内容为现收于《卍新纂续藏》第 58 册的《贤首五教仪开蒙》，并在《开蒙》之前附有《贤首时仪教观图》《法界观境普融无尽图》（此二图现收于《贤首五教仪》开篇），此处不再赘述。

二　对中西十家派系传承祖师的列举

《佛祖传》第七篇为“诸家教观篇”，主要内容有二：一是总结梳理了西域、中土各派祖师传承；二是概括了西域三宗和东土七宗的“教观纲目”。续法在“诸家教观篇”开篇即谓：“儒论云：人能弘道，非道弘人。释典云：若不传法度众生，毕竟无能报佛恩。故此今列诸家教观，

---

① （隋）智顗：《妙法莲华经玄义》第十卷，《大正藏》，第 33 册，第 801 页上。

② 十九家为，一音教两家，为菩提流支、鸠摩罗什所判教，二种教四家，为齐刘虬、隋诞法师、昙无谶、南朝印法师所判教，三种教四家，有光统、玄奘、真谛、吉藏所判教，四种教五家，有齐大衍、天台智者、梁光宅云、笈多、元晓所判教，五种教三家，有齐护身、波颇、法藏所判教，六种教一家，为陈耆闍法师所判教。详见慧苑，《卍新纂续藏》，第 3 册。

③ 十七家分别为，一音教两家，为菩提流支、鸠摩罗什所判教，二种教四家，昙无谶、慧远、南朝印法师、齐刘虬所判教，三种教三家，为南朝诸师所判渐顿不定三教、光统、吉藏所判教，四种教四家，为梁光宅云、智顗、元晓、慧苑所判教，五种教两家，为波颇、法藏所判教，西域判教两家，为戒贤三时教、智光三时教。详见《华严经疏钞玄谈》，《卍新纂续藏》，第 5 册。

④ （清）续法：《华严宗佛祖传》第六卷，上海图书馆藏本，第 2 页。

随人意乐各种法门。若依诸教开示，各各自然悟入佛知。人随一门信解，不久必得圆证觉果。切勿执少为足，博学深造是幸。”[①] 可见其列诸家教观之意图。事实上，续法本身就是一个博学之人，据目前有关续法生平记载的材料来看，其一生著述约九十余种，内容涵盖佛教经律论三藏疏钞、密咒忏仪、佛寺志等，对华严、净土、天台、唯识禅宗等各派经典以及儒家经典皆有涉猎，可见其博学。

续法在“诸家教观篇”的第一部分，即第九卷，总结了西域和中土共十家派系祖师传承，分别为第一小乘宗二十部、第二律宗诸祖、第四台宗诸祖、第五慈恩相宗诸祖、第六密宗诸祖、第七净土莲宗诸祖、第八禅宗诸祖、第十造忏诸祖等。[②] 其中，第一小乘宗二十部即指西域小乘教之二十部派，包括上座十一部和大众九部，但续法在这里仅罗列了二十部派之名，未列其思想。接下来的几个派系祖师的传承，续法多取《正法眼藏》《佛祖统纪》的相关记载。如第二“集律宗诸祖”中，续法就罗列了包括昙柯迦罗、昙无德、昙谛、昙摩持、竺法念、卑摩罗叉、僧祐、光统等人在内的或翻译戒律经典，或弘扬律学的高僧。在第四“集台宗诸祖”中，续法照《佛祖统纪》卷六记载，罗列了天台宗九祖，分别为龙树、慧文、慧思、智者、灌顶、智威、慧威、玄朗、湛然，并在九祖后记有四明知礼、慈云遵式之名。值得注意的是，在第五“集慈恩相宗诸祖”中，续法先遵《佛祖统纪》“慈恩宗教”部分，罗列了戒贤、玄奘、窥基三位祖师，之后，还罗列了莲居庵一系弘传并着有唯识学著述之人，分别为“土桥绍觉大师广承，《唯识音义》疏十卷。[③] 莲居新伊大师大真，《唯识合

① （清）续法：《华严宗佛祖传》第九卷，上海图书馆藏本，第 1 页。

② 第九卷第 17 页至第 20 页缺页，因而尚不知第三和第九分别是何派系祖师传承。

③ 绍觉明理亦即华严宗云栖袾宏一系传人，由袾宏传明理，再传新伊大真、德水明源，再由明源传至续法。明理因长居土桥莲居庵，故又称土桥法师。有关绍觉广承的生平材料主要有：《莲居庵志》之“莲居庵绍觉法师塔铭（有序）”、《华严宗佛祖传》第四卷“第二十七世土桥法师”、周克复《法华经持验记》第二卷之“明释广承”、《雪关禅师语录》第八卷之“绍觉法师行序”等，兹不赘述。其著述有《净土文》《法华文句记会本》《毗尼珍敬录》《楞严音义》《楞伽日记》《金刚经科疏》《因明论记》《观所缘缘论记》《成唯识论音义》《唯识开蒙疏》《心经广略解》等。

响》疏十卷。[①] 偁山内衡法师智铨，《唯识述义》十卷刊行。[②] 香光圣宣法师智胤，《唯识补遗》十卷刊行。[③] 乳峰德水大师明源，《唯识合义》十卷笥稿被烬。[④] 高原辅慈大师明昱西蜀人，《唯识俗解》十卷净寺印

① 新伊大真住莲居庵，在《佛祖传》中被续法称为莲居法师，著有《唯识合响》。有关新伊大真的生平材料主要有：藕益智旭作《莲居庵新法师往生传》、徐继恩《新伊法师圹志》、《华严宗佛祖传》第四卷"第二十八世莲居法师"、《净土圣贤录》之"大真"等，兹不赘述。

② 偁山内衡法师，为莲居莲居庵第四世传人之一，（《莲居庵志》第三卷"法脉图"中示莲居庵的祖师传承为：大觉珑→绍觉承→灵源惠、新伊真、海眼观→闲标、内衡、本金铆、德水源、智素先，后有本金铆传式如度、省石，式如度再传舍贞等人，舍贞传圣哲礼；智素先传闻立、深符密中等人。详见载《莲居庵志》白化文、张智主编《中国佛寺志丛刊》，广陵书社 2006 年版，第 70 册，第 76 页。）兼通天台、唯识之学。《宗统编年》曾记载："庚寅七年……莲居大真新伊法师寂……本金、圣先两法主相次继其席，讲净并不替。其时西溪、天竺，古德、内衡两法师，皆宏台宗教观，行业蔼着。"详见（清）纪荫《宗统编年》第三十二卷，《卍新纂续藏》第 86 册，第 305 页下—306 页上。"余如内衡、闲标、深符、密中诸师，或襄助著述，或校雠诠次，皆唯识之功臣，莲居之孝子也。"详见《莲居庵志》白化文、张智主编《中国佛寺志丛刊》广陵古籍刻印社 2006 年版，第 70 册，第 75 页。现《卍新纂续藏》，第 59 册收有《瑜伽焰口注集纂要仪轨》，该著由苕水法师子若净观考正，偁山法师内衡智铨较阅，秀州后学巨彻寂暹纂书。偁山法师当指内横智铨曾住偁山传法。

③ 香光圣宣法师当指现收于《卍新纂续藏》第 51 册作《成唯识论音响补遗》的智素法师，据《莲居庵志》记载："智素法师，讳圣先，新师之弟子也，宿根聪明，于唯识深入堂奥。新师着《唯识合响》，尝与讨论讲求，并较仇诠次焉。后归苕溪，与其高足闻立、深符、密中诸法师重复查究大部，续《成唯识补遗》第二十卷，父作子述，其有功于绍新二老人岂浅鲜哉？节遗著《补遗》自序。"详见《莲居庵志》白化文张智主编《中国佛寺志丛刊》，广陵书社 2006 年版，第 70 册，第 73 页。据《宗统编年》记载："庚寅七年……莲居大真新伊法师寂……本金、圣先两法主相次继其席，讲淨并不替。"详见（清）纪荫《宗统编年》第三十二卷，《卍新纂续藏》，第 86 册，第 305 页下。可见，智素圣先曾主法莲居庵。又董漠策在《成唯识论音响补遗序》："古杭绍觉老人，乃云栖莲大师嫡裔也，阐释全文，有《唯识音义》。法嗣新伊师广搜奥旨，有《合响》。而我苕圣先法师，实为伊公入室弟子，重加集注，是正有《补遗》。兹三集皆以演释唯识精义，实相宗之宝炬矣。"详见（清）董漠《成唯识论音响补遗序》第一卷，《卍新纂续藏》，第 51 册，第 454 页中。现《卍新纂续藏》中未见绍觉明理之《唯识音义》和新伊大真之《唯识合响》的单行本，但可从智素《补遗》中得见二书之内容。

④ 德水明源（1610—1666），伯亭续法之师，有关其生平材料，有戴京曾《德水大师塔志并铭》，续法《华严宗佛祖传》、邵泰衢《重建上天竺大讲寺碑记》、徐自洙《灌顶伯亭大师塔志铭》、《莲居庵志》、续法《五教仪序》、真立《五教仪序》等。《唯识合义》为其著述之一，尚未见存世流通。

行，万历时外有八要解。[①] 云栖似空法师广印，《唯识订正》十卷刊行。[②] 肯堂王居士，《唯识证义》十卷刊行。元义台寺通济大师云峰上下二卷，《唯识开蒙问答》。[③] 鲁山普泰法师明弘治间，《百法论解》。[④] 二楞庵一雨润师，《唯识集解》十卷。[⑤] 普德勖伊法师，《相宗八要解》。[⑥] 灵源惠法师[⑦]，《唯识自考录》十卷。"[⑧] 可为我们研究明末清初莲居一系唯识弘传提供线索。

在第六"集密宗诸祖"中，续法照《佛祖统纪》卷二十九"瑜伽密教"的记载，罗列了金刚智、不空、慧朗、龙门无畏、大慧一行等人之名，另还引用了《佛祖统纪》《释氏稽古略》《释门正统》等文献中有关此五师的记载，并在最后附有续法本人及他人的密宗著述，见图2。"伯亭成法准密部译释十种：焰口、大悲、准提、楞严、法华、尊胜、

---

① 高原明昱，其生平可参见《锦江禅灯》卷二十"辅慈沙门，高原昱蓬溪人"条，《唯识俗解》当指现收于《卍新纂续藏》第50册的《成唯识论俗诠》，另有《大乘百法明门论赘言》《唯识三十论约意》《观所缘缘论会释》《观所缘缘论释记》《因明入正理论直疏》《三支比量义钞》《相宗八要解》《八识规矩补注证义》等收于《卍新纂续藏》。

② 云栖似空法师广印即指闻谷广印（1566—1636），号似空，又号掌石，七岁于杭州开元寺剃度，后曾往云栖，"尽得莲池大师之益"，或因此被续法称为云栖似空法师。其生平详见宗统编年第三十一卷、《五灯全书》第三十四卷"杭州真寂闻谷广印禅师"等。

③ 现收于《卍新纂续藏》第55册。

④ 鲁山普泰，曾参学于兼通华严、唯识的达庵广通，法嗣有遍融真圆、一江真沣、无极悟勤、天玺祖印，开明末华严宗三支弘传，其中，遍融真圆开华严宗云栖袾宏一系之传承，一江真澧开宝通一系传承，无极悟勤开雪浪洪恩一系传承。其著述《百法明门论解》现收于《大正藏》第44册。

⑤ 二楞庵一雨润师即一雨通润（1565—1624），为雪浪洪恩上首弟子，因其曾住铁山二楞庵，故又称二楞法师，其生平材料主要有钱谦益《一雨法师塔铭》，《贤首宗乘》之一雨法师传记，《华严宗佛祖传》之二楞法师传记。其著述《唯识集解》现收于《大正藏》第50册。

⑥ 普德勖伊法师即勖伊佛闲（1602—1663），俗姓朱，西蜀人，剃度后投月潭广德习华严宗旨并承其嗣，主法南京天界寺，后还曾主法城南普德寺，这当是续法在《佛祖传》中称其为普德法师的原因。其生平传记详见《贤首宗乘》，《华严宗佛祖传》，钱谦益《普德寺募修禅堂疏》等文献。据《贤首宗乘》记载："月为云栖高弟，云栖门下，台、贤、慈恩三宗并传，月师专弘贤首。"详见（清）了惪《贤首宗乘》卷六，第20页。月潭广德为云栖袾宏门下于天界寺专弘华严之人。

⑦ 灵源惠，莲居庵绍觉广承之嗣法弟子，其生平详见《莲居庵志》《新续高僧传》《释氏疑年（1564—1628）录》等。其著述《成唯识论自考录》现收于《卍新纂续藏》第51册。

⑧ （清）续法：《华严宗佛祖传》第九卷，上海图书馆藏本，第22页。

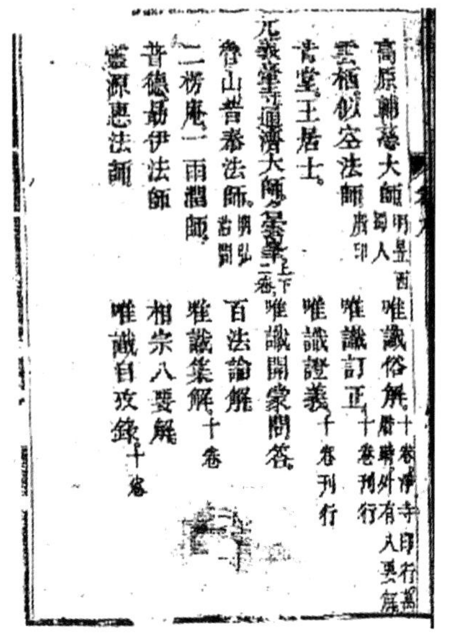

高原明昱大師 明昱 西蜀人　唯識俗解十卷 淨寺印行 萬曆時外有八要解
雲棲似空法師 廣印　唯識訂正十卷刊行
肯堂王居士　唯識證義十卷刊行
元義寧寺通濟大師雲峯集 上下二卷　唯識開蒙問答
魯山普泰法師 明弘治間　百法論解
二楞庵一雨潤師　唯識集解十卷
普德新伊法師　相宗八要解
鑑源惠法師　唯識自攷錄十卷

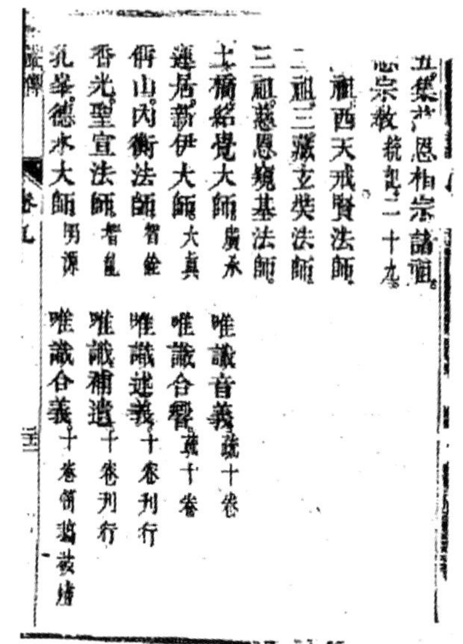

五集慈恩相宗諸祖
慈恩宗教 統紀二十九
初祖西天戒賢法師
二祖三藏玄奘法師
三祖慈恩窺基法師
古橋紹覺大師 廣承　唯識音義疏十卷
蓮居新伊大師 大真　唯識合響疏十卷
偶山內衡法師 智銓　唯識述義十卷刊行
香光聖宣法師 智覺　唯識補遺十卷刊行
孔峯德水大師 明源　唯識合義十卷

图 2

如意、往生、药师、心经各出咒解。华严字母别行记注。施食仪轨：乳峰德水法师科注，天溪景淳法师诠要。”① 在第七“集净土莲宗诸祖”中，续法照《佛祖统纪》卷二十六“莲社七祖”的记载，罗列了莲社七祖之名，分别为：庐山慧远、长安善导、南岳承远、长安法照、新定少康、永明延寿、昭庆省常，续法另加云栖袾宏为八祖，谓：“云栖莲池袾宏法师，海内推为八祖。撰述《弥陀疏钞》，康熙南巡五幸。”② 另外，续法还在袾宏之后记有“曲水古德法师，维摩折衷疏三卷，弥陀演

---

① （清）续法：《华严宗佛祖传》第九卷，上海图书馆藏本，第 26 页。“伯亭成法准密部译释十种”当是指续法九十余种著述中有关密咒类的著述，如《焰口施食广略解》《大悲咒释》《准提咒释》《楞严经灌顶疏》《法华圆谈科疏》《尊胜咒经音释》《如意经疏》《药师疏钞》《心经解》等等，“华严字母别行记注”当指《华严字母释》。另外，德水明源还当作有《施食仪轨科注》，天溪景淳当作有《施食仪轨诠要》，现《嘉兴藏》第 19 册收有唐不空译、（西夏）不动金刚重集、清天溪香乳行者受登诠次的《瑜伽集要焰口施食仪》，当指续法此处记载的天溪景淳的《施食仪轨诠要》。天溪景淳（1607—1675），讳受登，俗姓郁，嘉禾秀水人，出家后受沙弥戒于天童密云法师，圆比丘戒于曲水古德大贤，著述有《药师行法》《准提行法》《大悲忏科》《瑜伽诠次并注》《会刻法华文句》等，其生平参见《随缘集》卷二“天溪和尚传”。

② （清）续法：《华严宗佛祖传》第九卷，上海图书馆藏本，第 28 页。

义记四卷。"① 在第八"集禅宗诸祖"中，续法记菩提达摩为中土禅宗初祖，其生平介绍参照《传法正宗记》《大藏一览》。记僧璨法师为二祖。其余诸祖由于缺页未见。

在卷九第三十七页第十造忏诸祖前，续法记有第九派系三—七祖之名："三祖晋竺法护大法师《正法华经》等，四祖秦鸠摩罗什法师《维摩》《金刚》《弥陀经》等，五祖晋佛陀跋罗法师《华严》六十卷等，六祖唐三藏玄奘法师《药师》《般若》《心经》等，七祖居实叉难陀法师《华严》大经八十卷等。"② 由此可推测第九或为"译经诸祖"。

第十为"集造忏诸祖"，续法在这一部分罗列了"西域《万佛》《千佛》二忏译祖"菩提流支和畺良耶舍，以及"东土造忏祖师"及其所造忏法，如图 3：

东土造忏祖师包括："初祖梁志公和尚，《慈悲道场忏法》俗名《梁皇忏》十卷。二祖唐悟达国师，《三昧雪罪水忏》三卷。三祖陈隋天台智者大师，《法华三昧忏仪》。四祖宋四明知礼尊者，《大悲忏仪》。五祖宋慈云遵式忏主，《弥陀净土忏仪》。六祖宋晋水净源法师，《华严》《圆觉》《楞严》三忏仪法。"③ 另外，续法还记天溪景淳作有《药师忏行法》《准提忏行法》。此外，续法还罗列了自己在忏仪方面的著述，包括《万佛名忏》《七佛药师忏》《弥陀佛忏》《报恩大忏》《观音佛忏》《华严忏》《法华忏》《楞严忏》《仁王忏》《兰盆忏》。④ 值得注意的是，

---

① （清）续法：《华严宗佛祖传》第九卷，第 28 页。曲水古德（？—1639），讳大贤，字古德，晚号一行道人，苕溪人，俗姓陆，投云栖袾宏出家，曾于崇祯元年（1628）创曲水庵，故称曲水古德法师。参见载《西溪梵隐志》杜洁祥主编《中国佛寺史志汇刊》第一辑，台北明文书局 1980 年版，第 30 册，第 72 页。《贤首宗乘》曾记载缘中普经法师"次游古德、新伊二师之门，受法相宗旨。"藕益智旭亦曾听其讲《成唯识论》（见《八不道人传》），可见，古德通唯识。又《佛祖传》中在"净土诸祖"中记有古德法师，其撰有《维摩折衷疏》三卷，《弥陀演义记》四卷，且《卍新纂续藏》第 22 册收有署名为云栖古德法师演义，门人慈帆智愿定本的《阿弥陀经疏钞演义》，"弥陀尊经，乃莲池大士疏注于前，古德大师演义于后。"（重刻《阿弥陀经疏钞演义》原序），可见，古德亦通净土。另《宗统编年》中曾记载，大珏玉庵法师嗣法古德贤，又有忍庵琰嗣法玉庵珏。则可知慈帆智愿、大珏玉庵为古德大贤之弟子。

② （清）续法：《华严宗佛祖传》第九卷，上海图书馆本，第 37 页。

③ 同上书，第 41 页。

④ 其中《华严忏》《法华忏》《楞严忏》《兰盆忏》之名，在有关续法的生平传记中尚未见出现。

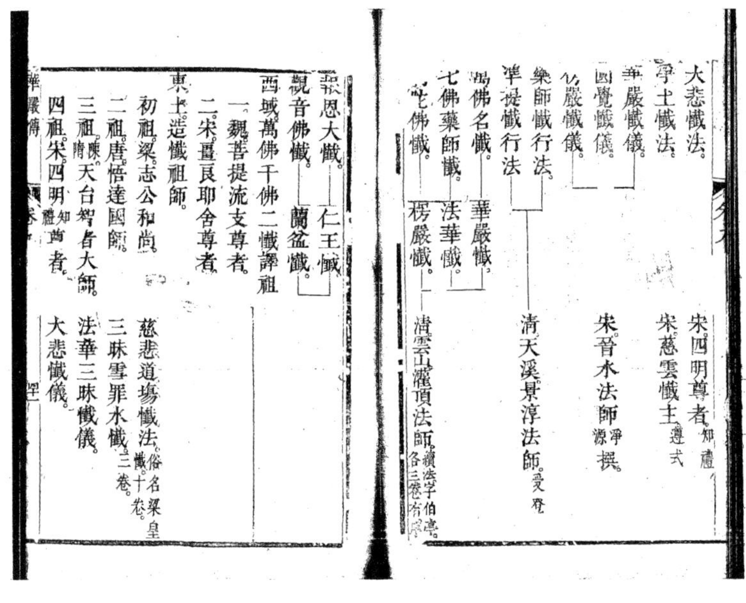
大悲懺法。 宋四明尊者。知禮
淨土懺法。 宋慈雲懺主。遵式
華嚴懺儀。
圓覺懺儀。 宋晉水法師。淨源撰。
楞嚴懺儀。
藥師懺行法
準提懺行法 清天溪景淳法師。受登
禮佛名懺。 華嚴懺。
七佛藥師懺。 法華懺。
七佛懺。 楞嚴懺。 清雲山灌頂法師。續法字伯亭。各三卷

報恩大懺。 仁王懺
觀音佛懺。 蘭盆懺。
西域萬佛千佛二懺譯祖
一、魏菩提流支尊者。
二、宋畺良耶舍尊者。
東土造懺祖師。
初祖。梁志公和尚。 慈悲道場懺法。俗名梁皇懺。十卷。
二祖。唐悟達國師。 三昧雪罪水懺。三卷。
三祖。隋天台智者大師。 法華三昧懺儀。
四祖。宋四明知禮尊者。 大悲懺儀。

图 3

续法在《佛祖传》中有关西域和中土造忏诸祖的概括，尤其是有关中土造忏六祖的概括，尚未见有其他文献的记载。

三　对西域三宗与东土七宗教观的总结

在“诸家教观篇”的第二部分，即《佛祖传》第十卷，续法总结了西域三宗和东土七宗之教观。西域三宗分别为小乘宗、相宗、性宗。东土七宗分别为律宗第一；慈恩宗第二；□若宗第三；[①] 第四宗因缺页不得而知；第五宗名称因缺页未见，但根据第 25—34 页所示有关沩仰宗、临济宗、曹洞宗、云门宗、法眼宗的介绍来看，第五宗当为禅宗；密宗第六；第七宗因缺页不得而知。

（一）小乘宗教观纲目。法藏在《探玄记》卷一“明立教差别”中除叙古来诸德十家立教以外，还曾述西域判教：“真谛三轮，笈多四教，

① 当为般若宗。

波颇五说，竝如别说。又，法藏于文明元年中，幸遇中天竺三藏法师地婆诃罗，唐言日照，于京西太原寺翻译经论，余亲于时乃问：西域诸德，于一代圣教颇有分判权实以不？三藏说云：近代天竺那烂陀寺同时有二大德论师，一名戒贤，二称智光……以所承宗别，立教不同。谓戒贤即远承弥勒无着，近踵护法难陀，依《深密》等经《瑜伽》等论立三种教……第二智光论师，远承文殊龙树，近禀提婆清辩。依《般若》等经《中观》等论亦立三教……"[①] 是说西域判教有两大家，一为戒贤之三时教，一为智光之三时教。澄观在《华严经疏》"藏教所摄"中采用了法藏的这一记载，亦列举了西域判教两家："叙西域者，即今性相二宗，元出彼方，故名西域。谓那烂陀寺同时有二大德，一名戒贤，二名智光。戒贤远承弥勒无着，近踵护法难陀，依《深密》等经《瑜伽》等论，立三种教，以法相大乘而为了义。……二智光论师，远承文殊龙树，近禀青目清辩，依《般若》等经《中观》等论，亦立三时教，以明无相大乘为真了义。"[②] 宗密在《圆觉经大疏》卷一"权实对辩"中列三种教时，亦将西域戒贤、智光两种三教判列在其中。但均未见其列西域小乘宗判教，续法在这里专列了西域小乘宗之教观纲目。谓："西域小乘，上座大□叶等，大众婆尸迦等二十部师，依四《阿含》经教，修四谛十二因缘观道，以因缘宗而为了义。"[③] 四经教为《增一阿含》《中阿含》《杂阿含》《长阿含》。接下来，续法主要参照了《天台四教仪》有关藏教的解说。"观道二者：一声闻乘人修四谛观……二缘觉乘人修十二因缘观。"[④] 声闻乘人修四谛观时，可令其厌苦、断集、证灭、修道；缘觉乘人可通过生起观和灭尽观修十二因缘。特别是有关缘觉乘人修十二因缘观的内容，续法的记载大同《四教仪》中的相关内容。谓"一生起观，谓无明缘行，乃至生缘老死。二灭尽观，谓无名灭则行灭，乃至生灭则老死灭。"[⑤] 亦即逆顺观十二因缘。之后，续法明四谛、十二因缘之开合，谓："然此因缘，与前四谛开合异耳。谓无明、行、爱、

---

① （唐）法藏：《华严经探玄记》第一卷，《大正藏》，第 35 册，第 111 页下—112 页上。

② （唐）澄观：《华严经疏》第二卷，《大正藏》，第 35 册，第 510 页中—510 页下。

③ （清）续法：《华严宗佛祖传》第十卷，上海图书馆藏本，第 1 页。

④ 同上书，第 1—2 页。

⑤ （清）续法：《华严宗佛祖传》第十卷，上海图书馆藏本，第 2 页。

取、有五支，合为集谛，馀识等七支开为苦谛，观因缘智即为道谛，十二支灭即为灭谛。”① 关于因缘宗的解释，续法引用了《阿含》《中论》“染净品”“十二因缘品”的内容阐释因缘宗从因缘而生、离因缘而灭的主旨；又引用澄观《华严经疏》中释华严十宗判中“法有我无宗”因主张无我而异于外道的语言，释因缘宗执法有，观我空的主旨。此小乘因缘宗所主张的因缘生法是实有，唯明人空不说法空的主旨相对于凡夫外道为了义。由此可见，续法在前文曾记载西域小乘宗包括小乘二十部，但其在解说小乘因缘宗所诠理趣或言所持教义时，其解说未能全部涵盖小乘二十部的主旨。如法藏在《五教章》十宗判中记，前六宗皆属小乘，② 但续法在这里的解说似仅涉及法有我无宗一宗。

（二）西域相宗、性宗教观纲目。对西域相宗和性宗三时教的解说，续法实引用了澄观在《华严经疏》及《随疏演义钞》中对戒贤三时教和智光三时教的记载和解说，又引法藏在《大乘起信论义记》中释和会戒贤三时教和智光三时教的摄生宽狭和益物渐次二门。对这两门的引用，《佛祖传》中虽记为“贤首云”，但查其行文，实为澄观《随疏演义钞》的内容。③ 之后，续法又记西域相宗的观法为：“观门例知，义分为二。初义有二：一有观，二空观，三中观。亦可一心境俱有观，二心境俱空观，三境空心有观。次义亦二：一遍计执空观，二依他假有观，三圆成实有观……亦可三法皆有性观，一遍计执性观，

---

① （清）续法：《华严宗佛祖传》卷十，上海图书馆藏本。《天台四教仪》中有关藏教缘觉乘的记载中有：“与前四谛开合之异耳，云何开合？谓无明、行、爱、取、有，此之五支合为集谛。余七支，为苦谛也。既名异义同，何故重说？为机宜不同故。缘觉之人，先观集谛，所谓无明缘行，行缘识，乃至生缘老死，此则生起。若灭观者，无明灭则行灭，乃至生灭则老死灭。因观十二因缘觉真谛理，故言缘觉。言独觉者，出无佛世独宿孤峰，观物变易自觉无生，故名独觉。两名不同，行位无别，此人断三界见思，与声闻同，更侵习气故居声闻上。”详见（高丽）谛观《天台四教仪》第一卷，《大正藏》，第 46 册，第 777 页上—777 页中。

② 我法俱有宗为人天乘和犊子部等小乘所立，法有我无宗指说一切有部、雪山部、多闻部等部派，法无去来宗为大众部、鸡胤部、制多山部、西山住部、北山住部、法藏部、饮光部等所立，现通假实部为说假部、《成实论》和其他经部之宗旨，俗妄真实宗为说出世部等所立，诸法但名宗为一说部所立宗旨。详见方立天《隋唐佛教》，载《方立天文集》第二卷，中国人民大学出版社 2006 年版。窥基的八宗判亦大同此。

③ 澄观在《华严经疏钞》中对西域二宗判教的记载实源于法藏在《大乘起信论义记》中的记载，但从行文上看，续法的记载当取自澄观。

二依他起性观，三圆成实性观。”[①]性宗观法为：“观门义例时教可知，亦分为二。初门又二：一缘生实有观、似有即空观、平等真空观。二心境俱有观、心有境空观、心境俱空观。次门亦二：一遍计执有观，二依他虚有观，三圆成实空观……亦可三法皆无性观，一遍计无性观，二依他无性观，三圆成无性观。”[②] 最后，续法还记载相宗还修人无我观和法无我观，性宗还修人空观、法空观、俱空观。

（三）律宗教观纲目。该宗教观分大小二乘。其中小乘以昙无德部、萨婆多部、迦叶遗部、弥沙塞部、婆蹉富罗部五部律为教，（此五部律是别，摩诃僧祇部为总，总别共有六部。）依拘留孙佛、迦叶佛、释迦佛之颂得律宗小乘观法：“开为三观：一止恶观，理空也。二行善观，事有也。三通持观，止持作持，莫不融通理事空有共相无碍中道第一心也。”[③] 大乘以《梵网经》《地持经》《璎珞经》《高昌本》《新撰本》《制旨本》等六本律为教，（其中《梵网经》《地持经》《璎珞经》为根本律部，《高昌本》《新撰本》《制旨本》为枝末律部。）大乘观法为：“应作三观：一止恶不生观，二行善不灭观，三一心严净观。亦可一名无相观，二名因缘观，三名本源观。”[④] 最后，续法还罗列了大乘菩萨三聚净戒。

（四）慈恩宗教观纲目。在这一部分，续法概括了中土法相唯识宗的三时八宗教判说，谓“唐慈恩寺窥基大师禀三藏元奘法师教□□□□□”。[⑤] 其中有关三时教的记载，续法主要参照了元义台寺通济大师云峰所作之《唯识开蒙问答》卷一中有关有空中三教次第之理以及“破之大义”的内容；而有关八宗的记载，续法则主要参照了窥基《大乘百法明门论解》卷一中的记载，谓前四宗唯局小乘，五六二宗通大小乘，七八二宗唯局大乘。最后，续法还列出了唯识宗的观法，即遣虚存实、舍滥留纯、摄末归本、隐劣显胜、离相证性等五重唯识观。

---

① （清）续法：《华严宗佛祖传》第十卷，上海图书馆藏本，第 6 页。

② 同上书，第 9 页。

③ 同上书，第 13 页。

④ 同上书，第 14 页。

⑤ 同上书，第 15 页。元奘即为玄奘。

（五）若宗教观纲目。“约经名般若宗，约法名空宗，约人名弥天宗。□檀溪寺弥天释道安大师……”[①] 此般若宗以道安为祖师，又属“东土七宗”，则当指三论宗。续法记载该宗依《般若经》立三时教：“初时小乘经，遍计执有故，中时三乘经，依他似有故，后时大乘经，圆依实空故。……此一判释，大同西域性空，余明如前。”[②] 可见，续法认为该宗大同西域性宗宗旨。观法如图 4 所示，因下缺页，尚不得见续法对该宗观法的进一步解说。

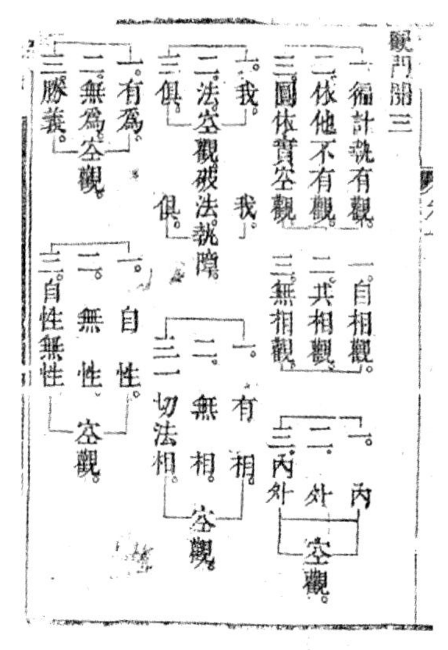

图 4

（六）禅宗五家教观纲目。[③] 这一部分内容续法主要引用了《人天眼目》的相关内容。1. 沩仰宗。续法在这一部分列举了《人天眼目》卷四中沩仰宗的“三种生”“圆相因起”“暗机”的内容。2. 临济宗。此处列举了《人天眼目》中有关临济宗“三句”“三玄三要”以及《五灯会元》等书中有关“三下一嘘”的记载。3. 曹洞宗。此处列举了《人天眼目》卷三中有关曹洞宗曹山“五位君臣”“五位君臣图颂并序”“五位功勋图”“洞山功勋五位颂”的记载。4. 云门宗。此处续法列举了《人天眼目》卷二中有关“三句”“一字关”等相关内容。5. 法眼宗。此处列举了《人天眼目》卷四中有关法眼宗“华严六相义”“六相义颂”“论华严六相义”“三界唯心颂”“万法唯识颂”等。就续法对南宗禅五家的介绍来看，主要引用《人天眼目》的内容对五家宗旨做了介绍，如沩仰宗的三种生思想、临济宗的三玄三要、曹洞宗的五位君臣、云门宗的云门三句、法眼宗的华严六相义，却未见其前几宗般介绍禅宗五家的教观体系。

---

① （清）续法：《华严宗佛祖传》第十卷，上海图书馆藏书，第 18 页。

② 同上。

③ 因缺页，目前尚不知东土第五宗的确切名称，但根据卷十第 25—34 页有关沩仰宗、临济宗、曹洞宗、云门宗、法眼宗的介绍来看，第五宗当为禅宗。此处暂用“禅宗五家教观纲目”之称。

或许在正文的沩仰宗之前，续法曾总括禅宗以何为教，观门有几，但目前暂不得而知。

（七）密宗教观纲目。续法在这一部分谓密宗以三时四乘为教，有、空、中道为观。其中三时教取唐不空所译《千臂大教王经》《金刚不空三昧经》中所记载的三时教说。《千臂大教王经》中曾记载："即于当世之时说三时之教，是故第一时中说有教……第二时中如来说空教……第三时中如来演说不空不有祕密法教。"① 《金刚不空三昧经》中记载："经云而为说法初中后善者。所说何法，诸大菩萨般若理趣。初善者，一切如来身密，一切契印身威仪也。中善者，一切如来语密，真言陀罗尼法王教敕不可违越也。后善者，本尊瑜伽，一切三摩地无量智解脱也。"② 遵此，续法记密宗三时教为有教、空教、不空不有教；又言初中后善。谓初时有教转小乘法轮，中时空教转大乘法轮，后时中道教转一乘法轮。四乘分别为声闻乘、缘觉乘、方广大乘、最上金刚乘，此四乘取自《大乘金刚宝王经》，其中金刚乘即指密教，因其根本经典为《大日经》及《金刚顶经》，故以金刚乘自称。而一行在《大日经疏》中则记为："略说法有四种，谓三乘及秘密乘。"③ 其中秘密乘即指密教。观法有三，取《大悲空智经》中所记："又此漏法于大乐处总有三种，谓罗罗拏，辣娑摩，阿嚩底。罗罗拏者即胜慧自性，辣娑拏者谓善方便，阿嚩底者是中说，离能取所取。"④ 依次记密宗观法为："胜慧自性观，理也。□□□巧方便观，事也。后名中离二取观，无碍中道也。"⑤ 此观法以总相明，则为实相观有、真如观空、法界观中道，此总相观若以别相开之，又可各开三观。续法在这里所概括的密宗判教，初看其有、空、中三教，大同前所述"慈恩宗教观纲目"中所记云峰《唯识开蒙问答》中有关有、空、中三教的记载，但实则不同。如前所

---

① （唐）不空译：《千臂大教王经》第五卷，《大正藏》，第 20 册，第 748 页上—748 页中。

② （唐）不空译：《金刚不空三昧经》第一卷，《大正藏》，第 19 册，第 608 页中。

③ （唐）一行：《大日经疏》第九卷，《大正藏》，第 39 册，第 671 页中。

④ （宋）法护译：《大悲空智经》第一卷，《大正藏》，第 18 册，第 588 页上。

⑤ （清）续法：《华严宗佛祖传》第十卷，上海图书馆藏本，第 35 页。

述慈恩宗的中道教："故第三时双破之云：彼所执者实我实法，遍计是无，所不执者，依他圆成，有而不无，故离有空而归中道。"① 此一中道乃是在一时破有、二时破空的基础上达到的唯识中道，即明了万法皆为心识所变，非是实有，内识非是实无，离此有执和空执，即可达到万法唯识的唯识中道境界，唯此万法唯识的唯识中道才是了义。而此处密宗三时教中的中道教，则指的是秘密教法。

由此可见，续法在"诸家教观篇"中对西域三宗和东土七宗教观的介绍，并非全是分别列举各宗在教观上具有代表性的教观学说，如智者大师、法藏、窥基、澄观等人在总结诸家判教时的做法，（诸家判教说或侧重于释迦说法的时间前后，或侧重于说法的形式，或侧重于说法内容的深浅高下，或侧重于说法对象的根机。）而是尝试用"依时判教"的统一标准来阐释这几宗之判教。对西域性相二宗及东土唯识宗的教观体系的总结，续法大同前人，列举了性相二宗的三时教判和东土唯识宗的三时八宗判。但对其余宗派教观体系的总结，续法却并未按照这个思路。如对律宗教观的总结，续法并未取道宣的化教三教（性空教、相空教、唯识圆教）和制教三宗（实法宗、假名宗、圆教宗）判，以及性空观、相空观和唯识观的南山三观，而是列举了大小乘律所宗经典和观法。再如般若宗的教观，续法并未取道生的四轮判（善净、方便、真实、无余法轮），或吉藏的二藏（大小二乘藏）三轮（根本、枝末、摄末归本法轮）判，而是依《般若经》并参照了西域性宗的判教说。除西域小乘宗、东土律宗外，续法对西域性相二宗、东土慈恩宗、般若宗、密宗②等五宗判教说的总结，实有一个共同点——"依时判教"，即以佛教说法的不同时期为分判的标准，且此五宗的判教均为三时教判，但其内涵却有所不同，见下表③：

---

① （元）云峰：《唯识开蒙问答》第一卷，《卍新纂续藏》，第 55 册，第 342 页中。

② 东土七宗中第四宗因缺页未知，第六禅宗五家前内容缺页未知，第七宗因缺页未知。

③ 该表内容依据续法在《佛祖传》中的相应内容整理。

	初时（第一时）	中时（第二时）	后时（第三时）
西域相宗	说诸有为法皆从缘生（四《阿含》）	说诸法自性皆空（诸部《般若》）	具说三性三无性（《深密经》）
西域性宗	为下根说谛缘小乘，明心境俱有	为中根说法相三乘，明境空心有	为上根说无相大乘，辩心境俱空
东土慈恩宗	谈有：以法破我（四《阿含》）	谈空：以空破法（八部《般若》）	谈中道：双□□□①（《深密经》）
东土般若宗	小乘经遍计执有故	三乘经依他似有故（三乘同禀）	大乘经圆依实空故（不共二乘）
东土密宗	转小乘法轮，就境明实有依他（《提胃》《阿含》《缘生》）	转大乘法轮，约心说尽空遍计（《方广》《深密》《般若》）	转一乘法轮，据性显中归圆成（《妙智》《法华》《涅槃》）

由表可见，虽然五宗皆为三时判教，但因各宗所依经典和旨趣不同，其说法时及不同说法时期所说经典的判分是有出入的。另因中间多有缺页和文字缺损，目前尚不能得见续法对东土七宗教观总结的全貌。但其尝试在各宗所依经典中寻找“依时判教”的根据，[2] 并借此“依时判教”试图统一诸宗判教标准的努力还是得以窥见。

（注：本论文为2016年华严专宗国际学术研讨会参会论文）

---

① 缺，或为“双破我法”。

② 如西域相宗主要依《解深密经》等经，《瑜伽》等论，西域性宗主要依《般若》等经，《中观》等论，东土慈恩宗主要依《解深密经》《瑜伽论》等，此三宗之所依经典及三时判在法藏、澄观那里都已有说明。另续法记东土般若宗三时判参照西域性宗，依《般若经》；密宗依《千臂大教王经》《金刚不空三昧经》。

历 史 部 分

唐代西州百姓陪葬《孝经》习俗考论

董永强*

摘　要：《孝经》被列在多件新疆吐鲁番古墓群中出土的陪葬品清单——衣物疏中，此现象是高昌国及唐西州时期当地百姓以《孝经》陪葬习俗的反映。考古资料证实，所列《孝经》并非衣物疏的虚记，而是墓主生前所用、死后随葬的陪葬品。此俗因袭于汉魏以来中原地区汉人的丧葬习俗。中原历代统治者推崇《孝经》，以《孝经》等儒家文化经典教育弟子。另外，统治者还用法令制度确保《孝经》中孝的精神得以严格执行，这是唐西州百姓陪葬《孝经》的深层原因。

关键词：《孝经》；吐鲁番文书；西州；陪葬习俗

衣物疏是新疆吐鲁番古墓葬群中出土的一种条列随葬品的清单。吐鲁番出土衣物疏，据侯灿先生《吐鲁番出土砖志集注》一书统计，截至2003年，已刊布有62件①。又据2008年，荣新江、李肖、孟宪实先生出版的《新获吐鲁番出土文献》一书刊布，新增6件②。又据美国普林斯顿大学葛斯德图书馆藏吐鲁番文献，新增1件（1b《高昌

---

* 作者简介：董永强，男，陕西西安市人，历史学博士，西安电子科技大学人文学院副教授。

① 参见侯灿、吴美琳《吐鲁番出土砖志集注》附录二《吐鲁番晋——唐古墓出土随葬衣物疏》，巴蜀书社2003年版，第697—721页。

② 参见荣新江、李肖、孟宪实《新获吐鲁番出土文献》，中华书局2008年版，第21、101、105、126、173、175页。

郡时期随葬衣物疏》）①，目前吐鲁番出土的衣物疏合计有 69 件之多。这些衣物疏中有确切纪年的共 44 件，最早始于前秦建元二十年（384），最晚至咸亨四年（673），前后有 289 年的历史。衣物疏除个别书写于绢帛之上，均为纸质文书，列有衣衾、玩好、笔砚、车马、财货、奴婢等。它们真实反映了不同历史时期吐鲁番居民的一些社会习俗、思想观念和宗教信仰。对这批衣物疏，中外学者们格外关注，先后发表了优秀的研究成果②。本文拟在前人相关研究③基础上，就衣物疏中条列《孝经》的现象和陪葬《孝经》习俗的原因略作探讨，不当之处，敬请方家指正。

---

① 参见荣新江《吐鲁番文书总目（欧美收藏卷）》，武汉大学出版社 2007 年版，第 949 页。

② 参见［日］池田温《中国古代墓葬の一考察》，《国际东方学者会议纪要》第 6 号，1960 年版，第 51—60 页。马雍：《吐鲁番的白雀元年衣物券》，原载《文物》1973 年第 10 期，又收入同著《西域史地文物丛考》，文物出版社 1990 年版，第 122—128 页。［日］小田义久：《吐鲁番出土の随葬衣物疏について》，《龙谷大学论集》第 408 号，1976 年版，第 78—104 页。［日］小田义久：《吐鲁番出土随葬衣物疏の一考察》，《龙谷史坛》1997 年第 108 期，第 1—22 页。［日］白须净真：《随葬衣物疏付加文言（死者移书）の书式とその源流》，《佛教史学研究》第 25 卷第 2 号，1983 年版，第 72—99 页。［日］白须净真：《吐鲁番出土葬送仪礼关系文书の一考察》，《东洋史苑》第 30、31 号，1988 年版，第 41—82 页。郑学檬：《吐鲁番出土文书〈随葬衣物疏〉初探》，韩国磐主编《敦煌吐鲁番出土经济文书研究》，厦门大学出版社 1986 年版，第 414—444 页。Seidel，"Traces of Han Religion in Funeral Texts Found in Tombs"，［日］秋月观英编《道教と宗教文化》，东京平河出版社 1987 年版，第 21—57 页。侯灿：《吐鲁番晋—唐古墓出土随葬衣物疏综考》，原载《新疆文物》1988 年第 4 期，又收入同著《高昌楼兰研究论集》，新疆人民出版社 1990 年版，第 165—180 页。陈国灿：《从葬仪看道教"天神"观在高昌国的流行》，《魏晋南北朝隋唐史资料》1988 年第 9、10 合期，第 13—18 页。孟宪实：《吐鲁番出土随葬衣物疏的性质及其相关问题》，《吐鲁番学研究专辑》，1990 年版，第 192—208 页；又见同著《汉唐文化与高昌历史》，齐鲁书社 2004 年版，第 235—253 页。刘昭瑞：《关于吐鲁番出土随葬衣物疏的几个问题》，《敦煌研究》1993 年第 3 期，第 64—72 页。钟国发：《也谈吐鲁番晋—唐古墓随葬衣物疏》，《新疆师范大学学报》1995 年第 3 期，第 3—5 页。［日］荒川正晴：《トウルファン汉人の冥界观と佛教信仰》，载［日］森安孝夫责任编集《中央アジア出土文物论丛》，京都朋友书店 2004 年版，第 111—125 页。刘安志：《吐鲁番所出衣物疏研究二题》，《吐鲁番学研究：第二届吐鲁番学国际学术研讨会论文集》，上海辞书出版社 2006 年版，第 119—128 页。

③ 参见严耀中《麴氏高昌时期的〈孝经〉与孝的观念》，《中华文史论丛》1986 年第 2 辑，第 275—282 页。

一　衣物疏中条列《孝经》现象

吐鲁番出土衣物疏中条列《孝经》者，有五例，按时间顺序，分别如下：

1. 72TAM169：32号《高昌建昌四年（558）张孝章随葬衣物疏》列有"《孝经》一卷"[①]；

2. 73TAM517：24号《高昌延昌三十七年（597）（张毅）武德随葬衣物疏》，列有"《孝经》一卷"[②]；

3. 72TAM205：2号《高昌重光元年（620）缺名随葬衣物疏》，列有"《孝经》一卷"[③]；

4. 73TAM116：19号《高昌重光二年（621）张（弘震）头子随葬衣物疏》，列有"《孝经》一弓（卷）"[④]；

5. 2004TMM102：4《唐显庆元年（656）宋武欢移文》，列有"孝经一卷"[⑤]。

例5中所谓"移文"，也称移书，是古代各衙署之间、同级官员之间正式使用的一种平行文书。据刘志安先生研究成果可知，他以阿斯塔那169号墓所出《高昌章和十三年（543）孝姿随葬衣物疏》[⑥]为分界，将吐鲁番出土衣物疏分为前后二期：前期衣物疏与汉代"告地策"和"衣物疏"没有本质区别；而后期衣物疏是严格意义上的"移文"。[⑦]吐鲁番出土的后期衣物疏是因为采用了"移文"的格式，因此定名为移文的。

---

① 国家文物局古文献研究室，新疆维吾尔自治区博物馆，武汉大学历史系：《吐鲁番出土文书：图录本（一至四）》，文物出版社1992—1996年版，第207页。

② 同上书，第255页。

③ 同上书，第360页。

④ 同上书，第370页。

⑤ 荣新江、李肖、孟宪实：《新获吐鲁番出土文献》，中华书局2008年版，第105页。

⑥ 同上书，第143页。

⑦ 刘志安：《吐鲁番出土衣物疏研究二题》，《吐鲁番学研究：第二届吐鲁番学国际学术研讨会论文集》，上海辞书出版社2006年版，第119—128页。

从姓氏上看，5 例中除例 3 墓主姓名不详外，其余 4 例不仅姓名俱全，而且各例同墓都有墓表出土，这为我们确定墓主身份提供了可靠证据。现依次分析如下：

72TAM169：32 号《高昌建昌四年（558）张孝章随葬衣物疏》同墓出土有 72TAM169：1《高昌建昌四年（558）张遁墓表》，墓表载：“建昌四年戊寅岁二月甲子朔九日壬申，王国侍郎，迁殿中将军，追赠凌江将军，屯田司马张遁之墓表。”① 此衣物疏和墓表相互印证，可知张孝章即张遁，他生前曾任麴氏高昌王国侍郎、将军等官职。张孝章，名中含“孝”字，又是高昌国高官，因此可以判断，此人应是深受儒家忠孝思想影响的汉人。

73TAM517：24 号《高昌延昌三十七年（597）武德随葬衣物疏》同墓出土有 73TAM517：17《高昌建昌卅七年张毅墓表》，表文曰：“建昌卅七年丁巳岁，闰六月丙午朔，十三日戊午。□□新除朗将，转殿中将军，又迁咨议参军，追赠仓部司马张毅之墓表”。② 此衣物疏和墓表相互印证，很明显看出，武德即张毅，他是阿斯塔那 517 号墓主，生前担任麴氏高昌王国朗将、将军、参军等官职，应是文化水平较高的汉人。

73TAM116：19 号《高昌重光二年（621）张头子随葬衣物疏》同墓出土有 73TAM116：2《高昌重光二年（621）张弘震墓表》和 73TAM116：1《高昌重光二年（621）张头子妻孟氏墓表》，可知阿斯塔那 116 号墓系夫妻合葬墓，张头子即张弘震。张弘震墓表云：“重光二年辛巳岁，五月丁巳朔，四日庚申，新除侍郎，转迁祀部司马，追赠祀部长史，故张弘震春秋七十六，殡葬斯墓”。③ 张弘震生前曾担任麴氏高昌国中央高官，也无疑是汉人。

2004TMM102：4 号《唐显庆元年（656）宋武欢移文》同墓出土有 2004TMM102：12《唐显庆元年（656）宋武欢墓志》。据新获吐鲁

---

① 侯灿、吴美琳：《吐鲁番出土砖志集注》上，巴蜀书社 2002 年版，第 64—65 页。

② 同上书，第 221—222 页。

③ 同上书，第 332—333 页。

番出土文献整理小组，此墓志出土于木纳尔1号台地的宋氏家族茔院内102墓，墓志铭文虽未见墓主姓氏，但从其出土地为宋氏家族茔院来看，墓主应是宋武欢。志文曰："君讳武欢，字□，西州永安人也。君，兵曹参军之嫡孙，司马之贵子。生□□下，有反哺之心；长堪强仕，□尽节之志。不骄不贵，出自衽生；行恭行敬，廪（禀）其天性。我君光武王尚其高行，拜从行参军事。计当与金石同固，保守长年，掩然迁化。春秋六十一。显庆元年二月十六日葬于永安城北。呜呼哀哉。"志文中的"光武王"，是麴氏高昌国王麴文泰之谥号。[①] 志主宋武欢在麴文泰统治时曾任过从行参军事之职，从姓氏、志文、家族茔院综合判断，宋武欢应是麴氏高昌王国士族豪门之后。

张孝章、张毅、张弘震、宋武欢均是麴氏高昌国汉族大姓，世居西州，身居高官，深受儒家文化影响，在其随葬品清单中列有《孝经》，似乎并不奇怪。那么，清单中所列《孝经》，是确有其书吗？

二　衣物疏中所列的《孝经》确实是陪葬品

事实上，衣物疏中所列物品大致可以分为两类：一类是指实所记的"平生所用之物"，如衣被、绢布、鸡鸣枕、面衣、玉豚等。这些物品与吐鲁番各墓葬发掘报告中清理出的实物相互印证，确实是陪葬品；另一类则是虚记，如"攀天丝万万九千丈""金钱一万文""银钱二万文"等。实际上，此处所说的虚记，并不是不存在此物，而是有虚夸之嫌。比如随葬一两文银钱，代替一两万文。随葬几尺丝线，便号称"攀天丝万万九千丈"。那么，衣物疏中所列《孝经》是不是虚记呢？

实际上，衣物疏中所列《孝经》并非虚记，而是真实存在的随葬品。试举典型一例为证。前文例1《高昌建昌四年（558）张孝章随葬衣物疏》出自阿斯塔那169号男女合葬墓，同墓还出土有一件编号为72TAM169：26（a）的古写本《孝经》，起于开宗明义章至圣治章。

① 荣新江、李肖、孟宪实：《新获吐鲁番出土文献》，中华书局2008年版，第105页。

此墓未经盗扰，很显然，这件古写本《孝经》即是张孝章随葬衣物疏中所条列的那一卷《孝经》。衣物疏记载与考古发掘相互印证，可见，吐鲁番地区确有陪葬《孝经》之事，并非衣物疏虚记。

无独有偶，1997 年吐鲁番地区文物局抢救性清理的洋海 1 号墓葬（97TSYM1），出土文书多件，其中有一件残片上正反两面分别书写《论语·尧曰》的古注本和《孝经义》的序言[①]。据朱玉琪先生考证，此件写本的年代可能在阚氏高昌国时期（460—488）。又据“新获吐鲁番出土文献整理小组”的意见，此件残片可能是墓主生前所用，死后又作为陪葬品放置在墓中的[②]。可见，《孝经》作为陪葬品随葬墓中，在古代吐鲁番是常见之事。

那么，吐鲁番地区出土的《孝经》是不是都是陪葬品呢？事实上并非如此。

1968 年，吐鲁番交河故城遗址废墟中出土一件《孝经》残卷。据柳洪亮先生研究，此件残卷与 1967 年阿斯塔那 363 号墓所出卜天寿抄写的《论语》残卷性质相同，都是小学生练习作业之类的东西[③]。因此，这件《孝经》残卷并非是墓葬出土，肯定不是陪葬品。

据王素先生爬梳，吐鲁番出土的古写本《孝经》，有白文《孝经》、郑注《孝经》《孝经解》《御注孝经》[④] 以及《孝经义》等五类。它们都是从吐鲁番墓葬中发掘出来的，可以肯定是随葬品。多种版本《孝经》流行当地，足见当地百姓对《孝经》的重视。

事实上，内地的考古表明，吐鲁番地区墓葬中放置随葬衣物疏的习俗源于中原，因中原地区早在西晋、北齐就有死者入葬衣物单昭告地下的传统。[⑤] 吐鲁番地区不仅沿袭保留了中原随葬衣物疏的习俗，

---

① 荣新江、李肖、孟宪实：《新获吐鲁番出土文献》，中华书局 2008 年版，第 164—167 页。

② 参见朱玉琪《吐鲁番新出〈论语〉古注与〈孝经义〉写本研究》，《敦煌吐鲁番研究》第 10 卷，上海古籍出版社 2007 年版，第 1 页。

③ 参见柳洪亮《新出吐鲁番文书及其研究》，新疆人民出版社 1997 年版，第 382—385 页。

④ 王素：《敦煌吐鲁番文献》，文物出版社 2002 年版，第 203—205 页。

⑤ 参见樊锦诗、彭金章《敦煌莫高窟北区 B228 窟出土河西大凉国安乐三年（619）郭方随葬衣物疏初探》，《敦煌学》第 25 辑，2004 年版，第 522 页。

而且还效法内地陪葬《孝经》的做法。陪葬《孝经》之事，古已有之，最早可以追溯到汉末晋初著名学者皇甫谧。据《晋书》记载，皇甫谧曾著《笃终》，示其死后葬制之遗愿。有云："择不毛之地，穿坑深十尺，长一丈五尺，广六尺，坑讫，举床就坑，去床下尸。平生之物，皆无自随，唯赍《孝经》一卷，示不忘孝道。"① 皇甫谧以《孝经》陪葬的目的很明确，"示不忘孝道"。他开了以《孝经》陪葬的先例，后人多有效法者。南齐张融与北魏冯亮步其后尘。据《南齐书·张融传》记载，张融生前曾留下遗言："吾生平所善，自当凌云一笑，三千买棺，无制新衾。左手执《孝经》《老子》，右手执小品《法华经》。"② 可见，张融对死后随葬之物不重衣衾，只重《孝经》和《法华经》。又据《魏书·冯亮传》记载，冯亮卒于北魏延昌二年（513）冬，他曾"遗诫兄子综，敛以衣帢，左手持板，右手执《孝经》一卷，置尸盘石上，去人数里外。积十余日，乃焚于山。以灰烬处，起佛塔经藏。"③ 唐史典籍未见随葬《孝经》者，但宋代有类似记载。《宋史·王嗣宗传》载："嗣宗尤睦宗族，抚诸侄如己子，著遗戒以训子孙勿得析居，又令以《孝经》、弓剑、笔砚置圹中。"④ 此处"圹"即坟墓，王嗣宗告诫子孙不得分家，在自己死后把《孝经》、弓剑、笔砚放在墓中陪葬。

三　陪葬《孝经》的深层原因

1. 中原历代统治者推崇《孝经》，以《孝经》等儒家文化教育弟子

汉武帝独尊儒术以来，孝成为教育的主要内容。《孝经》成为学生必读之书。《汉书·平帝纪》记载平帝元始三年，安国公奏立学官

① （唐）房玄龄等：《晋书》，中华书局1974年版，第1417—1418页。

② （梁）萧子显：《南齐书》，中华书局1972年版，第729页。

③ （北齐）魏收：《魏书》，中华书局1974年版，第1931页。

④ （元）脱脱等：《宋史》，中华书局1977年版，第9651页。

"序、庠置《孝经》师一人。"① 公办学校设置专门教师教授《孝经》。民间私学也争相效法。汉末邴原入私学，就学于书舍，"一冬之间，诵《孝经》《论语》"②。最后，汉代孝的教育范围极广。东汉明帝时，期门、羽林、介胄之士也要通读《孝经》③。一般平民更是如此，《四民月令》说："十一月，研冰冻，命幼童读《孝经》《论语》《篇章》'小学'。"在此基础上，汉代初步确立了养老制度和"告宁"制度，生前孝养，死后居丧成为汉代以孝治国的重要国策之一。

晋元帝大兴年间（318—321），复置《论语》《孝经》传记博士于学宫，而所立为郑注。南朝齐因袭。梁时，孔传、郑注《孝经》并立。后孔传亡于梁末战乱。北朝郑注《孝经》流行天下。④ 前文皇甫谧、张融、冯亮陪葬《孝经》之事，显然与汉魏以来，朝野重视《孝经》密切相关。

高昌国麴坚时，《孝经》传入高昌，习读者胡汉兼有。公元 520 年（北魏正光元年），麴嘉（501—525 年在位）向北魏孝明帝"求借《五经》、诸史，并请国子助教刘燮以为博士，肃宗许之"⑤。在统治者崇儒理念的推动下，麴氏高昌王国上下都研习传播儒学，史称高昌"国人言语与中国略同。有《五经》、历代史、诸子集"⑥。此时，虽有《五经》传授，但并未见《孝经》。数年之后，至麴嘉之子麴坚（531—548 年在位）时，高昌国"文字亦同华夏，兼用胡书。有《毛诗》《论语》《孝经》，置学官弟子，以相教授。虽习读之，而皆为胡语"⑦。习读《孝经》者，不仅有汉人儒生，也有当地胡人。胡人与汉人同样可以就读于学官，使用统一的汉文本教材《孝经》《论语》等。不同的是，胡人是用胡语而非汉语习读《孝经》和《论语》等儒家经典。既然，胡人也学习《孝经》，那么，胡人是不是也效法汉人，死

---

① （东汉）班固：《汉书》，中华书局 1962 年版，第 355 页。
② （西晋）陈寿：《三国志》，中华书局 1959 年版，第 351 页。
③ 参见（宋）范晔《后汉书·樊准传》，中华书局 1965 年版，第 1126 页。
④ 参见陈铁凡《孝经学源流》，"国立"编译馆 1986 年版，第 146—147 页。
⑤ （北齐）魏收：《魏书》，中华书局 1974 年版，第 2245 页。
⑥ （唐）姚思廉：《梁书》，中华书局 1973 年版，第 811 页。
⑦ （唐）令狐德棻等：《周书》，中华书局 1971 年版，第 915 页。

后随葬《孝经》呢？目前的考古资料有限，尚不能解答这一疑问。

从传播史的角度看，如果把麴坚向北魏孝明帝“求借《五经》”看作是儒家经典从中原向西北传播的上层传播线路的话，那么，在汉唐间，中原汉人大规模向西北迁徙[①]的过程中，随身携带着以《论语》《孝经》等为代表的儒家文化进入吐鲁番地区就可以看作是《孝经》从中原向西北传播的民间传播线路。这两条线路并存，《五经》、诸史得以在吐鲁番地区广泛传播，逐渐使高昌成为汉文化社会。那么，麴氏高昌王国中笃信儒学者，生前习读《孝经》，死后陪葬《孝经》也就是情理之中的事了。

入唐，统治者更加重视对《孝经》的研读，高祖和太宗曾亲自参加两次国家级研讨活动。《旧唐书·儒学上》：徐文远“补太学博士。后高祖亲临释奠，时徐文远讲《孝经》，沙门惠乘讲《波若经》，道士刘进喜讲《老子》，德明难此三人，各因宗指，随端立义，众皆为之屈。高祖善之，赐帛五十匹。”[②] 又，唐太宗亲临释奠礼，听孔颖达讲《孝经》，并与之就曾子和闵子谁更孝的问题展开辩论。公元690年，武则天以武周代唐，“其年二月，则天又御明堂，大开三教。内史邢文伟讲《孝经》，命侍臣及僧、道士等以次论议，日昃乃罢。”[③]

开元元年（713）三月，唐玄宗下《令诸儒质定古文孝经尚书诏》：“《孝经》《尚书》有古文本孔郑注，其中指趣，颇多舛驳，精义妙理。若无所归，作业用心，复何所适宜。令诸儒并访后进达解者，质定奏闻。”[④] 为止息今古文《孝经》之争，唐玄宗曾两度御注《孝经》。一次在开元十年（722）；有两条正史材料记载此事。其一：《唐会要》卷36“修撰”开元十年六月二日条记：“上（玄宗）注《孝

① 汉武帝时，西征大宛、车师，大量疲敝兵士滞留吐鲁番地区。汉昭帝时，置西域都护，屯田车师。又置戊己校尉，迁徙大量人口在车师屯田积谷。西晋在高昌设高昌郡，前凉、后凉、西凉、北凉皆设郡驻守。“八王之乱”后，中原战祸不断，少数民族入主中原，大批汉人西迁凉州。苻坚灭前凉，又迁徙大批汉人到敦煌。淝水之战后，中原内乱，河西陇右一带的地方割据政权相互争夺，凉州已非乐土，迫使此地的汉人再次西迁高昌。伴随汉人西迁的是以《孝经》为代表的儒家文化在敦煌、吐鲁番地区的传播。

② （五代）刘昫等：《旧唐书》，中华书局1975年版，第4945页。

③ 同上书，第864页。

④ （北宋）宋敏求：《唐大诏令集》，商务印书馆1959年版，第476页。

经》，颁于天下及国子学。”① 其二：《旧唐书》卷 102《元行冲传》载：“上又特令行冲撰御所注《孝经》疏义，列于学官。”② 从以上记载来看，首度注经是在开元十年，完成后，于当年六月颁行天下，也作为国子学的必修书。此后，唐玄宗又命大臣元行冲为御注孝经书写疏义，列于学官，成为教材。另一次在天宝二年，也有两段正史材料略载其事。其一：《唐会要》卷 36“修撰”开元十年（722）六月二日条下记曰：“至天宝二年（743）五月二十二日，上（玄宗）重注（《孝经》），亦颁于天下。”③ 其二：《册府元龟》卷 40《帝王部·文学》天宝二年（743）五月条记：“以重注《孝经》颁天下。”并记玄宗诏曰：“化人成俗，率由于德本；移忠教敬，实在于《孝经》。朕思畅微言，以理天下；先为注释，寻亦颁行。犹恐至赜难明，群疑未尽；近更探讨，因而笔削；兼为叙述，以究源流。将发明于大顺，庶开悟于来学。宜付所司，颁示中外。”④

从以上记载来看，重注孝经，目的是举六家之异同，会五经之旨趣，约文敷义，“将发明于大顺，庶开悟于来学”。经过唐玄宗时期这次大规模的经典整理活动，再加上玄宗本人的研究探讨与注释，《孝经》的内容和版本基本确定了下来，我们今天常见的《孝经》就是唐朝整理的。

2. 法令制度确保《孝经》中孝的精神得以严格执行

有鉴于《孝经》的道德教化作用，唐玄宗还诏令天下，令每家每户必须收藏一本《孝经》，要求人人“精勤诵习”，在乡学中，也要加倍教授，使人人恪守孝道，尊礼行孝。对此，历史上的记载如下：

《唐大诏令集》卷 74《典礼·九宫贵神》天宝三载（744）十二月《亲祭九宫坛大赦天下敕》曰：“自古圣人，皆以孝理；五帝之本，百行莫先。移于国而为忠，长于长而为顺，永言要道，实在人弘。自今以后，令天下家藏《孝经》一本，精勤诵习，乡学之中，倍增

---

① （宋）王溥：《唐会要》，中华书局 1955 年版，第 658 页。

② （五代）刘昫等：《旧唐书》，中华书局 1975 年版，第 3178 页。

③ （宋）王溥：《唐会要》，中华书局 1955 年版，第 658 页。

④ （宋）王钦若：《册府元龟》，中华书局 1981 年版，第 431 页。

教授。[①]"

唐时吐鲁番地区的乡学教育严格遵照此令，教授《孝经》。这从吐鲁番文献中可以得到证实。美国普林斯顿大学东亚图书馆藏有9件吐鲁番文献，编号分别为 Peald 7a、7d、7k-2、7m、7o、7r、11a、11d、Frame 1a。[②] 根据内容可知，9件残片是儒生的《孝经》策问习作。对策是唐代进士、明经考试的主要形式之一。策问卷的策题出自《孝经》，这与唐制各类儒生必须兼通《论语》《孝经》相合。可见唐代吐鲁番地区的儒生在学校必须学习《孝经》，而且要通过策问考试。

天宝四载（745），也就是唐玄宗诏令天下家藏《孝经》的第二年，唐玄宗亲自御书《孝经》，刻碑以示天下，即《石台孝经》。

唐朝不仅继承了前朝孝道思想，重视《孝经》，而且在封建立法中用法律细则条文来规范人们的行为，使之符合孝的纲常伦理。

"养则致其乐，病则致其忧，丧则致其严"。古代官吏"丁忧"解官，回家守丧之制，有明确法律条文记载的，始于唐律。《唐律疏议》卷25载："诸父母死应解官，诈言余丧不解者，徒二年半。若诈称祖父母、父母及夫死以求假及有所避者，徒三年。"疏议曰："父母之丧，解官居丧，而有心贪荣任，诈言余丧不解者，徒二年半。"[③] 这条"丁忧解官居丧"律文开创了丁忧解官的先河，此后，宋、明、清各朝几乎原封不动地沿袭此制。

在孝的精神指导下，唐代确立了侍丁养老制度和孝假制度。《新唐书·食货志一》载："以民间户高丁多者，率与父母别籍异居，以避征戍，乃诏十丁以上免二丁，五丁以上免一丁，侍丁孝者免徭役。"又"男子七十五以上，妇人七十以上，中男一人为侍。八十以上令式从事"[④]。又《唐令拾遗·户令》第12条《老疾应侍》引《开元七年令》《开元二十五年令》曰："诸年八十及笃疾，给侍一人；九十，二人；百岁，五人。皆先尽子孙，听取近亲，皆先轻色。无近亲外取白

① （北宋）宋敏求：《唐大诏令集》，商务印书馆1959年版，第417页。

② 荣新江：《吐鲁番文书总目（欧美收藏卷）》，武汉大学出版社2007年版，第949—952页。

③ （唐）长孙无忌：《唐律疏议》，中华书局1983年版，第472页。

④ （宋）欧阳修、（宋）宋祁：《新唐书》，中华书局1975年版，第1346页。

丁，若欲取家内中男者，并听。”①② 除了令的规定外，唐代皇帝还用赦文规定对普通百姓在丧假期间免除一切劳役赋税。唐玄宗《改元天宝赦》：“侍老八十已上者，宜委州县官每加存问，仍量赐粟帛。侍丁者，令其养老。孝假者，矜其在丧，此王政优容，俾申情礼。”侍丁养老的目的就是顿风厉俗。

在中央王朝以制度、诏令、赦文等形式确保孝行能够实施的背景下，唐代各州都依法实行。远在边陲的西州也不例外，严格执行着侍丁养老制度和孝假制度。试举二例，以示说明：

阿斯塔那 325 号墓出土一件《唐龙朔三年（663）西州高昌县下宁戎乡符为当乡次男侯子隆充侍及上烽事》文书，为方便分析，移录残文如下：

1 今见缺侍人某，宁戎乡侯子隆身充次男，【下缺】

2【上缺】望请充侍者。又闻怀相本以得顺

3 【上缺】今年新【下缺】

4 八十，自回充侍父者。又得宁戎乡里□□

5 定护款，其侯子隆见是中男，随番上烽，【下缺】

6【上缺】者。前侍已亲侍父，后请宜【下缺】

7 □式，关司兵任判者。今以状下乡，宜准状，符

8 到奉行。准式【中缺】 史张□

9 付身【下残】

10 户主 香【下缺】

11 尉 准 准 史 史□

12 史 况感

13 录事沙龙朔三年三月二日下③

这是一件西州高昌县下达宁戎乡有关侯子隆充侍的符。从残存文字看，此符大意是某老的侍丁“怀相”要回家侍养他自己年满八十的

---

① ［日］仁井田陞：《唐令拾遗》，栗劲等译，长春出版社 1989 年版，第 139—140 页。

② 同上。

③ 国家文物局古文献研究室，新疆维吾尔自治区博物馆，武汉大学历史系：《吐鲁番出土文书：图录本（一至四）》，文物出版社 1992—1996 年版，第 102 页。

老父，某老上牒请“侯子隆”代替“怀相”充侍，县司下符通知乡里。“怀相”舍某老而就亲父侍养，也是遵照“皆先尽子孙，听取近亲”的唐令条文而行的。某老因没有子孙，又无近亲，因此外取白丁“侯子隆”充侍。可见，西州高年百姓的养老实际与唐令规定完全相符。唐令能在西州被严格执行，也显示了唐中央政治统治的威力。

又，阿斯塔那191号墓出土一件文书，由多件片段缀合而成，题名为《唐永隆元年（680）军团牒为记注所属卫士征镇样人勋官签符诸色事》（下称《军团牒》），为便于分析，摘录相关残文如下：

（二）

7 白欢进年卅一　送波斯王，样人康文义。

　　　　　　　　进上轻车，签符到府。

8 赵力相年卅五　送波斯王，样人康昙住。

（三）

2 冯石师年卅四　孝假。

5 翟阿达年卅八　孝假。

（四）

6 □憧仁年卅五　侍丁残疾。

（八）

1 □□□年卅一　孝假。①

此件《军团牒》记注“样人”者20人，其中白欢进、赵力相等四人标明“送波斯王”。唐高宗朝，唐与吐蕃、西突厥争夺安西。仪凤三年（678）九月，高宗以裴行俭为安抚大使，册送波斯王，奇袭西突厥十姓可汗，“至西州，人吏郊迎，行俭召其豪杰子弟千余人，随己而西，乃扬言给其下曰：‘今正炎蒸，热极难冒；凉秋之后，方可渐行’。都支觇之，遂不设备”裴行俭因此奇袭成功。《旧唐书·裴行俭传》记裴行俭在西州“召其豪杰子弟千余人”，其中前庭府卫士。《军团牒》中有四人不能随裴行俭送波斯王西行，分别是三十四岁的冯石师、三十八岁的翟阿达和三十一岁的某卫士，此

① 国家文物局古文献研究室，新疆维吾尔自治区博物馆，武汉大学历史系：《吐鲁番出土文书：图录本（一至四）》，文物出版社1992—1996年版，第284页。

三人均是因为“孝假”在身，而三十五岁的□憧仁则是因为“侍丁残疾”。同类有关孝假的文书还可见大谷文书 3390 号《唐代兵役关系文书》[①]。这些材料充分说明，即使在边州战事吃紧的非常时期，西州府兵也会依照唐令规定，享有“孝假”。也同样根据唐侍丁养老制，为笃疾者安排府兵充侍左右。唐代“孝假”制度和侍丁养老制度能在西州严格实施，也充分说明孝的观念在西州边陲的百姓中已经深入人心。

---

① 参见龙谷大学佛教文化研究所编《大谷文书集成》第二卷，法藏馆，1984 年版，第 89 页。

“啸聚为盗”：王仙芝、黄巢集团成员考*

胡耀飞**

摘　要：唐末黄巢之乱的主角，除了唐廷中央与地方政府外，重要的是王仙芝、黄巢两个集团。在这两个集团中，其成员皆包括部将、别将、余党三部分。部将即王、黄集团主力部队成员，一直跟随王仙芝或黄巢作战；其中或投降，或离开主力部队者，是为别将；而当王仙芝、黄巢被杀后，剩下的群龙无首者，是为余党。根据整理，王仙芝集团成员由于王仙芝的过早被杀，故而仅能就部将、别将、余党三部分梳理。黄巢集团成员中，部将包括黄巢初起时、王仙芝失败后、立都长安时期和退出长安后等四个阶段。大体而言，王仙芝集团以及黄巢集团早期的成员，多自河南地道区，且以武勇之人居多，兄弟相从也是一大现象。黄巢集团脱离王仙芝集团之后，随着活动范围的扩大，更多地域、阶层的人物开始加入进来。直到立都长安时期，更因建立政权的需要而纳入了唐廷旧臣和地方藩帅。不过唐廷旧臣的地位不高，地方藩帅的离心力强，两类人物并未能够与黄巢集团的旧有核心成员融为一体，这也间接影响了其政权的生命力。

关键词：王仙芝集团；黄巢集团；成员

---

* 本文为国家社科基金重大项目“五代十国历史文献的整理与研究”（编号：14ZDB032）、中国博士后科学基金面上资助项目“唐末五代南方地区刺史政治研究”（编号：2015M582601）、陕西省社科基金年度一般项目“唐宋之际州级政治的变迁”（编号：2016H011）、陕西省博士后科研项目资助“唐宋之际州级政治演变研究”（编号：2016BSHEDZZ70）阶段性研究成果。

** 作者简介：胡耀飞（1986—　），浙江德清人。陕西师范大学历史文化学院讲师，研究方向为唐宋史。

关于王仙芝、黄巢集团成员的考察，涉及对其运动性质的认识。但前辈学者都没有予以全面整理。虽顾立诚曾就自北向南移民中的盗贼流寇辟专节论述，但篇幅所限，并无深入考证，也并未专门针对王黄集团成员，更多集中于蔡州集团和光州集团。[①] 因此，本章即欲关注王黄集团成员，除了王仙芝、黄巢本人外，包括部将、别将、余党三类：

部将，即王黄集团主力部队成员，他们一直跟随王仙芝或黄巢作战，直至日后或战死，或投降，或离开主力部队行经路线成为别将，或在王仙芝、黄巢死后成为余党。

别将，即王黄集团主力部队流动作战时，率领别部进攻大部队行经路线上周边州县的将领。这些别将的路线，很多时候会对考证大部队的路线造成迷惑，从而误导历来研究黄巢史事的学者。但若仔细梳理清楚他们的动向，则可明确主力部队的行经路线。[②]

余党，即王仙芝、黄巢被杀之后，剩下的部分群龙无首者继续活跃于各地，借助王、黄余威而行事。这些余党，一部分人在王仙芝、黄巢被杀之前已脱离为别将；一部分人则是从主力部队中遗留下来的成员。若要仔细区分，尚需详细考察。

一 王仙芝集团成员

王仙芝与黄巢这两支唐末主要的叛乱势力，因两人曾有过合作而经常被放在一起予以讨论。事实上，两者之间的关系并不紧密，在一起共同作战的时间不长。只是在王仙芝被杀之后，许多原来跟随王仙芝的将领加入黄巢势力，造成了传承关系。但若具体分析，则需要区分两者。

---

① 顾立诚：《走向南方：唐宋之际自北向南的移民与其影响》，台湾大学出版委员会2004年版，第92—99页。

② 复旦大学蒙海亮博士建议“别将”指代与主帅关系不明确者，然而本文考虑的是与行军路线有关的问题，故而此处以路线的分合来区别是否为别将。

（一）王仙芝部将

王仙芝（？—878）势力初起时，相关记载并不详实。但诸多事件系于王仙芝名下，则王仙芝本人的主帅地位可以确定。不过因为新旧《唐书》并未给王仙芝专门立传，故对他的籍贯和出身皆较模糊。《旧唐书·毕师铎传》曰：“毕师铎者，曹州冤朐人。乾符初，与里人王仙芝啸聚为盗。”《旧唐书·黄巢传》曰：“里人王仙芝、尚君长聚盗。”[①] 这两则材料都说王仙芝是曹州冤句（冤朐）人毕师铎、黄巢的“里人”，似王仙芝亦冤句人。不过《旧唐书·僖宗纪》《新唐书·僖宗纪》《新唐书·黄巢传》又曰王仙芝为“濮州贼”[②]，似王仙芝为濮州人，方积六亦赞同此说[③]。但也许王仙芝是曹州冤句人方为事实，而濮州或只是其起兵之地，故称之为“濮州贼”。另外，据唐廷诏谕，王仙芝“本为盐贼”[④]，知其贩盐出身。

关于王仙芝的部将，最重要的是尚君长（？—877[⑤]），据《旧唐书·僖宗纪》：乾符二年（875）五月，王仙芝“进陷濮州”[⑥]。又据《旧唐书·黄巢传》：“初，里人王仙芝、尚君长聚盗，起于濮阳。”[⑦]《新唐书·僖宗纪》则曰：乾符二年“六月，濮州贼王仙芝、尚君长陷曹、濮二州。”[⑧] 又据《资治通鉴》，乾符二年六月：“王仙芝及其党尚

---

① （五代）刘昫：《旧唐书》第一八二卷《毕师铎传》，中华书局 1974 年版，第 4712—4713 页；（五代）刘昫：《旧唐书》第二〇〇卷下《黄巢传》，中华书局 1975 年版，第 5391 页。

② （五代）刘昫：《旧唐书》卷一九下《僖宗纪》，第 694 页；（宋）欧阳修、宋祁：《新唐书》第九卷《僖宗纪》，中华书局 1975 年版，第 265 页；（宋）欧阳修、宋祁：《新唐书》第二二五卷下《黄巢传》，中华书局 1975 年版，第 6451 页。

③ 方积六：《黄巢起义考》，中国社会科学出版社 1983 年版，第 14 页。

④ （五代）刘昫：《旧唐书》第十九卷下《僖宗纪》，中华书局 1975 年版，第 699 页。

⑤ 尚君长被斩于长安狗脊岭，诸书有异辞，善峰宪雄谓宋威杀尚君长（［日］善峰宪雄：《黄巢の乱》，《东洋史研究》第 14 卷第 4 号，1956 年 4 月），吴泽、袁英光、徐德嶙以尚君长与宋威战于颍州而牺牲（吴泽、袁英光：《王仙芝受敌诱降问题初探》，上海《文汇报》，1961 年 5 月 12 日；徐德嶙：《关于王仙芝受敌诱降问题》，上海《文汇报》，1961 年 6 月 23 日），方积六皆已驳之，见《黄巢起义考》，中国社会科学出版社 1983 年版，第 46—50 页。关于尚君长被杀时间，方积六从《资治通鉴》记载，可从。

⑥ （五代）刘昫：《旧唐书》第十九卷下《僖宗纪》，中华书局 1975 年版，第 694 页。

⑦ （五代）刘昫：《旧唐书》第二〇〇卷下《黄巢传》，中华书局 1975 年版，第 5391 页。

⑧ （宋）欧阳修、宋祁：《新唐书》第九卷《僖宗纪》，中华书局 1975 年版，第 265 页。

君长攻陷濮州、曹州。”[①] 可见，王仙芝被安排在最前，其余则有尚君长，乃至直接写明“其党尚君长”，其重要性仅次于王仙芝。但尚君长是否就一定是王仙芝部将呢？考王仙芝与尚君长攻陷过濮州、曹州，其中濮州若以《旧唐书·僖宗纪》观之，当是王仙芝所下。那么曹州又是谁攻占？或许即尚君长所下。如此，则陷曹州的尚君长可称之为别将。当然，初起阶段，不一定会分兵行动，但王仙芝和尚君长同时见载于史籍，则两人在部众中的地位可谓特殊。

尚君长之外，王仙芝初起时期的其他部将，《新唐书·黄巢传》进行过总结，曰：“其票帅尚君长、柴存、毕师铎、曹师雄、柳彦璋、刘汉宏、李重霸等十余辈，所在肆掠。”[②] 不过此处大部分人在前期并无踪影，都在日后方有活动记载，故并不表示这些人在初起时即在王仙芝帐下，需要区别对待。[③] 以下按史料记载先后，对尚君长之外的王仙芝部将予以甄别：

毕师铎（？—888）。曹州冤句人。《旧唐书·毕师铎传》曰：“毕师铎者，曹州冤朐人。乾符初，与里人王仙芝啸聚为盗，相与陷曹、郓、荆、襄。师铎善骑射，其徒目为‘鹞子’。”[④] 毕师铎因有传记，故知其乡里行迹颇详，可确定其初从王仙芝。此后，《旧唐书·毕师铎传》复载其当“仙芝死，来降”[⑤]。而其投降具体时间，当是乾符六年正月，《资治通鉴》曰：“镇海节度使高骈遣其将张璘、梁缵分道击黄巢，屡破

---

① （宋）司马光：《资治通鉴》第二五二卷唐僖宗乾符二年六月条，中华书局 1956 年版，第 8180 页。

② （宋）欧阳修、宋祁：《新唐书》第二二五卷下《黄巢传》，中华书局 1975 年版，第 6451 页。

③ Robert M. Somers 认为：“王仙芝领导的并不是具有高度组织性的军事机器，而是个别盗匪或盗匪集团的联盟，他们每一股人都有自己的首领，其成员由个人忠诚或共同利益维系在一起。”参见［英］杜希德主编《剑桥中国隋唐史》，编译组译，中国社会科学出版社 1990 年版，第 737 页。这样的说法无疑比较谨慎，但又可能夸大了这些单个势力的独立性。至少在王仙芝初起之时，那些“票帅”虽然并不都在王仙芝帐下，但尚君长、毕师铎这两人应该能够确定从属于王仙芝。

④ （五代）刘昫：《旧唐书》第一八二卷《毕师铎传》，中华书局 1975 年版，第 4712—4713 页。

⑤ 同上书，第 4713 页。

之，降其将秦彦、毕师铎、李罕之、许勍等数十人；巢遂趣广南。”①

郑汉璋（？—888）。曹州冤句人。据《旧唐书·毕师铎传》，光启三年（887）四月，毕师铎在高骈帐下起兵讨伐吕用之时，曾说道：“郑汉璋是我归顺时副使，常切齿于用之，今率精兵在淮口。闻吾此举，即乐从也。”随后趋淮口，会合郑汉璋千人兵马。② 可知郑汉璋是毕师铎降唐时的副将。《资治通鉴》则引毕师铎之语曰：“淮宁军使郑汉章（璋），我乡人，昔归顺时副将也。”胡注曰：“毕师铎、郑汉章皆冤句人。”③ 则郑汉璋是毕师铎同乡。故郑汉璋或亦初从王仙芝。黄巢入长安建立大齐政权后，又有一唐朝外戚郑汉璋加入，与此郑汉璋同名，不可混淆，详见后文。

尚让（？—884 年后）。曹州冤句人。尚让是尚君长之弟，首次出现于关于查牙（嵖岈）山合兵的记载中，《旧唐书·黄巢传》曰：“先是，君长弟让以兄奉使见诛，率部众入嵖岈山。黄巢、黄揆昆仲八人，率盗数千依让。月余，众至数万。陷汝州，虏刺史王镣。”④ 此处记载，尚让与黄巢合兵于嵖岈山不假，但时间并非在下汝州之前，盖《旧唐书·黄巢传》以黄巢为传主，对王仙芝的事迹匆匆略过，忽略了汝州其实单由王仙芝所下（见第二章），非黄巢、尚让所合攻。故《资治通鉴》曰：乾符三年十二月，“招讨副使、都监杨复光奏尚君长弟让据查牙山。”又曰：乾符四年四月：“黄巢与尚让合兵保嵖岈山。”⑤ 可见尚让在乾符三年十二月时脱离王仙芝集团，转入查嵖岈。此后，在乾符四年四月，黄巢入嵖岈山与尚让合兵，其实此时王仙芝主力大概也已经在嵖

---

① （宋）司马光：《资治通鉴》第二五三卷“唐僖宗乾符六年正月条”，中华书局 1956 年版，第 8211 页。

② （五代）刘昫：《旧唐书》第一八二卷《毕师铎传》，中华书局 1975 年版，第 4713 页。

③ （宋）司马光：《资治通鉴》第二五七卷“唐僖宗光启三年四月条”，中华书局 1956 年版，第 8349 页。

④ （五代）刘昫：《旧唐书》第二〇〇卷下《黄巢传》，中华书局 1956 年版，第 5391—5392 页。

⑤ （宋）司马光：《资治通鉴》第二五二卷“唐僖宗乾符三年十二月条”，中华书局 1956 年版，第 8187 页；（宋）司马光：《资治通鉴》第二五三卷“唐僖宗乾符四年四月条”，中华书局 1956 年版，第 8191 页。

岈山，故《旧唐书·僖宗纪》曰：“入嵖岈山，遂与王仙芝合。”[①] 此后，尚让结束单独行动，与王仙芝、黄巢共同作战。

蔡温球（？—877）[②]。籍贯不详。据《旧唐书·黄巢传》和《新唐书·黄巢传》，乾符四年末，蔡温球与楚彦威二人随尚君长诣阙请罪，并为王仙芝求官，然而同被斩于狗脊岭。[③] 这两人仅出现于此，但已可见二人与王仙芝关系紧密。惜他事不详。

楚彦威（？—877）。籍贯不详。参上文。

訾亮（？—894）、訾信（？—894）兄弟。曹州人。此二人主要事迹虽非早年随王仙芝为盗，但因日后为杨复光养子，活跃于唐末乱世而名。据《新唐书·杨守亮传》：“杨守亮，曹州人，本姓訾，名亮。与弟信俱从王仙芝为盗。亮身长七尺余，色如铁。”[④] 可知二人出身大概。

（二）王仙芝别将

此后，王仙芝部众各有所见。《资治通鉴》乾符二年（875）十二月条曰：“群盗侵淫，剽掠十余州，至于淮南，多者千余人，少者数百人；诏淮南、忠武、宣武、义成、天平五军节度使、监军亟加讨捕及招怀。”[⑤] 此处所谓“群盗”，并不一定皆受王仙芝节制，但不少应当是接受王仙芝号令，或假托王仙芝号令的。当然，这些群盗的具体活动情况并不清楚，仅有一支颇有轨迹，据《资治通鉴》，乾符三年（876），“春，正月，天平军奏遣将士张晏等救沂州，还，至义桥，闻北境复有盗起，留使扞御；晏等不从，喧噪趣郓州。都将张思泰、李承佑走马出城，裂袖与盟，以俸钱备酒肴慰谕，然后定。诏本军宣慰一切，无得穷

---

① （五代）刘昫：《旧唐书》卷十九下《僖宗纪》，中华书局 1956 年版，第 700 页。

② 同上书，记载为“蔡温玉”，第 701 页。今取蔡温球为准。

③ （五代）刘昫：《旧唐书》第二〇〇卷下《黄巢传》，中华书局 1956 年版，第 5391 页；（宋）欧阳修、宋祁：《新唐书》第二二五卷下《黄巢传》，中华书局 1956 年版，第 6453 页。

④ （宋）欧阳修、宋祁：《新唐书》第一八六卷《杨守亮传》，中华书局 1975 年版，第 5428 页。

⑤ （宋）司马光：《资治通鉴》第二五二卷“唐僖宗乾符二年十二月条”，中华书局 1956 年版，第 8182 页。

诘"[①]。这里天平军北境出现的盗，当即群盗之一支。此外，还有"至于淮南"者，这导致了唐廷对于粮运水道安全的担忧。据《资治通鉴》乾符三年（876）四月条："赐宣武、感化节度、泗州防御使密诏，选精兵数百人于巡内游弈（奕），防卫纲船，五日一具上供钱米平安状闻奏。"[②] 则即表明群盗们的活动范围已经跨越淮河，影响到粮运运输，故唐廷需要派兵特别保护。

在王仙芝行经途中，亦伴随有各种抄掠。乾符三年（876）九月，王仙芝下汝州。在进攻东都洛阳不成之后，据《新唐书·黄巢传》："关以东州县，大抵皆畏贼，婴城守，故贼放兵四略，残郢、复二州，所过焚剽，生人几尽。官军急追，则遗赀布路，士争取之，率逗桡不前。贼转入申、光。残隋州，执刺史，据安州自如。"[③] 对于王仙芝部队的抄掠情况，唐廷也有各种应对，除了上面提及的派兵，还有悬赏。乾符四年（877）三月，唐廷下诏：

> 近淮诸道奏报，草贼稍多，江西、淮南，宋、亳、曹、颍，或攻郡县，或掠乡村。虽命兵师，且令招抚。朕以宽宏为理，慈愍居心，每念苍生，皆同赤子。恨不能均其衣食，令致荒饥，宁忍迫以锋芒，断其身首。如王仙芝及诸贼头领能洗心悔过，散卒休兵，所在州府投降，便令具名闻奏，朝廷当议奖升。如诸贼顽傲不悛，凶强自恃，即宜令诸道兵师掎角诛剪。若诸军全捕得一伙草贼数至三百人以上者，超授将军，赏钱一千贯。如乡村有干勇才略，而能率合义徒，驱除草寇者，本处以闻，亦与重赏。如郑镒、汤群之辈，已为刺史，朝廷故不食言。敕

---

① （宋）司马光：《资治通鉴》第二五二卷"唐僖宗乾符三年正月条"，中华书局 1956 年版，第 8182 页。

② （宋）司马光：《资治通鉴》第二五二卷"唐僖宗乾符三年四月条"，中华书局 1956 年版，第 8183 页。

③ （宋）欧阳修、宋祁：《新唐书》第二二五卷下《黄巢传》，中华书局 1975 年版，第 6452 页。

到，宜令诸道明行宣谕，令知朕意。①

从中可以看出，唐廷所针对的并非王仙芝本人，而是包括王仙芝在内的各种大小“草贼”。亦可见这些名义上的王仙芝别将，或以王仙芝为名义的别将，300 人一伙所在多有，出入于江西、淮南、河南等地的郡县或乡村，进行粮食补充。这些人，即成为，或被视为王仙芝的别将。

然而，王仙芝的别将大多籍籍无名，前文提及的尚让于乾符三年十二月入嵖岈山，可算是著名一例，其他则在似是非是之间。其中最扑朔迷离的是柳彦璋，对于其是否为王仙芝别将，诸家意见各有不同。堀敏一、胡如雷和 Robert M. Somers 皆认为柳彦璋与王仙芝无关。② 方积六综合诸家考证，认为柳彦璋是王仙芝部将，于乾符四年四月攻占抚州，六月攻克江州。③ 不过综合相关记载，最直接的两条材料皆来自于宋人的《新唐书》：

1. 乾符二年，濮名贼王仙芝乱长垣，有众三千，残曹、濮二州，俘万人，势遂张。仙芝妄号大将军，檄诸道，言吏贪沓，赋重，赏罚不平。宰相耻之，僖宗不知也。其票帅尚君长、柴存、毕师铎、曹师雄、柳彦璋、刘汉宏、李重霸等十余辈，所在肆掠。④

2. 钟传，洪州高安人。以负贩自业，或劝其为盗必大显。时王仙芝猖狂，江南大乱，众推传为长，乃鸠夷獠，依山为壁，至万人，自称高安镇抚使。仙芝遣柳彦璋掠抚州，不能守，传入据之，

① （五代）刘昫：《旧唐书》第十九卷下《僖宗纪》，中华书局 1975 年版，第 698—699 页。

② ［日］堀敏一：《黄巣の叛乱——唐末变革の一考察》，《东洋文化研究所纪要》第 13 号，1957 年 11 月，第 19 页；收入［日］屈敏《唐末五代变革期の政治と经济》，汲古书院 2002 年版，第 114 页；胡如雷：《唐末农民战争》，中华书局 1979 年版，第 97 页；［英］崔瑞德、［美］费正清、［英］鲁惟：《剑桥中国隋唐史》，中国社会科学版社 1990 年版，第 737 页。

③ 方积六：《黄巢起义考》，中国社会科学出版社 1983 年版，第 40—43 页。

④ （宋）欧阳修、宋祁：《新唐书》第二二五卷下《黄巢传》，中华书局 1975 年版，第 6451 页。

言诸朝，诏即拜刺史。①

以上材料 1 来自《新唐书·黄巢传》，材料 2 来自《新唐书·钟传传》。

在材料 1 中，柳彦璋名列王仙芝初起时十多位“票帅”之中。在材料 2 中，明确记载“仙芝遣柳彦璋掠抚州”。但《新唐书》毕竟是宋人所撰，并非一手资料。故方积六又引用《全唐文》中署名当时人危全讽的《州衙宅堂记》的记载：“当州刺史宅，自唐乾符中因诸道乱离，有巨寇黄巢（阙）柳彦璋等奔突焚烧，略无遗堵。”② 然而此文来源不知何处，且在“黄巢”“柳彦璋”之间有阙文，加之又有“等”字，可知黄巢、柳彦璋当是并举，两人无从属关系，即便有从属关系，也与王仙芝有别。

其他关于柳彦璋的史料，亦未明言其与王仙芝的关系。如《旧唐书·僖宗纪》曰：乾符四年八月，“江州贼首柳彦璋聚徒陷江州，杀刺史陶祥。”③《新唐书·僖宗纪》曰：四月，“江西贼柳彦璋陷江州，执其刺史陶祥。”④《资治通鉴》曰：“（四月）贼帅柳彦璋剽掠江西。……六月，柳彦璋袭陷江州，执刺史陶祥，使祥上表，彦璋亦自附降状。敕以彦璋为右监门将军，令散众赴京师；以左武卫将军刘秉仁为江州刺史。彦璋不从，以战舰百余固湓江为水寨，剽掠如故。”⑤ 虽然对于柳彦璋下江州的时间记载不一，但皆以柳彦璋为江州或江西贼帅。至于《新唐书》的记载，或是宋人不明柳彦璋详情，以其与王仙芝、黄巢等同时出现，即归入王仙芝势力。

此外，尚需注意柳彦璋以“战舰百余”守江州，可知其熟谙水战，

---

① （宋）欧阳修、宋祁：《新唐书》第一九〇卷《钟传传》，中华书局 1975 年版，第 5486 页。

② （唐）危全讽：《州衙宅堂记》，董诰等编《全唐文》第八六八卷，中华书局 1983 年版，第 9093 页。

③ （五代）刘昫：《旧唐书》第十九卷下《僖宗纪》，中华书局 1975 年版，第 700 页。

④ （宋）欧阳修、宋祁：《新唐书》第九卷《僖宗纪》，中华书局 1975 年版，第 266—267 页。

⑤ （宋）司马光：《资治通鉴》第二五三卷“唐僖宗乾符四年四月至六月条”，中华书局 1956 年版，第 8191—8192 页。

这与起自北方旱地的王仙芝部众大不相同。何况，当时王仙芝、黄巢一直在北方活动[①]，也不可能命柳彦璋南下进攻江州。当然，也不排除柳彦璋起兵后，潜通王仙芝或黄巢，借用名号，互为声援。鉴于史料的缺乏，笔者暂时把柳彦璋视为江州本地势力。

（三）王仙芝余党

王仙芝于乾符五年二月被杀，此后，其部将和别将皆成余党。这些人大致有两种去向：1. 北上投入黄巢麾下；2. 南下自由行动。

其中投入黄巢麾下者，《新唐书·黄巢传》曰："当此时，巢方围亳州未下，君长弟让率仙芝溃党归巢，推巢为王，号'冲天大将军'，署拜官属，驱河南、山南之民十余万掠淮南，建元王霸。"《资治通鉴》记载略同。[②] 可见一部分王仙芝部众在尚让带领下投入黄巢麾下，从而成为黄巢部将，并在不久之后随黄巢南下渡江。

自由行动者，则大约分两支势力：

其一，王重隐（？—878）·徐唐莒（？—878）势力。

王重隐是在王仙芝死后方才见于记载，据《新唐书·僖宗纪》：乾符五年二月，"是月，王仙芝伏诛，其将王重隐陷饶州，刺史颜标死之。江西贼徐唐莒陷洪州。"[③] 又据《资治通鉴》，唐僖宗乾符五年"（三月）王仙芝余党王重隐陷洪州，江西观察使高湘奔湖口。（四月）王重隐死，其将徐唐莒据洪州。"[④] 其中《新唐书》所谓王重隐陷饶州，按《资治通鉴》的记载，当是洪州之误。方积六引《唐摭言》卷十"海叙不遇条"所载"乾符中，颜标典鄱阳"一句，证实颜标确实在乾符中任饶州

---

① 当时黄巢于三月下郓州，五月下沂州，七月与王仙芝合并于嵖岈山，共攻宋州，又撤围而去，八月下随州、安州，九月掠复州、郢州，十月攻蕲州、黄州。其行军路线，皆未经过到江州或江西。参见第二章。

② （宋）欧阳修、宋祁：《新唐书》第二二五卷下《黄巢传》，中华书局 1975 年版，第 6453 页；（宋）司马光：《资治通鉴》第二五三卷"唐僖宗乾符五年二月条"，中华书局 1956 年版，第 8199—8201 页。

③ （宋）欧阳修、宋祁：《新唐书》第九卷《僖宗纪》，中华书局 1975 年版，第 267 页。

④ （宋）司马光：《资治通鉴》第二五三卷"唐僖宗乾符五年三月条"，中华书局 1956 年版，第 8202—8203 页。

刺史，然尚不足以说明王重隐确实攻下饶州，或攻下饶州者即王重隐。[①]

王重隐死后，徐唐莒继任洪州。《新唐书·黄巢传》所谓"仙芝自围洪州，取之，使徐唐莒守"[②]明显有误，王仙芝所围为荆州，此点方积六已辨正之。[③]综合观之，先是王重隐于二月下洪州，不久去世，徐唐莒继守洪州。至于徐唐莒下场，当为杨复光所擒。《旧唐书·杨复光传》曰："宋威战败，复光总其兵权，进攻洪州，擒贼将徐唐莒。"[④]《新唐书·杨复光传》亦曰："后天子寤威阶祸，罢之，以兵与复光，乃进禽徐唐莒。"[⑤]至于《新唐书·僖宗纪》所载"四月，饶州将彭令璋克饶州，自称刺史，徐唐莒伏诛。"[⑥]其实可以把"自称刺史"之后的逗号改为句号，这样可分为两事，即皆发生于四月，但彭令璋克饶州和徐唐莒伏诛并无逻辑关系。《资治通鉴》即仅书彭幼璋（彭令璋）克饶州，而不及徐唐莒。[⑦]

此外，尚可补充王重隐、徐唐莒之部将。前文已指出訾亮兄弟初从王仙芝起事。据《新唐书·杨守亮传》记载："杨守亮，曹州人，本姓訾，名亮。与弟信俱从王仙芝为盗。亮身长七尺余，色如铁。仙芝死，又事徐唐莒，劫剽洪、饶二州。杨复光平江西，得其兄弟，养为假子，

---

① 方积六：《黄巢起义考》，中国社会科学出版社 1983 年版，第 59—60 页。此外，方积六又引《全唐文》卷八一九署名杨巨的《唐御史里行虞鼎墓志铭》，对于虞鼎于乾符二年任饶州并为黄巢所攻之事存疑，可从。而郁贤皓《唐刺史考全编》卷一五九（安徽大学出版社 2000 年版，第 2310 页。）据此志于乾符二年系以虞鼎，则误。李旻亦认为杨巨此文为伪造，参见李旻《〈唐御史里行虞鼎墓志铭〉当属伪志》，新浪博客"怪猫的天空"，2011 年 9 月 9 日发布，2015 年 1 月 17 日浏览，网址：http：//blog. sina. com. cn/s/blog_ 6aa144220100ur0l. html.

② （宋）欧阳修、宋祁：《新唐书》第二二五卷下《黄巢传》，中华书局 1975 年版，第 6453 页。

③ 方积六：《黄巢起义考》，中国社会科学出版社 1983 年版，第 51—54 页。

④ （五代）刘昫：《旧唐书》第一八四卷《杨复光传》，中华书局 1975 年版，第 4772 页。

⑤ （宋）欧阳修、宋祁：《新唐书》第二〇七卷《杨复光传》，中华书局 1975 年版，第 5876 页。

⑥ （宋）欧阳修、宋祁：《新唐书》第九卷《僖宗纪》，中华书局 1975 年版，第 268 页。

⑦ （宋）司马光：《资治通鉴》第二五三卷"唐僖宗乾符五年四月条"，中华书局 1956 年，第 8203 页。

以信养于弟复恭家，曰守亮、守信。”[①] 其中所谓“劫剽洪、饶二州”，当指二州之境，并非直言攻下州城。由此可知，訾亮、訾信兄弟在王仙芝死后入徐唐莒部，并在战败后投降杨复光。又据《九国志·王宗佶传》：王宗佶“幼颖利，（王）建讨徐堂举于江西，获之，怜其慧黠，是时诸子未生，遂为养子。”[②] 其中“徐堂举”当即徐唐莒，时王建当在杨复光军中，故能于乱中得幼童为养子。然不知王宗佶被王建收养时是否已经在徐唐莒军营中为兵，今附见于此。此后，王宗佶随王建入蜀，成为前蜀开国功臣。

以上王重隐、徐唐莒及他们的部将，笔者归纳为王重隐·徐唐莒势力，为王仙芝余党之一。

其二，曹师雄（？—878 年）势力。

曹师雄也是王仙芝死后不久活跃于南方者，其名初见于前引《新唐书·黄巢传》对于王仙芝早期起事时票帅的列举，然似宋代史家归纳。诸葛计认为乾符四年十月渡江进攻池州不得的王仙芝之党即曹师雄势力，他的根据是司空图《纪恩门王公宣城遗事》一文和《新唐书·王凝传》的记载，今列于下：

1. 上四年春，以大河南王公治状宜陟，诏假礼部尚书，按察宣、歙、池三郡。既即治，未涉时，吏化民悦，昼亡可为。冬十月，贼始自同安分济，入属至德。公遣将孟琢，疾以兵助守池州，州亦有备，贼少却。会其党继至，声言扣壁，实欲转袭南陵。公揣之，如其计，命樊俦进扼青阳路。俦故自彭门分，公察其健决而易敌，诫之邀险，无得轻动，俦径去。会谍者言寇少将遁，俦欲生沮之，麾兵不顾，既而越险，贼遽至，军遂委而逸。间二日，驰归，以败告，公数其违命，立斩以狗。诸将在南陵闻之者，皆股栗，以死缀贼，故青弋江得资为备，人心不摇矣。公前命宁国兵遮截之，

① （宋）欧阳修、宋祁：《新唐书》第一八六卷《杨守亮传》，中华书局 1975 年版，第 5428 页。

② （宋）路振：《九国志》第六卷《王宗佶传》，傅璇琮主编《五代史书汇编》第六册，杭州出版社 2004 年版，第 3285 页。

生得其踏白数十骑，乃并山引退。[①]

2. 迁宣歙池观察使，时乾符四年也。王仙芝之党屠至德，势益张，凝遣牙将孟琢助池守。贼益兵来攻，实欲袭南陵，凝遣樊俦以舟师扼青阳。俦违令，轻与贼战，不胜，凝斩以徇，诸将闻，皆股栗，以死缀贼，贼不能进。时江南环境为盗区，凝以强弩据采石，张疑帜，遣别将马颖解和州之围。[②]

这两条史料，后者基本是前者的缩略，可知《新唐书·王凝传》似取材于司空图之文。但虽然司空图之文提及乾符四年十月这次进攻池州，却并未如《新唐书·王凝传》所明言的那样是"王仙芝之党"。诸葛计联系下引关于曹师雄"掠宣、润"的记载，认为这里的王仙芝之党即曹师雄，确有一定道理。[③] 然而毕竟不能完全坐实，根据下引材料，当时浙西除了曹师雄外，还有其他各种势力。

事实上，曹师雄最早出现于记载还是在王仙芝死后，据《资治通鉴》第二五三卷"唐僖宗乾符五年三月条"："别将曹师雄掠宣、润。诏曾元裕、杨复光引兵救宣、润。"[④] 不过当时曾元裕不久即奉诏还卫东都，防备正欲进攻东都的黄巢[⑤]，杨复光则进攻洪州王重隐·徐唐莒势力。故最终破曹师雄势力者另有其人。

曹师雄的失败涉及另一股地方势力，即临安人董昌所帅杭州八都。先看《资治通鉴》卷二五三唐僖宗乾符五年四月条："曹师雄寇湖州，镇海节度使裴璩遣兵击破之。"胡三省注"湖州"曰："曹师雄自宣、润进寇湖州。"[⑥] 可知，曹师雄从宣州、润州进入湖州，从而逼近杭州，引

① （唐）司空图：《纪恩门王公宣城遗事》，《司空表圣文集》第一卷，祖保泉、陶礼天笺校《司空表圣诗文集笺校》，安徽大学出版社 2002 年版，第 178—179 页。

② （宋）欧阳修、宋祁：《新唐书》第一四三卷《王凝传》，中华书局 1975 年版，第 4693 页。

③ 诸葛计：《唐末农民战争战略初探》，天津人民出版社 1985 年版，第 101 页。

④ （宋）司马光：《资治通鉴》第二五三卷"唐僖宗乾符五年三月条"，中华书局 1956 年版，第 8202 页。

⑤ 同上书，第 8201 页。

⑥ （宋）司马光：《资治通鉴》第二五三卷"唐僖宗乾符五年四月条"，中华书局 1956 年版，第 8203 页。

起浙西混乱。《吴越备史》卷一《武肃王》则有三条史料涉及：

> 1. 五年，寇盗蜂起，有朱直管、曹师雄、王知新等各聚党数千，剽掠于宣歙间。秋九月，王率本镇兵讨平之，以功闻，授石镜镇衙队都知兵马使、镇安海军右职。①
>
> 2. 广明元年，冬十二月，黄巢犯阙，僖宗入兴元。杭州始建八都。既而高骈召董氏赴广陵，王亦从焉。骈视王谓左右曰："此人他日爵禄必远过于我。"时骈将大举讨巢，命董氏从行。王谓董氏曰："窃窥高公无讨贼之志，苟从其行，功效不立，是同坐罪，宜以捍卫乡里为辞。"董然之，告于骈，骈因礼而归焉。②
>
> 3. 初，杭州山贼朱直为乱，遂募八县乡兵以讨之，因为八都，临安董昌首之。③

这三条史料，其中第 1 条和第 2 条中的"王"指钱镠，第 1 条中的"朱直管"和第 3 条中的"朱直"当即一人。④

此外，若据第 1 条和第 2 条，则先有钱镠、董昌于乾符五年九月以八县乡兵平乱并因此获得军职，后有广明元年十二月正式设八都并受召见。不过广明元年浙西节度使为周宝，而非高骈，高骈在乾符五年六月至六年十月间出镇浙西。⑤ 疑《吴越备史》对高骈的记载有误，或因钱镠、董昌在乾符五年平乱，而误书高骈所招。《新唐书·周宝传》则把八都之起系于周宝时期，与《吴越备史》第 1、3 条材料有异。《资治通鉴》赞同《吴越备史》，在乾符五年末写道："是岁，曹师雄寇二浙，杭

---

① （五代）钱俨：《吴越备史》第一卷《武肃王》，傅璇琮主编《五代史书汇编》杭州出版社 2004 年版，第 10 册，第 6172 页。

② 同上书，第 6173 页。

③ 同上书，第 6177 页。

④ 赵雅书指出"朱直"为"朱直管"之误，见赵雅书：《五代吴越国的创始者——钱镠》，《台大历史学报》1980 年第 7 期，第 166 页。然据皮光业《吴越国武肃王庙碑铭》载："江南则朱直叛乱于唐山"，可知"朱直"记载为多，何勇强即据此以"朱直"为准，见何勇强：《钱氏吴越国史论稿》，浙江大学出版社 2002 年版，第 47 页。

⑤ 郁贤皓：《唐刺史考全编》第一三七卷《润州》，安徽大学出版社 2000 年版，第 1869 页。

州募诸县乡兵各千人以讨之……号杭州八都，昌为之长。”① 即乾符五年即有八都。对此，赵雅书系于乾符五年②，冻国栋从罗隐《吴公约神道碑》入手进行的研究亦持相同看法③。何勇强更进一步引用皮光业《吴越国武肃王庙碑铭》证实平定朱直之乱在乾符五年。④ 无论如何，在乾符五年，因王仙芝余党曹师雄或山贼朱直的入侵，杭州八都得以成其体系，最终镇压了叛乱势力。

值得注意的是朱直、曹师雄、王知新的身份。《吴越备史》第1条材料概言其为“寇盗”，且“各聚党数千”，即分别行动。第3条材料则以朱直为“杭州山贼”，即本地土豪⑤。对此，可结合《新唐书·周宝传》的记载：“时群盗所在盘结，柳超据常熟，王敖据昆山，王腾据华亭，宋可复据无锡。宝练卒自守，发杭州兵戍县镇，判八都。”⑥ 可见，此处尚有柳超、王敖、王腾、宋可复等人。亦即当时浙西地区确实有各种反叛势力，朱直的身份当是其一，曹师雄亦是进入此地的势力。此外，皮光业《吴越国武肃王庙碑铭》的一段记载也值得提出：

> 其始者王仙芝结衅中土，首构祸阶，虽已诛夷，犹残支党。自此藂祠乌合，草泽蜂飞。轻薄者固自披攘，谨厚者亦为剽悍。江南则朱直叛乱于唐山，孙端寇孽于安吉，西侵宛水，东患苕溪。郡县则终日登陴，生民则长时伏莽。⑦

---

① （宋）司马光：《资治通鉴》第二五三卷“唐僖宗乾符五年”，中华书局1956年版，第8210页。

② 赵雅书：《五代吴越国的创建者——钱镠》，《台湾大学历史学系学报》1980年第7期，第167页。

③ 冻国栋：《罗隐〈吴公约神道碑〉所见唐末之“杭州八都”》，《魏晋南北朝隋唐史数据》，武汉大学出版社1997年6月版，第15辑，第94—99页；冻国栋：《中国中古经济与社会史论稿》，湖北教育出版社2006年版，第445—453页。

④ 何勇强：《钱氏吴越国史论稿》，浙江大学出版社2002年版，第47页。

⑤ 何勇强把“山贼”解释为“溪洞”，似有牵强。参见何勇强《钱氏吴越国史论稿》，浙江人学出版社2002年，第46—47页。

⑥ （宋）欧阳修、宋祁：《新唐书》第一八六卷《周宝传》，中华书局1975年版，第5416页。

⑦ （五代）皮光业：《吴越国武肃王庙碑铭》，《全唐文》第八九八卷，中华书局1983年版，第9372页。

此处所载朱直，即所谓杭州山贼朱直，唐山即杭州唐山县，安吉即湖州安吉县。宛水是宣州境内河流，苕溪则流经杭、湖二州。可知，此处所载为活跃于杭州、湖州，乃至宣州的唐山朱直、安吉孙端等势力。皮光业又提及“王仙芝结衅中土，首构祸阶，虽已诛夷，犹残支党”，这句话虽然不能证明朱直、孙端即王仙芝余党，但若合观《吴越备史》材料1的记载，则王仙芝余党有与杭州、湖州当地土豪结合的趋势。

当然，《吴越备史》材料1明确指出三人分别行动，此处朱直和孙端当亦分别行动。故而这些势力被董昌、钱镠等人镇压的时间也各有不同。前引《资治通鉴》记载曹师雄为镇海节度使裴璩所破，时间在乾符五年四月，可从。[①] 不久，高骈取代裴璩，更进一步镇压了其他势力。

以上基本整理了可以确定为王仙芝部将的成员，可列表如下：

表1—1　　王仙芝集团成员表

姓名	籍贯	出身	技能、特征	家庭成员
王仙芝	曹州冤句	盐贩		
尚君长	曹州冤句			弟：尚让
毕师铎	曹州冤句		善骑射	
郑汉璋（章）	曹州冤句			
尚让	曹州冤句			兄：尚君长
蔡温球（玉）				
楚彦威				
訾亮	曹州		身长七尺余，色如铁	弟：訾信
訾信	曹州			兄：訾亮
王重隐				
徐唐莒（举）				
曹师雄				

① 何勇强认为，董昌、钱镠等八都将领在裴璩的领导下参与了平叛，但钱镠的作用大概非常有限。参见何勇强《钱氏吴越国史论稿》，浙江大学出版社2002年版，第48—49页。

由此表可见两点：

1. 除了籍贯不详者，多是曹州人，《新唐书・高骈传》记载高骈因曾经出任天平军节度使而被派往镇海军任节度使，以便镇压王仙芝余党于江南地区，说到“仙芝党皆郓人”[①]，此处当指治所为郓州的天平军，而曹州正是天平军巡属，可见王仙芝势力基本局限于曹州范围。

2. 因多是同乡关系，故而具备特殊技能的人才少，兄弟相从者居多。

当然，在黄巢集团中亦有大量原王仙芝集团成员，但并无具体史料揭示。故此两点仅可备一说而已。

二　黄巢集团成员

黄巢初起于乾符四年三月，连破郓州、沂州，随后入嵖岈山，与王仙芝合并一处。在这一阶段，似乎并无别将，黄巢本人亦非王仙芝别将。乾符四年十月，黄巢与王仙芝在蕲州分道扬镳，转而北上中原。乾符五年二月，王仙芝战死，黄巢收纳了王仙芝的别将和余党，这些人加上黄巢本身的部将，组成了黄巢集团的主体成员。此后，直至广明元年十二月进入长安称帝，建立大齐政权，黄巢大都处于流动作战状态，这一期间可讨论黄巢别将的情况。黄巢于中和四年六月身死之后，则可讨论其余党。以下分别论述之：

（一）黄巢部将

对黄巢集团成员的整理，可分阶段考察之，以下按时间先后予以整理：

1. 黄巢初起时

黄巢下郓、沂二州之前行迹不详，但在发展势力无疑可整理如下：

黄巢（？—884）[②] 兄弟。曹州冤句人。《旧唐书・黄巢传》曰：

---

① （宋）欧阳修、宋祁：《新唐书》第二二四卷下《高骈传》，中华书局1975年版，第6394页。

② 关于黄巢的生年，并无详细资料，吴法认为在847年左右，参见吴法：《黄巢传》，国际文化事业有限公司1990年版，第1页。笔者疑吴法的说法来自林烨卿的推算，参见林烨卿《黄巢》，上海人民出版社1962年版，第1页。林氏的推算大致可从，可备一说。至于黄巢其他兄弟的生年，更无记载。

“黄巢、黄揆昆仲八人。”[1]《新唐书·黄巢传》则曰“群从八人”，未明言为黄氏兄弟。[2] 此后，据第二章所述，黄邺（黄思邺[3]）、黄揆先后占据华州。及至黄巢败亡于狼虎谷，《新唐书·黄巢传》方始述及黄巢兄弟情况：“巢乃自刎，不殊，言因斩之，及兄存、弟邺、揆、钦、秉、万通、思厚，并杀其妻子。”[4]《旧唐书·僖宗纪》亦曰：“贼将林言斩黄巢、黄揆、黄秉三人首级降时溥。”[5] 合而观之，黄巢兄弟八人的排行依次为：黄存、黄巢、黄邺、黄揆、黄钦、黄秉、黄万通、黄思厚。且若按《新唐书·黄巢传》的记载，此八人一直在一起，直至灭亡。此外，在八人中，能得知出身背景的唯有黄巢，《旧唐书·黄巢传》曰：黄巢“本以贩盐为事。”[6]《新唐书·黄巢传》则稍详细：“世鬻盐，富于赀。善击剑骑射，稍通书记，辩给，喜养亡命。”[7]《资治通鉴》更谓其“屡举进士不第”[8]。

林言。曹州冤句人。林言初见于黄巢攻潼关之时，《旧唐书·黄巢传》谓其与尚让“率前锋由禁谷而入，夹攻潼关”，入长安建立大齐政

---

① （五代）刘昫：《旧唐书》第二〇〇卷下《黄巢传》，中华书局 1975 年版，第 5391 页。

② （宋）欧阳修、宋祁：《新唐书》第二二五卷下《黄巢传》，中华书局 1975 年版，第 6451 页。“群从八人”这一说法，引起了堀敏一对八人之间是否有亲兄弟关系的怀疑，参见［日］堀敏一《唐末五代变革期の政治と经济》，汲古书院 2002 年版，第 113—114 页。堀敏一更列举了唐代的诸种“群从”用例，多指代同一宗族的从兄弟，见第 117—118 页。Robert M. Somers 更进一步认为他们八人使用相同的姓氏，互称“兄弟”，是一种“虚假的亲属关系”，参见［英］崔瑞德、［英］费正清、［英］鲁惟《剑桥中国隋唐史》，中国社会科学出版社 1990 年版，第 738 页。堀敏一的怀疑颇有道理，但 Robert M. Somers 的推论过于大胆。鉴于《新唐书》本传明确记载黄巢兄弟的行第关系，其他材料亦有明确揭示黄揆、黄邺等人与黄巢之间的兄弟关系，不容直接否定他们之间的亲兄弟关系。

③ （宋）欧阳修、宋祁：《新唐书》第二二五卷下《黄巢传》，中华书局 1974 年版，第 6461 页；（宋）司马光：《资治通鉴》第二五五卷，中华书局 1956 年版，第 8278、8289、8304 页。“思”字也能看作“黄”字之误，但从亦有黄思厚来看，或确实有黄思邺这一名字。

④ （五代）刘昫：《新唐书》第二二五卷下《黄巢传》，中华书局 1975 年版，第 6463 页。

⑤ （五代）刘昫：《旧唐书》第十九卷下《僖宗纪》，中华书局 1945 年版，第 719 页。

⑥ （五代）刘昫：《旧唐书》第二〇〇卷下《黄巢传》，中华书局 1975 年版，第 5391 页。

⑦ （宋）欧阳修、宋祁：《新唐书》第二二五卷下《黄巢传》，中华书局 1975 年版，第 6451 页。

⑧ （宋）司马光：《资治通鉴》第二五二卷“唐僖宗乾符二年六月条”，中华书局 1956 年版，第 8180 页。黄巢举进士不第仅此一见，后世戏剧、小说多由此展开对黄巢早年生平的想象，从而加深了人们对黄巢这一经历的印象。然而具体如何，尚不可知。

权后，“又选骁勇形体魁梧者五百人，曰功臣。令其甥林言为军使，比之控鹤。”[①] 可知林言为黄巢外甥，即黄巢姊或妹之子，当亦曹州冤句人。《新唐书·黄巢传》谓“言，巢出也”[②]，《资治通鉴》亦曰“巢甥林言”。[③]

朱存（？—879）、朱温（852—912）兄弟。宋州砀山人。关于朱存、朱温兄弟入黄巢的记载，《新五代史·梁太祖纪一》曰：“存、温勇有力，而温尤凶悍。唐僖宗乾符四年，黄巢起曹、濮，存、温亡入贼中。”[④]《旧五代史·梁太祖纪》则概称“乾符中”[⑤]，盖《新五代史》以黄巢乾符四年下郓州，故系之此时。不过《资治通鉴》把黄巢的起事系于乾符二年六月王仙芝起事之时，谓“冤句人黄巢亦聚众数千人应仙芝”，则似受到《新唐书·黄巢传》“募众得数千人以应仙芝”[⑥] 的影响。事实上，据第二章考证，黄巢初下郓州，诸书皆载于乾符四年，此前行踪并无准确时间点。故此处以朱存、朱温兄弟入黄巢时间在乾符四年，《新五代史》颇得之。[⑦] 此外，朱存约于乾符六年五六月间进攻广州时战殁。[⑧]

朱友裕（？—904）。宋州砀山人。朱温之长子。据《旧五代史·朱

① （五代）刘昫：《旧唐书》第二〇〇卷下《黄巢传》，中华书局 1975 年版，第 5393 页。

② （宋）欧阳修、宋祁：《新唐书》第二二五卷下《黄巢传》，中华书局 1975 年版，第 6463 页。

③ （宋）司马光：《资治通鉴》第二五六卷“唐僖宗中和四年六月条”，中华书局 1956 年版，第 8311 页。

④ （宋）欧阳修：《新五代史》（修订本）第一卷《梁太祖纪一》，中华书局 2015 年版，第 1 页。

⑤ （唐）薛居正：《旧五代史》（修订本）第一卷《梁太祖纪》，中华书局 2015 年版，第 2 页。

⑥ （宋）司马光：《资治通鉴》第二五二卷“唐僖宗乾符二年六月条”，中华书局 1956 年版，第 8180 页。（宋）欧阳修、宋祁：《新唐书》第二二五卷下《黄巢传》，中华书局 1975 年版，第 6451 页。

⑦ 王赓武根据朱温家乡在宋州这一信息，推导朱温于乾符四年七月黄巢围攻宋州时加入，最晚也不会迟于乾符五年初围攻亳州未下之时，参见王赓武撰《五代时期北方中国的权力结构》，胡耀飞、尹承译，中西书局 2014 年版，第 38—39 页。王氏之说可备一说，然而朱温兄弟不一定得等到黄巢集团经过家乡时方才加入。

⑧ 进攻广州时间诸书有异，方积六考证为五月，参见方积六《黄巢起义考》，中国社会科学出版社 1983 年版，第 96—98 页。

友裕传》："郴王友裕，字端夫，太祖长子也。幼善射御，从太祖征伐，性宽厚，颇得士心。唐中和中，太祖会并帅李克用攻围华州，贼将黄邺固守甚坚。俄有一人登陴大詈，克用令蕃骑连射，终不能中，命友裕射之，应弦而毙。大军喜噪，声震山谷，克用因以良弓百矢遗焉。"① 以此可知，朱友裕似自幼即随朱温在黄巢集团，在朱温降唐后展示其军事才能。不过李克用进攻华州之役在中和三年，时朱温虚龄 32 岁，若 20 岁左右生子，朱友裕亦仅 12 岁左右，能有此武力，让人惊叹。②

李罕之（842—899）。陈州项城人。《旧五代史·李罕之传》曰："李罕之，陈州项城人。父文，世田家。罕之拳勇矫捷，力兼数人。少学为儒，不成，又落发为僧。以其无赖，所至不容。曾乞食于酸枣县，自旦至晡，无与之者，乃掷钵于地，毁弃僧衣，亡命为盗。会黄巢起曹、濮，罕之因合徒作剽，渐至魁首。"《新五代史·李罕之传》亦曰："黄巢起曹、濮，乃往依之。"但具体时间不详。③ 其降唐则在乾符六年正月左右，黄巢渡江趋闽、广之后。《资治通鉴》该月条曰："镇海节度使高骈遣其将张璘、梁缵分道击黄巢，屡破之，降其将秦彦、毕师铎、李罕之、许勍等数十人；巢遂趣广南。彦，徐州人；师铎，冤句人；罕之，项城人也。"④ 这是针对此前乾符五年十二月黄巢进占福州之后的记载，似李罕之在十二月和正月之间降唐。同时降唐者，包括秦彦、毕师铎、许勍等，其中毕师铎初从王仙芝，而秦彦作为徐州人，许勍籍贯不明，与王仙芝并无明确关系，暂且归入黄巢部将行列。

秦彦（？—888）。徐州人。前已述秦彦为黄巢部将，其本人传记亦

① 《旧五代史》（修订本）第十二卷《郴王友裕传》，中华书局 2015 年版，第 186 页。

② 答辩期间，承蒙黄纯艳老师提醒，宋代岳飞、岳云父子的年龄可作为参考，其中岳飞 17 岁生岳云，岳云 12 岁即从军。若照此，朱温、朱友裕的年龄差亦可理解。

③ 《旧五代史》（修订本）第十五卷《李罕之传》，中华书局 2015 年版，第 234—235 页；《新五代史》（修订本）第四十二卷《李罕之传》，中华书局 2015 年版，第 518 页。

④ （宋）司马光：《资治通鉴》第二五三卷"唐僖宗乾符六年正月条"，中华书局 1956 年版，第 8211 页。方积六认为秦彦、许勍在黄巢于广明元年北上经过江淮时降唐，认为乾符六年正月高骈在浙西任上无权派秦彦、许勍赴任淮南道的和、滁二州，参见方积六《黄巢起义考》，中国社会科学出版社 1983 年版，第 112—113 页。江玮平也赞同此说法，参见《唐末五代长江流域下游的在地政治》，台湾大学硕士论文，2006 年，第 29 页。然而降唐后并不一定马上授官，高骈出镇淮南的时间并不一定就是他们降唐的时间。

有详细记载：“秦彦者，徐州人，本名立。为卒，隶徐军。乾符中，坐盗系狱，将死，梦人谓之曰：‘尔可随我。’及寤，械破，乃得逸去，因改名彦。乃聚徒百人，杀下邳令，取其资装入黄巢军。”[①] 根据黄巢初下之郓州与徐州相邻，或即彼时入黄巢军。[②]

许勍（生卒不详）。前已述许勍为黄巢部将，乾符六年降高骈。又据《新唐书》，中和三年十月，“全椒贼许勍陷滁州。”[③] 可知许勍或为滁州全椒人。但即便是王仙芝，抑或黄巢，皆初起于河南道，与滁州所在淮南道颇远。当然也可能是暂时占据全椒，则并不一定就是全椒人。存疑。

赵锽（？—889）、赵乾之（生卒不详）兄弟。籍贯不详。江玮平据沈颜《宣州重建小厅记》秦彦“引党赵锽以代己任”和《资治通鉴》“朱全忠与赵锽有旧”这两则信息，认定赵锽出自黄巢集团，颇可从之。[④] 惜不详其籍贯、家世。

张归霸（？—908）、张归厚（？—912）、张归弁（？—909）兄弟。贝州清河人。《旧五代史·张归霸传》曰：“张归霸，字正臣，清河人。祖进言，阳谷令。父实，亦有宦绪。归霸少倜傥，好兵术。唐乾符中，寇盗蜂起，归霸率昆弟三人弃家投黄巢，颇以勇略闻。”[⑤] 关于张归厚与张归霸之间的关系，《资治通鉴考异》曰：“崇文院有《梁功臣列

---

① （五代）刘昫：《旧唐书》第一八二卷《秦彦传》，中华书局 1975 年版，第 4715 页。

② 值得一提的是，在《旧唐书》第二〇〇卷下《秦宗权传》中有“巢贼既诛，宗权复炽，僭称帝号，补署官吏，遣其将秦彦乱江淮”（第 5398 页）的记载，秦彦入高骈集团后虽然一路升至和州刺史、宣歙观察使，并入扬州为乱，且同是秦氏，但与秦宗权并无关系，此处显然误系。此外，《新唐书》第二二五卷下《秦宗权传》曰“使秦彦寇淮、肥”（第 6465 页），《资治通鉴》卷二五六唐僖宗中和四年条曰“陈彦侵淮南”（第 8318 页）似秦彦（陈彦）所侵仅及淮南、合肥，与宣歙观察使秦彦在长江以南又不同，或许秦宗权确实有同名秦彦的部将，或原名陈彦，误为秦彦，亦未可知。无论如何，与黄巢集团中的秦彦别为一人则可以明确。

③ （宋）欧阳修、宋祁：《新唐书》第九卷《僖宗纪》，中华书局 1975 年版，第 275 页。

④ （唐）沈颜：《宣州重建小厅记》，李昉等编《文苑英华》第八〇二卷，中华书局 1966 年版，第 4240 页；（宋）司马光：《资治通鉴》第二五八卷“唐昭宗龙纪元年六月条”，中华书局 1956 年版，第 8388 页。江玮平：《唐末五代初长江流域下游的在地政治》，台湾大学硕士论文，2007 年，第 48 页。

⑤ 《旧五代史》（修订本）第十六卷《张归霸传》，中华书局 2015 年版，第 253—254 页。

传》，不著撰人名氏，云：‘张归厚，祖兴，父处让。归厚中和末，与伯季自冤句相率来投。’薛居正《五代史》：‘张归霸祖进言，父实。’《归厚传》无父、祖，但云与兄归霸皆来降。据《梁功臣传》，父祖与归霸不同，当是从弟。”[①] 似可从。至于张归弁，具体不详。

张言（张全义，852—926）。濮州临濮人。《旧五代史·张全义传》曰：“张全义，字国维，濮州临濮人。初名居言，赐名全义。梁祖改为宗奭。庄宗定河南，复名全义。祖琏，父诚，世为田农。全义为县啬夫，尝为令所辱。乾符末，黄巢起冤句，全义亡命入巢军。”[②]

华温琪（962—936）。宋州下邑人。《旧五代史·华温琪传》曰：“华温琪，字德润，宋州下邑人也。祖楚，以农为业。父敬忠，后以温琪贵，官至检校尚书。温琪长七尺余。唐广明中，从黄巢为纪纲。”[③]

2. 王仙芝失败后

以上为黄巢初起时入其军队者，在王仙芝失败后，则陆续有王仙芝集团的别将和余党加入，前文已经予以整理有尚让、毕师铎、郑汉璋等三人。当然，很多将领是在降唐时方才被记载，故此处整理在入长安之前降唐者：

鲁景仁（？—899）。宿州人。《新唐书·邓处讷传》曰：“宿人鲁景仁从黄巢为盗。”[④] 鲁景仁后以黄巢别将的身份留于连州，详见下文。

王重霸（生卒不详）。籍贯不详。《新唐书·黄巢传》曰：“广明元年，淮南高骈遣将张潾渡江败王重霸，降之。巢数却，乃保饶州。”此事《资治通鉴》系于广明元年四月。[⑤] 不过在黄巢退保饶州之前，记载的战役仅有广明元年正月的大云仓之役，则王重霸或在此时降唐。惜王重霸其他信息不详，在降唐后亦无其他记载。值得注意的是前文《新唐

---

① （宋）司马光：《资治通鉴》第二五五卷“唐僖宗中和四年五月条”，中华书局 1956 年版，第 8305 页。

② 《旧五代史》（修订本）第六十三卷《张全义传》，中华书局 2015 年版，第 973 页。

③ 《旧五代史》（修订本）第九十卷《华温琪传》，中华书局 2015 年版，第 1377 页。

④ （宋）欧阳修、宋祁：《新唐书》第一八六卷《邓处讷传》，中华书局 1975 年版，第 5422 页。

⑤ （宋）欧阳修、宋祁：《新唐书》第二二五卷下《黄巢传》，中华书局 1975 年版，第 6456 页。

书·黄巢传》提及与王仙芝初起之人中，有“李重霸”，此人除了在《新唐书·黄巢传》中的记载外，在明人《新安文献志》收录有唐末人程淘《程都使沄世录》一文，其中亦有提及，谓黄巢别部经过歙州劫掠一番后，当地程沄、程淘兄弟保据家乡，“共推沄为岩将，依东密山为寨，众不过四百余人。未几，草寇毕鹞、杨僊童、李重霸、孙端、查皋、陈儒、范珠相继而至，众或一二千，多或四五万。”[①] 其中毕鹞当即被目为“鹞子”的毕师铎，则杨僊童、李重霸等当亦王仙芝死后转入黄巢集团的旧王仙芝部将。不过在并无确证表明李重霸与王仙芝关系的情况下，本文并不直接视之为王仙芝集团成员。重要的是，此处李重霸经过歙州，应该是黄巢自从广州和江陵一路过来，准备北上渡淮之时，正与大云仓之役发生时间相近。则李重霸有可能就是王重霸，第二章已考证，大云仓在池州，黄巢在大云仓败后入饶州，即需经过歙州。

陈儒（？—893）、陈岌（？—900 年后）。籍贯不详。《吴越备史》曰：“岌兄儒，本黄巢之党，寻降朝廷，授以饶州。”[②] 陈儒作为黄巢之党，此处并未记载其初从黄巢以及降唐之时间地点，但以其被授为饶州刺史来看，或在高骈追击时降唐，并就近出刺饶州。另据江玮平考察，在中和四年进攻过舒州，在光启元年进攻过歙州的陈儒也是此人。[③]

常宏（生卒不详）。籍贯不详。《新唐书·黄巢传》《资治通鉴》皆曰，黄巢在退保饶州之时，别部（别将）常宏以数万众降高骈。[④] 惜不知其本末。

徐约（？—889）。曹州人。《吴越备史》曰：“约，曹州人。初从黄巢攻天长，遂归高骈，用为六合镇将。”[⑤] 徐约作为曹州人，或与王仙

① （唐）程淘：《程都使沄世录》，程敏政辑撰《新安文献志》第九六卷上，黄山书社 2004 年版，第 2454 页。

② （五代）钱俨：《吴越备史》第一卷《武肃王》，《五代史书汇编》，杭州出版社 2004 年版，第 10 册，第 6192 页。

③ 江玮平：《唐末五代初长江流域下游的在地政治》，台湾大学硕士论文，2007 年，第 40—41 页。

④ （宋）欧阳修、宋祁：《新唐书》第二二五卷下《黄巢传》，中华书局 1974 年版，第 6456 页；（宋）司马光：《资治通鉴》第二五三卷唐僖宗广明元年四月条，中华书局 1956 年版，第 8224 页。

⑤ 《吴越备史》第一卷《武肃王》，《四库全书·史部》第 6179 页。

芝同时起事，但被史书记载则已经在黄巢集团之下。降唐后，徐约袭据苏州，成为唐末两浙地区各种政治势力之一环。[①]

又有从唐廷军队投降而来者：

刘汉宏（？—886）。兖州人。《新唐书·刘汉宏传》曰："刘汉宏，本兖州小史，从大将击王仙芝，劫辎重叛去。"[②]《吴越备史》曰："汉宏，兖州刺史院之小吏也，寻为大将，领本州岛兵以御黄巢寇，遂杀将首劫辎重而叛。"[③] 方积六在这两条材料基础上，论证了刘汉宏随泰宁军节度使李系至江陵防御从广州而来的黄巢，却发动叛乱投降黄巢，并大乱江陵。不过不久刘汉宏即被唐廷再次招降，出任宿州刺史，又转为浙东观察使，即他在黄巢军队中并不一定适应，甚至根本就没有跟黄巢合作过。但此处既曰"叛"，事实上还是可归入黄巢部将。至于方积六进一步根据李琪《钱镠生祠堂碑》中"脱身群盗之中"[④] 一句，以及前引《新唐书·黄巢传》列其为王仙芝早年同党之一，认为他在为兖州小史之前即参与过王仙芝起义，则似非其实。[⑤] 因为刘汉宏作为兖州人，与王仙芝所在曹州有一定距离，而且《钱镠生祠堂碑》作为替钱镠说好话的碑铭，自然要把钱镠的手下败将刘汉宏的出身说得极低，方能显示钱镠地位的极高，故特意夸大了刘汉宏在黄巢集团中的地位。

胡真（生卒不详）。江陵人。《旧五代史·胡真传》曰："胡真，江陵人也。体貌洪壮，长七尺，善骑射。少为县吏。及在巢寇中，寇推为名将。随巢涉淮、浙，陷许、洛，入长安。"[⑥] 从胡真为江陵人，且在黄巢军队中"涉淮、浙，陷许、洛，入长安"来看，当在黄巢进攻江陵时加入。此后，胡真似在朱温部下，随朱温降唐，入梁为将。

---

① 胡耀飞：《唐宋之际苏州军政史研究》，陈瑞近主编《苏州文博论丛》，文物出版社 2013 年版，第 4 辑，第 75—88 页。

② （宋）欧阳修、宋祁：《新唐书》第一九〇卷《刘汉宏传》，中华书局 1975 年版，第 5488 页。

③ 《吴越备史》第一卷《武肃王》，《四库全书·史部》第 6175 页。

④ （宋）李琪：《梁启圣匡运同德功臣淮南镇海镇东等军节度使淮南浙江东西等道观察处置营田招讨安抚兼盐铁制置发运等使开府仪同三司尚父守尚书令扬杭越等州大都督府长史上柱国吴越王钱公生祠堂碑》，《全唐文》第八四七卷，中华书局 1983 年版，第 8904 页。

⑤ 方积六：《黄巢起义考》，中国社会科学出版社 1983 年版，第 104—106 页。

⑥ 《旧五代史》（修订本）第十六卷《胡真传》，中华书局 2015 年版，第 253 页。

以及为黄巢集团所裹挟之沿途民众：

郭言（？—892）。邓州新野人。《旧五代史·郭言传》曰：“郭言，太原人也。家于南阳新野，少以力穑养亲，乡里称之。唐广明中，黄巢拥众西犯秦、雍，言为巢党所执。”[1] 郭言虽为太原人，但家于南阳新野，盖太原是郭氏郡望。[2] 因此，郭言应该在广明元年黄巢向长安进军途中，进入黄巢集团。

刘康乂（？—899）。寿州安丰人。《旧五代史·刘康乂传》曰：“刘康乂，寿州安丰县人也。以农桑为业。唐乾符中，关东群盗并起，江淮间偏罹其酷，因为巢党所掠。康乂沉默有膂力，善用矛槊，然不乐为暴。”[3] 此处“乾符中”，或即指广明年间黄巢北上渡淮之时，刘康乂即在此时被掠。

丁会（？—910）。寿州寿春人。《旧五代史·丁会传》曰：“丁会，字道隐，寿州寿春人。父季。会幼放荡纵横，不治农产，恒随哀挽者学绋讴，尤嗜其声。既长遇乱，合雄儿为盗，有志功名。黄巢渡淮，会从梁祖为部曲。”[4] 可见，丁会也是在黄巢渡淮之时，进入黄巢集团，并归入朱温部下的。

3. 立都长安时期

在黄巢进入长安建立大齐政权前后，又出现一批名单，这些人在黄齐政权中的职位，详见第三章。其中包括一直以来追随至此的，也有入长安后新加入的。分别整理如下：

乔钤（？—881）。籍贯不详。乔钤为黄巢部将，攻下华州后留任华州刺史。《资治通鉴》载其因弃华州而为朱温所杀时，书其名为“乔谦”，当即同一人。[5]

柴存（生卒不详）。籍贯不详。柴存仅见于广明元年十二月黄巢入

---

① 《旧五代史》（修订本）第二十一卷《郭言传》，中华书局2015年版，第329页。

② 太原郭氏为中古时期太原地区士族之一，参见范兆飞《从墓葬地看隋唐太原郭氏的迁移》，《传统中国研究集刊》上海人民出版社2006年版，第1辑，第415—434页。

③ 《旧五代史》（修订本）第二十一卷《刘康乂传》，中华书局2015年版，第332页。

④ 《旧五代史》（修订本）第五十九卷《丁会传》，中华书局2015年版，第913页。

⑤ （宋）司马光：《资治通鉴》第二五四卷“唐僖宗中和元年四月条”，中华书局1975年版，第8250页。

长安之时，《资治通鉴》曰："黄巢前锋将柴存入长安。"[①]

盖洪（生卒不详）。籍贯不详。《新唐书·黄巢传》曰："巢以尚让为平唐大将军，盖洪、费全古副之。"[②] 随后入长安。盖洪、费全古，皆第一次见于记载。惜后事不详，疑不久即战殁。

费全古（生卒不详）。籍贯不详。在《旧唐书·黄巢传》中，有"费传古为枢密使"[③] 的记载，当是同一人。惜后事不详，以费全古的地位来看，不可能毫无记载，疑不久即战殁。

赵璋（生卒不详）。籍贯不详。赵璋在黄齐政权立都长安时期，曾参与梁田坡之役，兵败后被河中节度使王重荣所俘。[④] 可知其为黄巢部将，并非来自唐廷降臣。惜被俘后事迹不详。

崔璆（？—883）。贝州武城人。崔璆本是唐浙东观察使，据《资治通鉴》，中和三年五月，"诏以崔璆家贵身显，为黄巢相首尾三载，不逃不隐，于所在斩之。"[⑤] 可知崔璆出身世族，即清河崔氏中的清河小房。[⑥] 其父崔郾，两唐书有传，为晚唐名臣。不过《旧唐书·崔郾传》仅载崔璆"官至郎署给谏"，《新唐书·崔郾传》仅列名而已，若前者仅据崔郾行状，不及崔璆后事，则后者应当因崔璆降巢而直接忽略其事。[⑦]

杨希古（生卒不详）。虢州弘农人。杨希古为杨鲁士之子，晚唐名

---

① （宋）司马光：《资治通鉴》第二五四卷"唐僖宗广明元年十二月甲申条"，中华书局 1975 年版，第 8240 页。

② （宋）欧阳修、宋祁《新唐书》第二二五卷下《黄巢传》，中华书局 1975 年版，第 6458 页。

③ （五代）刘昫：《旧唐书》第二〇〇卷下《黄巢传》，中华书局 1975 年版，第 5393 页。

④ （宋）欧阳修、宋祁：《新唐书》第一八七卷《王重荣传》，中华书局 1975 年版，第 5436 页。

⑤ （宋）司马光：《资治通鉴》第二五五卷唐僖宗中和三年五月条，中华书局 1956 年版，第 8295 页。

⑥ 赵超：《新唐书宰相世系表集校》第二卷《崔氏》，中华书局 1998 年版，第 366—368 页；夏炎：《中古世家大族清河崔氏研究》，天津古籍出版社 2004 年版，第 253 页。惜夏炎在第 254 页误崔鄯子崔琢为崔璆。

⑦ （五代）刘昫：《旧唐书》第一五五卷《崔郾传》，中华书局 1975 年版，第 4119 页；（宋）欧阳修、宋祁：《新唐书》第一六三卷《崔郾传》，中华书局 1975 年版，第 5018 页。司马光以崔璆为崔邠之子，胡三省注又曰当作崔邠之孙，皆误，参见（宋）司马光《资治通鉴》卷二五四唐僖宗广明元年十二月条，中华书局 1956 年版，第 8241 页。

臣杨汝士、杨汉公之侄。[1]

柳晦（生卒不详）。河东人。仅见于《太平广记》所引《补录记传》的记载。

孟楷（生卒不详）。籍贯不详。日后为黄巢得力之将，败退河南后死于项城，引发陈州攻防战。

李谠。河中临晋人。《旧五代史·李谠传》曰：“李谠，河中临晋人。少时游秦雍间，为人勇悍多力，甚有气谊。唐广明初，黄巢陷长安，谠遂得仕于其间。”[2] 可知李谠在黄巢集团入长安前后方才进入黄巢集团，但与前列崔璆、杨希古等身为唐廷朝臣又有不同。王满渡之役后降朱温。

皮日休（约 834 年生，883 年后卒）。复州竟陵人。[3] 关于皮日休入黄巢集团的时间与地点，诸家有异说，但以广明元年在长安、关中以太常博士被迫加入一说稍合情理。[4]

沈云翔（生卒不详）。湖州人。据《唐摭言》，是沈亚之之弟，所谓“芳林十哲”之一，盖从芳林门入宫内，交通宦官，故名。[5] 可知其当黄巢入长安时，在唐廷为官。

裴渥（生卒不详）。当出自河东闻喜裴氏。裴渥是乾符四年在蕲州刺史任上的唐廷官员，正是在蕲州，导致王仙芝和黄巢最终决裂。此后，据《资治通鉴》，裴渥“奔鄂州”。[6] 又不知何时回到长安，最终进入黄齐政权。

---

① 赵超：《新唐书宰相世系表集校》第一卷《杨氏》，中华书局 1998 年版，第 143—145 页。

② 《旧五代史》（修订本）第十九卷《李谠传》，中华书局 2015 年版，第 304 页。

③ （唐）皮日休：《皮子世录》，《皮子文薮》卷十，上海古籍出版社 1981 年版，第 117 页。皮日休籍贯的考证，参见王辉斌《皮日休行事探说》，《太原师范力学学报》（社会科学版）2005 年第 1 期，第 85—86 页。

④ 吴松泉：《皮日休参加黄巢起义军时、地考》，《四川师范大学学报》（哲学社会科学版）1992 年第 4 期，第 14—17 页。

⑤ （五代）王定保撰，姜汉椿校注：《唐摭言校注》第九卷“芳林十哲”，上海社会科学院出版社 2003 年版，第 187 页。参见周勋初《“芳林十哲”考》，《唐代文学研究》第二辑，广西师范大学出版社 1990 年版。

⑥ （宋）司马光：《资治通鉴》第二五二卷“唐僖宗乾符三年十二月条”，中华书局 1956 年版，第 8188 页。

郑汉璋（生卒不详）。籍贯不详。据《唐会要》，大中十二年（858）二月，“以前右金吾将军郑汉璋、前鸿胪少卿郑汉卿并起复授本官，以国舅光之子也。”① 可知郑汉璋为国舅郑光之子，即唐宣宗母唐宪宗孝明皇后郑氏之外甥，据《旧唐书・孝明皇后传》：“宪宗孝明皇后郑氏，宣宗之母也。盖内职御女之列，旧史残缺，未见族姓所出，入宫之由。……光以元舅之尊，检校户部尚书、诸卫将军，出为平卢节度使。后大中末崩，谥曰孝明。”② 明乎此，可知郑汉璋、郑汉卿都是外戚身份，故郑汉璋所任右金吾将军仅属于南衙禁军中的闲职，并不表明其武将身份。因孝明皇后大中末即亡故，郑汉璋的外戚身份也失去依靠，故而投靠黄齐政权，成为御史中丞，也就毫不奇怪了。至于前文所述曹州冤句人郑汉璋，是否会在降唐后重新加入黄巢集团并于黄巢失败后回到高骈麾下，则似乎可能性不大，毕竟御史中丞并非民众出身的冤句郑汉璋所能胜任，外戚郑汉璋毕竟是外戚子弟，自幼游走权贵，耳濡目染朝堂规矩，或因此而受命为御史中丞，用以监察唐廷旧臣也。

李俦（生卒不详）。赵郡人。《宝刻类编》有署名“从子俦书”，“李珏撰”的《太子太傅李固言碑》，大中六年（852）二月立于洛阳，时李俦署衔为“屯田郎中”。③《金石录》则著录为“三从侄俦正书”④。可见李俦为晚唐宰相李固言（782—860）侄子，李固言是赵郡李氏，两《唐书》皆有传，但并未叙及李俦。⑤ 总之，李俦出身世族，虽仕宦经历不详，在僖宗朝当亦有官位，然逃避不及，似被迫在黄齐政权中出任尚书。

黄谔（生卒不详）。籍贯不详。事迹不可考。会昌时人朱景玄《唐

---

① （宋）王溥：《唐会要》第三十八卷《夺情》，上海古籍出版社 2006 年版，第 808 页。

② （五代）刘昫：《旧唐书》第五十二卷《宪宗孝明皇后郑氏传》，中华书局 1975 年版，第 2198 页。

③ 不著撰人：《宝刻类编》第六卷，编辑部编《石刻史料新编》第 1 辑第 24 册，新文丰出版公司 1977 年版，第 18482 页。

④ （宋）赵明诚撰，金文明校证：《金石录校证》第十卷，广西师范大学出版社 2005 年版，第 184 页。

⑤ （五代）刘昫：《旧唐书》第一七三卷《李固言传》，中华书局 1975 年版，第 4506—4507 页；（宋）欧阳修、宋祁：《新唐书》第一八二卷《李固言传》，中华书局 1975 年版，第 5357—5359 页。

朝名画录》“能品下”中有善画马之黄谔，似非其人。[①]

尚儒（生卒不详）。籍贯不详。事迹不可考。尚氏在中古时期绝少，一度被《元和姓纂》误系于向氏，岑仲勉曾予以澄清，并整理了肃代时期参与平定安史之乱的青州刺史尚衡，及其子尚振、尚总的事迹。[②] 若尚儒属于唐臣来降，疑其为尚衡之后。若尚儒为黄巢元从，则或与尚君长和尚让兄弟有关。然以其任大齐朝尚书来看，或为尚衡之后。

方特（生卒不详）。籍贯不详。事迹不可考。

张直方（？—881）。籍贯不详。张直方曾以金吾大将军的身份迎接黄巢于灞上，但又藏匿唐朝大臣于永宁里家中，故最终还是被族诛。[③] 另据《资治通鉴考异》所引韦昭度、杨涉《续皇王宝运录》，张直方曾于咸通十三年五月因涉郭敬述、韦保衡欲别立太子事，以右仆射、右羽林统军的身份，被贬为康州司马。[④] 可知此人在黄巢入长安之前已经回到京城，但内心似不安稳，此时终于借机投降黄巢。

马祥（生卒不详）。籍贯不详。事迹不可考。

王璠[⑤]（生卒不详）、王璠之子（？—881）。籍贯不详。王璠虽为京兆尹，但其实是黄齐政权立都长安时期作战甚力的一位将领，多次与尚让、朱温出征关中诸藩镇。王璠最后出现于中和三年（883）二月袭据华州，然不久李克用攻下华州，王璠下落不明。此外，《新唐

---

① （唐）朱景玄：《唐朝名画录》，文渊阁四库全书本。

② （唐）林宝撰，岑仲勉等校：《元和姓纂（附四校记）》第九卷“向氏”，中华书局1994年版，第1328—1330页。

③ （五代）刘昫：《旧唐书》第二〇〇卷下《黄巢传》，中华书局1975年版，第5394页。

④ （宋）司马光：《资治通鉴》第二五二卷“唐懿宗咸通十三年五月条”，中华书局1956年版，第8163页。

⑤ 王璠一作王播，参见（宋）司马光《资治通鉴》第二五四卷“唐僖宗中和元年三月条”，中华书局1956年版，第8247页；《资治通鉴》第二丨五卷四“唐僖宗中和元年六月条”，中华书局1956年版，第8252页。王凤翔取王播之说，参见王凤翔《晚唐五代秦岐政权研究》，三秦出版社，2009年，第11页。不过王播仅此两见，王璠散见《旧唐书》《新唐书》《旧五代史》，且《资治通鉴》亦有作王璠者，参见（宋）司马光《资治通鉴》第二五五卷“唐僖宗中和三年二月条”，中华书局1956年版，第8288页。故此处取王璠。

书·郑畋传》曰："璠遁去，禽璠子斩之。"[①] 可知王璠之子亦在黄齐军中为将，惜不知其名。

许建（生卒不详）。籍贯不详。事迹不可考。

朱实（生卒不详）。籍贯不详。此人《旧唐书·黄巢传》作"朱实"，而在《新唐书·黄巢传》作"米实"。[②] 一字之差，意涵完全不同。盖若是米氏，很可能属于在华粟特人，而朱氏则是一般的汉人。由于没有其他记载，暂从《旧唐书》。另外，乾符四年（877）三月，唐廷有诏以讨王仙芝，并举已经归降的几位盗贼作为榜样，曰："则诸葛爽今为刺史，朱实见存将军，弘霸郎受职于禁营，宋再雄策名于淮海，莫不身名光显，家族辉荣。"[③] 此处的朱实所指为当年闰二月，从浙西王郢集团中降唐的朱实[④]，非黄巢集团中的朱实，需要甄别。当然，也不排除降唐后的朱实再入黄巢集团的可能性，但没有材料证明之。据《咸淳毘陵志》，中和四年（884），又有常州刺史朱实，郁贤皓认为或即《新唐书·宰相世系表》中朱可南之子，则又是另一文官朱实。[⑤] 另外，据《新唐书·昭宗纪》，大顺元年（890）四月，"丙寅，嘉州刺史朱实叛附于王建。"[⑥] 此处嘉州刺史朱实，亦不详其所自，皆存此俟考。

刘瑭（生卒不详）。籍贯不详。事迹不可考。后梁贞明三年（917）十月，南汉主刘岩"遣客省使刘瑭使于吴，告即位，且劝吴王称帝"[⑦]，当是另一人。

---

① （宋）欧阳修、宋祁：《新唐书》第一八五《郑畋传》，中华书局 1975 年版，第 5404 页。

② （五代）刘昫《旧唐书》卷二〇〇下《黄巢传》，中华书局 1975 年版，第 5393 页；（宋）欧阳修、宋祁：《新唐书》第二二五卷下《黄巢传》，中华书局 1975 年版，第 6459 页。

③ （五代）刘昫《旧唐书》第十九卷下《僖宗纪》，中华书局 1975 年版，第 698 页。

④ （宋）司马光《资治通鉴》第二五三卷"唐僖宗乾符四年闰二月条"，中华书局 1956 年版，第 8190 页。

⑤ 郁贤皓：《唐刺史考全编》第一三八卷《常州》，安徽大学出版社 2000 年版，第 1896 页。

⑥ （宋）欧阳修、宋祁：《新唐书》第十卷《昭宗纪》，中华书局 1975 年版，第 285 页。

⑦ （宋）司马光《资治通鉴》第二七〇卷"后梁均王贞明三年十月条"，中华书局 1956 年版，第 8821 页。

彭攒（生卒不详）。籍贯不详。事迹不可考。

季逵（生卒不详）。籍贯不详。此人《旧唐书·黄巢传》作"季逵"，而在《新唐书·黄巢传》作"李逵"。① 事迹不可考。有趣的是，在元明之际的《水浒传》中，有赤发鬼刘唐、黑旋风李逵两人，与此处刘瑭、李逵（季逵）姓名相似，疑《水浒传》流传过程中，刘唐、李逵二人姓名即本于此。② 若如此，则作李逵近似，然今暂取《旧唐书》为准。

王汀（生卒不详）。籍贯不详。《旧五代史·李承嗣传》曰："王师之攻华阴，黄巢令伪客省使王汀会军机于黄揆，承嗣擒之以献。"③ 这是关于王汀生平的唯一内容，其他不详。此外，王仁裕《玉堂闲话》有应举及第之王汀④，虽不详其具体年份，大约在晚唐五代，或可与客省使王汀相联系。然客省使多为武将担任，故此王汀似非进士王汀。

王溥（？—881）。籍贯不详。任同州刺史前，事迹不可考。此外，据李淑芬考证，唐五代有三位王溥，分别为琅琊王溥、太原王溥、祁县王溥。⑤ 惜未能指出黄齐政权中亦有一位王溥。

宋岩（生卒不详）。籍贯不详。任商州刺史前，事迹不可考。

---

① （五代）刘昫《旧唐书》第二〇〇卷下《黄巢传》，中华书局1975年版，第5393页；（宋）欧阳修、宋祁：《新唐书》卷二二五下《黄巢传》，中华书局1975年版，第6459页。

② 余嘉锡（1884—1955）尝考两宋之际趁乱占据密州的李逵事迹，又疑非《水浒传》之李逵原型，参见余嘉锡《宋江三十六人考实》，《余嘉锡论学杂著》，中华书局2007年版，第375—378页。刘唐、李逵初见于宋江三十六人中，则是在《癸辛杂识》中，参见周密《癸辛杂识》续集上《宋江三十六赞》，中华书局1988年版，第146—148页。

③ 《旧五代史》（修订本）卷五五《李承嗣传》，中华书局2015年版，第858页。

④ （唐）王仁裕撰，蒲向明评注：《玉堂闲话评注》"高辇"条，中国社会出版社2007年，第89—90页。蒲向明以此王汀与宋真宗时内殿崇班王汀疑为同一人，颇误。孟二冬亦未能详考此人，参见（清）徐松撰，孟二冬补正《登科记考补正》第二十七卷，北京燕山出版社2003年版，第1263页。

⑤ 李淑芬：《唐五代王溥考辨与述评》，《康定民族师范高等专科学校学报》2002年第1期，第28—29页。

李详（李祥、李翔[①]）（？—882）。籍贯不详。任华州刺史前，事迹不可考。

严实（？—882）。籍贯不详。任同州监军前，事迹不可考。亦未知是否为宦官监军。

以上是单独出现于黄巢集团者，多有一定地位和职位。其中包括很多从唐廷来降的朝臣或将领。此外，尚有在立都长安时期或首次见载于史籍，或初入黄齐政权，但并无具体职位记载者如下：

浑进通（生卒不详）。《旧五代史·李克让传》曰："黄巢犯阙，僖宗幸蜀，克让时守潼关，为贼所败，以部下六七骑伏于南山佛寺，夜为山僧所害。克让既死，纪纲浑进通冒刃获免，归于黄巢。"[②] 浑进通作为沙陀人李克让的纪纲，当亦代北人士。又姓浑，似来自铁勒之浑部，不过与著名的浑瑊家族世系无法对接，当是下层一般民众。[③]

米重威（生卒不详）。《旧五代史·李克让传》曰："中和二年冬，武皇入关讨贼，屯沙苑。黄巢遣使米重威赍赂修好，因送浑进通至，兼擒送害克让僧十人。武皇燔伪诏，还其使，尽诛诸僧，为克让发哀行服，悲恸久之。"[④] 可知米重威为黄巢部将，负责送李克让旧部浑进通还李克用处，并因势欲与沙陀人修好。然而米氏为粟特人，此处亦无异写为朱重威之情况，故疑米重威即粟特人，或粟特系沙陀人，而为黄巢所用，以通好沙陀李克用，庶几免于交战。不过此人他事不详。

---

① "李祥"见（五代）刘昫《旧唐书》第一八二卷《王重荣传》，中华书局 1975 年版，第 4696 页；"李翔"见（五代）刘昫《旧唐书》卷一八四《杨复光传》，中华书局 1975 年版，第 4773 页。当皆李详之讹。

② 《旧五代史》（修订本）第五十卷《李克让传》，中华书局 2015 年版，第 785—786 页。

③ 张玉玮：《铁勒浑部与唐代浑氏家族世系》，《文博》2005 年第 6 期，第 86—89 页。参见张玉玮制"浑氏家族世系表"，《唐代浑氏家族研究》，陕西师范大学硕士论文，1999 年，第 27 页。

④ 《旧五代史》（修订本）第五十卷《李克让传》，中华书局 2015 年版，第 786 页。又见《旧五代史》（修订本）第二十五卷《武皇纪上》，中华书局 2015 年版，第 386 页。《资治通鉴》卷二五五唐僖宗中和二年十二月条正文仅曰"遣使"，《考异》引《太祖纪年录》曰"令其将米重威"云云。（第 8283 页）

王怀顺（生卒不详）。籍贯不详。康骈《剧谈录》卷下“凤翔府举兵讨贼”条曰：“是时关辅征镇，咸已归款，唯凤翔信耗不通。贼议兴师致讨，有奔来者具述其事。于是监军与僚佐代为表章，使两骑驰至京国。贼徒览之大喜，遣王怀顺将百余人厚赍彩缯金玉，以申慰劳之意。”① 可知王怀顺作为黄齐政权的使者曾出使凤翔镇，惜后事不详。

王晖（？—881）。籍贯不详。据《资治通鉴》，中和元年正月，“巢遣其将王晖赍诏召（郑）畋，畋斩之。”② 知王晖在黄齐政权中为将，惜不知其出身和职位。

张将军（生卒不详）。籍贯不详。《新唐书·司空图传》曰：“黄巢陷长安，将奔，不得前。图弟有奴段章者，陷贼，执图手曰：‘我所主张将军喜下士，可往见之，无虚死沟中。’图不肯往，章泣下。遂奔咸阳，间关至河中。”此事当采自司空图本人所撰《段章传》。③ 此处司空图家奴段章所事张将军，当为黄巢集团中张姓将领，惜不知其本末。不过从段章口中可知，张将军礼贤下士，疑即张全义。盖《旧五代史·张全义传》谓：“全义朴厚大度，敦本务实，起战士而忘功名，尊儒业而乐善道，家非士族而奖爱衣冠，开幕府辟士，必求望实，属邑补奏，不任吏人。”④ 黄齐政权立都长安，张全义（张言）为诸卫大将军，被称为“张将军”亦宜。然毕竟无实据，暂且存疑。

段章（生卒不详）。籍贯不详。据上引，为司空图弟弟的家奴，

---

① （唐）康骈：《剧谈录》下卷“凤翔府举兵讨贼”条，《唐五代笔记小说大观》，上海古籍出版社 2000 年版，第 1487 页。

② （宋）司马光：《资治通鉴》第二五四卷“唐僖宗中和元年正月条”，中华书局 1956 年版，第 8245 页。

③ （宋）欧阳修、宋祁：《新唐书》第一九四卷《司空图传》，中华书局 1975 年版，第 5573 页；（唐）司空图：《司空表圣文集》第四卷《段章传》，《司空表圣诗文集笺校》，安徽大学出版社 2002 年，第 227—228 页。段章的身份，《新唐书》谓“奴”，《段章传》谓“驭”，今暂从《新唐书》，盖驭亦可算作奴。

④ 《旧五代史》（修订本）第六十三卷《张全义传》，中华书局 2015 年版，第 979 页。

司空图《段章传》谓其“不知何许人也”，亦不载其下落。[①]

何勤（生卒不详）。籍贯不详。《旧唐书·杨复光传》曰：杨复光“进攻南阳，贼将朱温、何勤来逆战，复光败之。”[②] 可知何勤为黄齐将领，副朱温守邓州。惜本末不详，亦未见于日后朱温集团。

成令瓌（生卒不详）。籍贯不详。成令瓌之记载见崔致远代高骈所草《奏诱降成令瓌状》一文，谓“右件贼徒，元受黄巢指使，占据潼关，寻自擘队奔逃，所在烧劫，就中蕲黄管内，最甚伤残。”最后投降高骈，被安置为楚州刺史。[③] 对此事发生时间，岑仲勉认为在中和二年春，但方积六从淮南与感化的泗州之争的时间，认为在中和元年四月唐军短暂进入长安时，江玮平颇赞成其观点。[④]

强武（生卒不详）。籍贯不详。《新唐书·黄巢传》曰：中和二年“七月，贼攻凤翔，败节度李昌言于涝水，又遣彊武攻武功、槐里，泾、邠兵却，独凤翔兵固壁。”[⑤] 此处彊武当为黄齐将领名，姓彊名武。彊氏亦作强氏，虽少见，《元和姓纂》亦有收录多位强氏人物。[⑥]

马恭（？—882）。籍贯不详。据《新唐书·黄巢传》，中和二年朱温降唐时，“孟楷方专国，温丐师，楷沮不报，即斩贼大将马恭，降（王）重荣。”[⑦] 可知马恭当时亦在朱温帐下，然而其为朱温所斩，

① （唐）司空图：《司空表圣文集》第四卷《段章传》，《司空表圣诗文集笺校》，安徽大学出版社 2002 年，第 227—228 页。

② （五代）刘昫：《旧唐书》第一八四卷《杨复光传》，中华书局 1975 年版，第 4773 页。

③ ［朝鲜］崔致远撰，党银平校注：《桂苑笔耕集校注》第五卷《奏诱降成令瓌状》，中华书局 2007 年版，第 111—112 页。杨西云把成令瓌的名字误作成令瓖，参见杨西云《黄巢》，新蕾出版社 1993 年版，第 85 页。

④ 岑仲勉：《隋唐史》，高等教育出版社 1957 年版，第 475、514 页；方积六：《黄巢起义考》，中国社会科学出版社 1983 年版，第 180—181 页；江玮平：《唐末五代初长江流域下游的在地政治》，台湾大学硕士论文，2007 年，第 28 页。

⑤ （宋）欧阳修、宋祁：《新唐书》第二二五卷下《黄巢传》，中华书局 1975 年版，第 6461 页。

⑥ （唐）林宝撰，岑仲勉等校：《元和姓纂（附四校记）》第五卷“强氏”，中华书局 1994 年，第 589—590 页。

⑦ （宋）欧阳修、宋祁：《新唐书》第二二五卷下《黄巢传》，中华书局 1975 年版，第 6461 页。

则似与朱温关系不近，甚至是黄巢所特意安插。惜不知马恭出身。

后冗（生卒不详）。籍贯不详。《旧唐书·僖宗纪》曰：中和二年九月，“贼以李详守华州，详与朱温素善，及温归河中，黄巢遣阉官后冗率功臣马千匹至华，杀详，以邺代归。”此处校勘记曰：“后冗率三字不可解，当作率冗从，归当作之。叶校本‘后’字作‘徐’。”[①]若据校勘记，则有“冗从功臣”，然意亦不明。方积六据黄齐政权“功臣军”之设置，驳校勘记，并疑“后冗”为阉官之名，甚是。[②]因此，此处后冗当是黄巢集团中的宦官，或从唐廷投降而来，惜不知其详。

李公迪（生卒不详）。籍贯不详。《新唐书·黄巢传》曰：“京左行营都统东方逵禽贼锐将李公迪，破堡三十。”[③]此处所载李公迪，系于都统王铎入关中之后，但不知其详细时间，亦不知李公迪始末。

另有一些曾短暂归尊奉黄齐政权，但又与黄巢集团并无直接联系，且不久即回到唐朝阵营，或被忠于唐朝的部下所杀的地方长官和节度使。这些地区和藩镇隶属黄齐政权的时间，详见第二章，而这些地方长官和节度使的身份背景在此处开列，但略其各自部下情况：

刘允章（生卒不详）。洺州广平人。刘允章为黄巢攻下洛阳时的东都留守。据《旧唐书·刘允章传》记载，刘允章父刘宽夫（生卒不详）、祖刘伯刍（约755—815）、曾祖刘乃（724—783）皆晚唐名臣。[④]不过黄巢立都长安后，与洛阳的联系数月即断，刘允章也并未进入长安，入黄齐政权朝堂。但毕竟有过短暂的依附关系。

诸葛爽（？—886）。青州博昌人。据《旧唐书·诸葛爽传》，诸葛爽亦起自盗贼，降唐后出讨沙陀于云州，入关讨黄巢时降齐，并借

---

① （五代）刘昫：《旧唐书》第十九卷下《僖宗纪》，中华书局1975年版，第713页。

② 方积六：《黄巢起义考》，中国社会出版社1983年版，第224页。

③ （宋）欧阳修、宋祁：《新唐书》第二二五卷下《黄巢传》，中华书局1975年版，第6461页。

④ （五代）刘昫：《旧唐书》第一五三卷《刘允章传》，中华书局1975年版，第4086页。参见赵超《新唐书宰相世系表辑校》第一卷《刘氏》，中华书局1998年版，第61页。

此出镇河阳，始终与黄巢集团保持距离。[①]

李都（生卒不详）。据《资治通鉴》，李都出镇河中在乾符五年（878）九月，“以户部尚书、判户部事李都同平章事兼河中节度使。”[②] 其家世，疑出自李唐宗室，盖李都曾撰有《唐故御史中丞汀州刺史孙公（瑝）墓志铭并序》，此志书者李涪，鲁才全考证出自李唐宗室“大郑王房”，是墓主人孙瑝的妻弟，则李都或亦与孙瑝、孙瑝妻李氏、李涪有亲缘关系，方有资格撰写墓志铭文。鲁才全又整理了李都仕宦经历，大体可从，唯忽略了李都在黄齐政权的经历。[③]

周岌（？—884）。周岌出身忠武军将，在黄巢集团北上渡淮时趁乱逐杀节度使薛能，自称留后。[④] 作为能够审时度势的武将，在黄巢占据长安后投靠之，亦不意外。但又无大的主见，终被监军杨复光给策反。

郑畋（825—883）。荥阳人。郑畋出身世族，其仕途经历及文学成就已有前人研究，此不赘述。[⑤] 唯郑畋出镇凤翔镇前后，身为宰相，其与黄齐政权之间并无实质交往，凤翔镇不到一月即成为反攻长安的一个重要据点。

王玫（？—881）。据《新唐书・僖宗纪》，王玫出身邠宁军将，中和元年二月，邠宁节度使李存礼响应讨伐黄齐政权，王玫即叛唐应齐，占据邠宁。但为时不久，四月即败亡。[⑥] 而《资治通鉴》则曰

---

① （五代）刘昫：《旧唐书》第一八二卷《诸葛爽传》，中华书局 1975 年版，第 4702 页。关于诸葛爽在代北行营征讨沙陀的情况，参见胡耀飞《从招抚到招讨：晚唐代北行营的分期与作用》，《民族史研究》2013 年第 00 期。

② （宋）司马光：《资治通鉴》第二五三卷“唐僖宗乾符五年九月条”，中华书局 1956 年版，第 8209 页。

③ 鲁才全：《〈千唐志・孙瑝妻李夫人墓志〉图版说明辨证》，武汉大学魏晋南北朝隋唐史研究室编《魏晋南北朝隋唐史资料》，武汉大学出版社 1997 年版，第 15 辑，第 149 页。

④ （五代）刘昫：《旧唐书》第十九卷下《僖宗纪》，中华书局 1975 年版，第 708 页；（宋）司马光：《资治通鉴》第二五三卷“唐僖宗广明元年九月条”，中华书局 1956 年版，第 8233 页。

⑤ 陈明光：《郑畋宦绩考》，荣新江主编《唐研究》第三卷，北京大学出版社 1997 年版，第 279—294 页；郑修诚：《郑畋丛考》，浙江大学硕士论文，2006 年。

⑥ （宋）欧阳修、宋祁：《新唐书》第九卷《僖宗纪》，中华书局 1975 年版，第 271 页。

“黄巢以其将王玫为邠宁节度使”。疑王玫以邠宁将身份据邠宁后降齐，方归入黄巢集团。

王敬武（？—889）。王敬武出身平卢军将。平卢镇虽距长安，距成都行在都很远，故与长安政局关系不大。

因黄巢早期部将朱温日后降唐，最终建立梁朝，故朱温在黄齐时期的部将亦可算入黄巢集团，梁朝史书中也多有记载。但这些人在当时并不一定都是大头目，或隶属于朱温，或在黄巢战败逃往狼虎谷途中投降朱温，皆在朱温崛起后方有名声，不过也能从中得到相关信息。以下先后整理朱温在同州刺史任上除前述胡真之外降唐时的人物：

谢瞳（约903年卒）。福州人。《旧五代史·谢瞳传》曰：“谢瞳，字子明，福州人。唐咸通末，举进士，因留长安三岁，不中第。广明初，黄巢陷长安，遂投迹于太祖。洎居门下，未尝一日不在左右。及太祖据同州，遂署右职。”[①] 可知谢瞳在黄巢入关前，一直留居长安备考，黄巢入关后，则一开始就投入朱温帐下。

朱珍（？—889）。徐州丰县人。《旧五代史·朱珍传》曰：“朱珍，徐州丰县雍凤里人也。太祖初起兵，珍与庞师古、许唐、李晖、丁会、氏叔琮、邓季筠、王武等八十余人，以中涓从，摧坚陷阵，所向荡决。”[②] 所谓“太祖初起兵”，未知是朱温初入黄巢集团时，抑或初叛黄巢入唐时，《新五代史·朱珍传》谓其“俱从梁太祖为盗”[③]，疑从朱温入黄巢军，然此处八十余人并非皆于其时，故谨慎起见，暂系于此。

庞师古（？—897）。曹州南华人。《旧五代史·庞师古传》曰：“庞师古，曹州南华人。初名从，以中涓从太祖，性端愿，未尝离左右。”陈尚君考证曰：“《旧唐书》卷一九下《僖宗纪》录中和三年四月杨复光收复京城后上章，称及‘忠武黄头军使庞从’。是其从梁祖以前，当为忠武军将，本传失书。”[④] 然而曹州不在忠武军辖区，庞师

① 《旧五代史》（修订本）第二十卷《谢瞳传》，中华书局2015年版，第309页。
② 《旧五代史》（修订本）第十九卷《朱珍传》，中华书局2015年版，第297页。
③ 《新五代史》（修订本）第二十一卷《朱珍传》，中华书局2015年版，第240页。
④ 《旧五代史》（修订本）第二十一卷《庞师古传》，中华书局2015年版，第323页。

古不当在入朱温帐下之前为忠武军将。疑收复京城时之庞从另有其人，或暂时隶属于进攻长安之忠武军中。其实，从庞师古是曹州人来看，或许最早即加入王仙芝集团，王仙芝败后入黄巢军，复隶于朱温帐下。然而史无明文，今暂且因《旧五代史·朱珍传》提及而系于此。

邓季筠（卒于911年或912年）。宋州下邑人。《旧五代史·邓季筠传》曰："邓季筠，宋州下邑人也。少入黄巢军，隶于太祖麾下。"① 邓季筠当是黄巢未入长安前加入，但不知何时开始隶于朱温，今因《旧五代史·朱珍传》提及，亦系于此。

徐怀玉（约912年卒）。亳州焦夷人。《旧五代史·徐怀玉传》曰："徐怀玉，本名琮，亳州焦夷县人。少以雄杰自任，随太祖起军。"② 徐怀玉当亦黄巢入关前即在朱温帐下者，今暂系于此。

张存敬（？—901）。谯郡人。《旧五代史·张存敬传》曰："张存敬，谯郡人也。性刚直，有胆勇，临危无所畏惮。唐中和中，从太祖赴汴，以其壮节，颇见亲昵，首为右骑都将。"③ 从传文中"从太祖赴汴"一语来看，张存敬当与朱温一同赴镇，即早就在朱温帐下为将，故亦列于此。

此外，《旧五代史·朱珍传》中尚提及许唐、李晖、丁会、氏叔琮、王武等人，其中丁会在黄巢入长安前即入黄巢集团，氏叔琮据《旧五代史·氏叔琮传》载，为"尉氏人也，唐中和末，应募为骑军，初隶于庞师古，为伍长"④，可知其似在朱温出镇宣武之后归入账下，即未曾加入过黄巢集团。因此，无法判断没有其他详细数据的许唐、李晖、王武三人是否曾加入过黄巢集团，今不予列入。

4. 退出长安后

退出长安后，黄齐政权组织机构已经溃散，虽然在围攻陈州时期依然有八仙营之类，但已经是强弩之末。这一时期，更多的是黄齐将领陆续降唐。不过也有如奉国军节度使秦宗权之类依附，但两者之间

① 《旧五代史》（修订本）第十九卷《邓季筠传》，中华书局2015年版，第301页。
② 《旧五代史》（修订本）第二十一卷《徐怀玉传》，中华书局2015年版，第328页。
③ 《旧五代史》（修订本）第二十卷《张存敬传》，中华书局2015年版，第316页。
④ 《旧五代史》（修订本）第十九卷《氏叔琮传》，中华书局2015年版，第293页。

只是形式上靠拢，实质并无互相融合。

另外需要整理的是在陈州之役后降唐的黄齐将领，这些人或归于宣武节度使朱温，或归于河东节度使李克用。其中在前面已经出现过的从略，此处开列第一次见于记载者：

李重胤（？—890）。宋州下邑人。《旧五代史·李重胤传》曰：“李重胤，宋州下邑人。状貌雄武。初在黄巢党中，推为刚鸷。唐中和四年五月，同尚让、李谠等率众至繁台，与太祖之军相拒。及巢寇渐衰，乃率众来降。太祖素识之，拨用不次，署为先锋步军都头。”① 可知李重胤最初亦在黄巢集团，并且与朱温颇熟识，最终归入朱温帐下。

李唐宾（？—889）。陕州陕县人。《旧五代史·李唐宾传》曰：“李唐宾，陕州陕县人也。中和四年……三月，太祖破瓦子寨，唐宾与王虔裕来降。”《资治通鉴》亦曰“巢将陕人李唐宾、楚丘王虔裕降于全忠”。② 可知李唐宾在中和四年三月从黄巢集团降唐，入朱温帐下，唯不知其入黄巢集团的时间。此外，这里提及的王虔裕，方积六已辨其初从诸葛爽，在朱温赴镇宣武节度使之前即归入朱温帐下，并非此时所降，确实如此。③

杨能（生卒不详）。籍贯不详。杨能为中和四年五月戊辰（八日）王满渡之役后降于朱温。关于此役中黄巢集团成员降唐名单的史料，大致有四种记载：①《旧唐书·僖宗纪》曰：“尚让一军降时溥，别将杨能、李谠、霍存、葛从周、张归霸等降朱全忠，李周、

---

① 《旧五代史》（修订本）第十九卷《李重胤传》，中华书局 2015 年版，第 304 页。详见胡耀飞：《“死中求生”：唐末陈州攻防战研究》，未刊稿。

② 《旧五代史》（修订本）第二十一卷《李唐宾传》，中华书局 2015 年版，第 330 页；（宋）司马光：《资治通鉴》第二五五卷“唐僖宗中和四年二月条”，中华书局 1956 年版，第 8302—8303 页。关于此役时间，见第九章。

③ 方积六：《黄巢起义考》，中国社会科学出版社 1983 年版，第 253—254 页。方积六之观点，可由另一条材料佐证，即《旧五代史》（修订本）第十九卷《李思安传》曰：“唐中和三年，太祖镇汴，尝大阅戎旅，睹其材，甚伟之……命副王虔裕为踏白将。”这里李思安在朱温镇汴时，即副王虔裕为将，则此时王虔裕定然已在朱温帐下。故王虔裕似未真正加入过黄巢集团，王赓武的归类或误，参见王赓武《五代时期北方中国的权力结构》，胡耀飞、尹承译，中西书局 2014 年版，第 50 页。

杨景彪以残众走封丘。”[①] ②《旧唐书·黄巢传》曰：“李克用自郑州引军袭击，大败之，获贼将李用、杨景。残众保胙县、冤句，官军追讨，贼无所保。其将李谠、杨能、霍存、葛从周、张归厚、张归霸各率部下降于大梁，尚让率部下万人归时溥。”[②] ③《新唐书·黄巢传》曰：“克用悉军穷蹑，贼将李谠、杨能、霍存、葛从周、张归霸、张归厚往降全忠，而尚让以万人归时溥。”[③] ④《资治通鉴》曰：“尚让帅其众降时溥，别将临晋李谠、曲周霍存、甄城葛从周、冤句张归霸及弟归厚帅其众降朱全忠。”[④] 这四种材料中，前两种皆有杨能名字，后一种无之。从《资治通鉴》对所提及的尚让以外数人皆标明籍贯来看，杨能或因在入朱温帐下之后并无事迹可寻，故司马光从略之。

霍存（？—893）。洺州曲周人。前四则材料已列之。又据《旧五代史·霍存传》曰：“霍存，洺州曲周县人。性骁勇，善骑射。在黄巢中，已为将领。唐中和四年，太祖大破巢军于王满渡，时存与葛从周、张归霸皆自巢军来降，太祖宥而纳之。”[⑤]

葛从周（？—916）。濮州鄄城人。前四则材料已列之。《旧五代史·葛从周传》曰：“葛从周，字通美，濮州鄄城人也。曾祖阮，祖遇贤；父简，累赠兵部尚书。从周少豁达，有智略。初入黄巢军，渐至军校。唐中和四年三月，太祖大破巢军于王满渡，从周与霍存、张归霸昆弟相率来降。”[⑥]

李周（？—884）。籍贯不详。前列材料①谓李周、杨景彪走封丘，材料②则谓“李用、杨景”为李克用所获。又据《旧五代史·

---

① （五代）刘昫：《旧唐书》第十九卷下《僖宗纪》，中华书局 1975 年版，第 718 页。

② （五代）刘昫：《旧唐书》第二〇〇卷下《黄巢传》，中华书局 1975 年版，第 5397—5398 页。

③ （宋）欧阳修、宋祁：《新唐书》第二二五卷下《黄巢传》，中华书局 1975 年版，第 6463 页。

④ （宋）司马光：《资治通鉴》第二五五卷“唐僖宗中和四年五月条”，中华书局 1956 年版，第 8305 页。其中“甄城”为“鄄城”之误。

⑤ 《旧五代史》（修订本）第二十一卷《霍存传》，中华书局 2015 年版，第 324 页。

⑥ 《旧五代史》（修订本）第十六卷《葛从周传》，中华书局 2015 年版，第 247 页。

武皇纪上》：“武皇渡汴，遇贼将渡而南，半济击之，大败之，临阵斩贼将李周、王济安、阳景彪等。”《新唐书·黄巢传》亦曰：“巢渡河攻汴州，全忠拒守，克用救之，斩贼骁将李周、杨景彪等。”[①] 可知“李用、杨景”，或即“李周、杨景彪”之误，但此二人并非在王满渡之役被擒，而是逃走至封丘后被杀。惜不详李周等人出身背景。

杨景彪（？—884）。籍贯不详。关于此人姓氏，“影库本粘签”曰：“阳景彪，原本作‘易景僬’。考《册府元龟》所引《薛史》及《通鉴注》俱作‘阳景彪’，今改正。”[②] 然而材料①、材料②皆曰“杨”，今暂从之。

王济安（？—884）。籍贯不详。仅见于《旧五代史·武皇纪上》，事迹不可考。

张慎思（？—909）。清河人。据《旧五代史·张慎思传》曰：“张慎思，清河人。自黄巢军来归，累授军职，历诸军都指挥使。从平巢、蔡、兖、郓，皆著军功。”[③] 张慎思何时归汴，史无明言，按其从平巢、蔡，疑亦在陈州解围后。

黄文靖（？—911）。兖州金乡人。《旧五代史·黄文靖传》曰：“黄文靖，金乡人。少附于黄巢党中。巢败，归于太祖。”[④] 此处“巢败”，或即指黄巢撤陈州之围，东逃途中。

（二）黄巢别将

王仙芝死后，余党或入黄巢阵营，或单独转战，不一而足。前文已揭示王仙芝余党出没于江南的两股势力，而进入黄巢阵营者，已经属于黄巢集团，不便强加区分。然而《新唐书·黄巢传》的一段记载尚需辨明：

---

① 《旧五代史》（修订本）第二十五卷《武皇纪上》，中华书局 2015 年版，第 388 页；（宋）欧阳修、宋祁：《新唐书》第二二五卷下《黄巢传》，中华书局 1975 年版，第 6463 页。

② 《旧五代史》（修订本）第二十五卷《武皇纪上》，中华书局 2015 年版，第 397 页。

③ 《旧五代史》（修订本）第一十五卷《张慎思传》，中华书局 2015 年版，第 243 页。

④ 《旧五代史》（修订本）第十九卷《黄文靖传》，中华书局 2015 年版，第 302 页。

> 巢破考城，取濮州，元裕军荆、襄，援兵阻，更拜自勉东北面行营招讨使，督诸军急捕。巢方掠襄邑、雍丘，诏滑州节度使李峄壁原武。巢寇叶、阳翟，欲窥东都。会左神武大将军刘景仁以兵五千援东都，河阳节度使郑延休兵三千壁河阴。巢兵在江西者，为镇海节度使高骈所破；寇新郑、郏、襄城、阳翟者，为崔安潜逐走；在浙西者，为节度使裴璩斩二长，死者甚众。巢大沮畏，乃诣天平军乞降，诏授巢右卫将军。巢度藩镇不一，未足制己，即叛去。①

此处所载，为乾符四年十月黄巢与王仙芝分离之后，至乾符五年三月黄巢渡江之前的情况。其中提及黄巢在濮州、襄邑、雍丘、叶县、阳翟等地转战，其原因当是时值隆冬，为补充粮食而抄掠各地，并无直接目标。及至开春，黄巢进攻东都洛阳受到挫败后，在唐廷招抚之下，考虑到各道藩镇之间政令不一，自己尚有足够发展空间，乃南下渡江而去。

需要辨明的是黄巢乞降，并非因为顾虑到“巢兵在江西者，为镇海节度使高骈所破；寇新郑、郏、襄城、阳翟者，为崔安潜逐走；在浙西者，为节度使裴璩斩二长，死者甚众”，因为在江西、浙西者并非听黄巢指挥，在当时情况下，似也不可能远距离保持沟通。关于黄巢此次乞降，前辈学者多有讨论。方积六综合诸说，认为是伪降，并对《新唐书·黄巢传》这段话予以辩驳曰：“然而高骈这时在荆南任职，至乾符五年六月始调浙西。黄巢渡江南下后，高骈才败义军于浙东。裴璩败曹师雄义军，应是王仙芝余部，与黄巢农民军无关。”② 确实如此，稍可补充的是，所谓在江西者，或指王重隐·徐唐莒势力而言，所谓在浙西者，即指曹师雄势力。而“寇新郑、郏、襄城、阳翟”等地者，当指黄巢本部，或者与黄巢本部关系较密之别部，由黄巢别将统领。不过对于黄巢的别将，依然不知详情如何。

---

① （宋）欧阳修、宋祁：《新唐书》第二二五卷下《黄巢传》，中华书局 1975 年版，第 6454 页。

② 方积六：《黄巢起义考》，中国社会科学出版社 1983 年版，第 62 页。未加考辨相信《新唐书·黄巢传》记载的是杨善群《黄巢乞降经过考辨》，《求是学刊》1980 年第 4 期，第 116—120 页。

此后，黄巢渡江南下，在浙西、江西等地为高骈将领张璘所败，乃进入福建地区，并进一步进入岭南地区。在这段过程中，黄巢本部行军路线并无详细记载，但有关于别部的行军记载。程淘《程都使溍世录》一文即提道："乾符五年，岁在戊戌，端午日，黄巢别部入黄墩，淘之族人逃难解散，贼众遂营本宅，攻劫川谷，荡涤殆尽。"[①]

在岭南地区，若从《旧唐书·僖宗纪》所载乾符六年四月"陷桂管"[②] 开始，经过五月六月之间下广州[③]，到《资治通鉴》所载乾符六年十月北还[④]为止，大约将近半年时间。在此期间，可明确黄巢在等待唐廷对他求取节钺的答复，但其大部队已经攻陷广州。在岭南时期，黄巢亦可能有别将占领了安南、韶州，以及明确占领了连州。因涉及占领区问题，可见第二章的整理。乾符六年十月，黄巢部众因气候原因，从桂州沿江而下北伐。[⑤] 黄巢势力又进入新一阶段。

广明元年五月，黄巢败淮南将张璘于信州。六月，经过婺州、睦州、杭州，进入宣州。其中睦州、婺州为别将所下，本文第二章亦予以阐发。此后，黄巢从宣州渡江北上，在进入长安前，尚有一次别将记载。即黄巢尚未进入长安，更未称帝时，以乔钤留守华州，此属于分兵行为，乔钤亦成为黄巢别将之一，并未跟随主力部队前往长安。然而不久，黄巢称帝后，所谓别将，皆已是大齐政权的官员，不方便以别将称之。

（三）黄巢余党

黄巢死后，其依然选择对抗唐廷的部众，成为黄巢余党，他们选

---

① （唐）程淘：《程都使溍世录》，《新安文献志》第九十六卷上，黄山出版社 2004 年版，第 2454 页。

② （五代）刘昫：《旧唐书》第十九卷下《僖宗纪》，中华书局 1975 年版，第 703 页。黄巢下桂林，得到了当地溪洞蛮的响应和帮助，但溪洞蛮并不能算作黄巢别将。参见郭在忠、黄明光《支持黄巢义军的桂州"溪洞蛮"族属小考》，《民族研究》1989 年第 1 期，第 91—92 页。

③ 方积六：《黄巢起义考》，中国社会科学出版社 1983 年版，第 96—98 页。

④ （宋）司马光：《资治通鉴》第二五三卷"唐僖宗乾符六年九月条"，中华书局 1956 年版，第 8217 页。

⑤ 陈习刚：《黄巢起义大军自岭南北伐始发今桂林市区考》，《湖北大学学报》2001 年第 2 期，第 103—107 页。

择了与投降唐廷的黄巢部将不一样的人生道路，自然也注定了悲剧的命运。

笔者首先要考察的是在黄巢被杀之后身边人的情况。不过各种史料均未记载当时是否有逃脱追捕者。从当时诸军围剿来看，颇有可能。《旧唐书·僖宗纪》即云：“初，徐将李师悦与贼战于瑕丘，贼殊死战，其众殆尽。林言与巢走至太山狼虎谷之襄王村，惧追至并命，乃斩贼降师悦。”① 所谓殆尽，即在被诸道藩镇军队追剿过程中，黄巢部众已经相继或被杀，或投降。至于是否脱离，恐怕也有相当一部分。及至狼虎谷时，已没有多少人，从黄巢被外甥林言所杀，以及林言又一并杀害黄巢兄弟妻子来看，仅有一些亲戚最终跟随黄巢。当然，对此相关史料记载颇有矛盾，从而给后人留下各种传说的空间。不仅是民间相信黄巢可能化装为僧人脱逃，前辈学者亦有倾向此说者。② 但这只能是美好的想象。

事实上，黄巢确实有余党活动，但已经是光启二年（886）之事。相关记载分别如下：

1. 进忠，湘阴人，世为土豪。兄进思，唐中和初为浏阳镇将。黄巢之乱，江湖荒馑，进思阴养死士千人，以防寇盗。会巢弟黄浩领恶少数千，剽刦江左，号“浪宕军”，转入湖外，大掠浏阳。进思患之，乃与进忠谋率壮士伏山冢间，候浩军半过，横出击之。浩军大败，前后皆遁走，浩仅以身免。县以事闻于州，

① （五代）刘昫：《旧唐书》第十九卷下《僖宗纪》，中华书局 1975 年版，第 719 页。

② 如陈耀东：《黄巢遇害质疑》，《牡丹江师范学院学报》1988 年第 3 期；收入陈耀东《唐代文史考辨录》，团结出版社 1990 年版，第 387—401 页。大部分学者依然肯定史籍记载，引起讨论的是黄巢到底是自杀还是被林言所杀，相关讨论参见方积六《黄巢起义考》，中国社会科学出版社 1983 年版，第 258—263 页；傅永聚：《关于黄巢之死的几个问题》，《齐鲁学刊》1986 年第 4 期，第 17—18 页；崔同凡、贾铁山：《黄巢之死》，《菏泽师专学报》（社会科学版）1988 年第 2 期，第 53、58 页；李晓光、张令河：《泰山狼虎谷黄巢遇难考》，《岱宗学刊》2001 年第 3 期，第 11—12 页；沈淦：《黄巢与李顺在传说中的结局》，《文史杂志》2006 年第 3 期，第 57—59 页。

奏授进思岳州刺史。天复中，进思卒，进忠袭位。[①]

2. 巢从子浩众七千，为盗江湖间，自号“浪荡军”。天复初，欲据湖南，陷浏阳，杀略甚众。湘阴强家邓进思率壮士伏山中，击杀浩。[②]

这两条材料分别取自：1.《九国志·邓进忠传》；2.《新唐书·黄巢传》。

其中据材料2，则黄浩在天复（901—904年）初出没于湖南，而据材料1，则天复中为邓进思去世时间。对此，郁贤皓以《资治通鉴》光启二年所载“湘阴贼帅邓进思复乘虚陷岳州”[③] 而系邓进思于光启二年为岳州刺史，可从。[④] 如此，则邓进思败黄浩之后，并不必然出任岳州刺史，即邓进思击败黄浩当在光启二年之前。

除了时间问题，两条材料对于黄浩的身份亦有不同记载。材料1谓黄浩为黄巢之弟，而材料2谓黄浩为黄巢从子。对此，从前引《新唐书·黄巢传》载黄巢数弟在狼虎谷被杀的情况来看，黄浩是黄巢从子的情况或得其实。至于黄浩本人是否曾经参与过黄巢之变，尚无明确证据，今不列入对黄巢集团成员的统计中。

无论如何，黄浩作为黄巢余党则是事实。从这两则材料可以得知，黄浩在黄巢被杀之后，依然保持与唐廷对抗状态，并转战唐廷统治力量薄弱的江南地区。黄浩的势力，大约有数千人，并自称“浪宕（荡）军”。黄浩的目的，则在于占领唐廷控制力弱小的州县，而当时湖南即其目标。但并未充分考虑到湖南本地土豪势力的强大，最终为邓进思所败。至于黄浩是被“击杀”，还是“仅以身免”，则已经不重

---

① （宋）路振：《九国志》卷十一卷《邓进忠传》，《五代史书汇编》第六册，杭州出版社2004年，第3349页。

② （宋）欧阳修、宋祁：《新唐书》第二二五卷下《黄巢传》，中华书局1975年版，第6464页。

③ （宋）司马光：《资治通鉴》第二五六卷“唐僖宗光启二年”，中华书局1956年版，第8343页。

④ 郁贤皓：《唐刺史考全编》第一六五卷《岳州》，安徽大学出版2000年，第2403页。

要了。①

结　语

通过全文整理可知，其中王仙芝集团以及黄巢集团早期的成员，多自河南地道区，且以武勇之人居多，兄弟相从也是一大现象。黄巢集团脱离王仙芝集团之后，随着活动范围的扩大，更多地域、阶层的人物开始加入进来。直到立都长安时期，更因建立政权的需要而纳入了唐廷旧臣和地方藩帅。不过唐廷旧臣的地位不高，地方藩帅的离心力强，两类人物并未能够与黄巢集团的旧有核心成员融为一体，这也间接影响了其政权的生命力。至于下层普通民众和士兵，因史料缺乏而难以考察详情。特别是数量方面，王黄集团无论是合兵时期，还是分兵时期，势力都不是很大。最盛时，当属入长安前的十五万左右，其余数字统计或多或少都有问题。

别将和余党方面，王仙芝别将多出现于他在中原地区转战时期，余党则分王重隐・徐唐莒、曹师雄两股势力，活跃于江西和浙西。黄巢别将出现于他在岭南地区转战时期，以及经过浙西地区时期，余党主要有侄子黄浩的势力出没于湖南。总而观之，虽然王仙芝、黄巢起于北方，但他们的别将与余党多分布在南方地区。对此现象，可从当时南北方的不同政治和社会环境来考虑：就北方而言，北方藩镇是唐廷所有藩镇中最容易产生割据势力者，如河朔三镇一般自成一体，不易被外部力量侵入。且王仙芝活动时期和黄巢活动早期，北方地区的中原藩镇势力一直是牵制王仙芝、黄巢活动的最大因素。在这种情况下，很难有王仙芝、黄巢的别将的活动余地。就南方而言，王仙芝余党和黄巢南下之后产生的别将和余党，大部分出现于东南财源型藩镇。在这些藩镇地区，为了防止藩镇利用财政资源割据，一般而言并无大

---

① 陈耀东认为正统史家好用“击杀”“伏诛”“枭首”等词，从而怀疑黄浩身死的真实性，并进一步论证黄巢本人未死，似推论过度。参见陈耀东《黄巢遇害质疑》，《牡丹江师范学院学报》1988 年第 3 期，第 396 页。

规模驻军，很容易形成军事真空。因此，在王仙芝、黄巢集团的影响之下，南方地区的土豪势力得以纷纷登上历史舞台，与王仙芝、黄巢集团及其他们的别将与余党分一杯羹。

秦的圣都制度与都城体系*

潘明娟**

摘　要：多都制是中国古代都城发展史上的一个重要特点，但都城体系的发展具有明显的阶段性特征，先秦时期即表现为“圣都”与“俗都”并存现象。秦人受三代之影响，也建置有多个祭祀性都城即“圣都”，构成其复杂的都城体系的一环。作为不同时期的“圣都”，秦都西垂和雍城长期发挥着重要的国家宗教中心的功能，这两座都城的礼制建筑规模大、规格高远非其他“俗都”可比。秦的圣都制度借鉴自西周而又有其自身的特点，并对后世都城制度和都城体系的发展产生了深远的影响。

关键词：多都制；都城体系；圣都；俗都；礼制建筑

作为国家的政治中心（有时也是经济中心和文化中心），在现代世界，包括中国在内的大多数国家一般只有一个都城。但是在中国历史上，由于政治、经济、军事等诸多因素的限制，在区域空间权衡理念的支配下，导致许多王朝或政权除了设置首都（或称之为主都）以外，还设置有其他一些都城，亦即陪都（或称之为别都），从而形成多元政治中心并存的局面，并构成了由一个首都与若干陪都所组成的复杂的都城体系。这种特殊的都城制度现象可称之为“多都制”，是中国古代都城发展史上的一个重要特点。多都制起源甚早，在中国都城发展过程中曾长期存在，其本身的发展也具有一定的时空特征。

---

* 本文为陕西师范大学重点学科重点项目“中国历史城市地理”（编号：SNNUHG04001）资助成果。

** 作者简介：潘明娟，西安电子科技大学历史系教授。

关于多都制，学术界少有论述，只有李自智先生的《先秦陪都初论》[①] 和许顺湛先生的《中国最早的两京制——郑亳与西亳》[②]（《中原文物》1996 年第 2 期）。《先秦陪都初论》介绍了先秦的几个陪都偃师商城、西周洛邑、燕下都故城，初步论述了作者对于先秦陪都制度形成的思考；《中国最早的两京制——郑亳与西亳》认为偃师商城与郑州商城是我国历史上最早出现的“二京制”。而多都制中的“圣都”制度，在张光直先生提出之后，学术界基本没有回应。

先秦时期是多都制的萌芽形成期，都城体系构成及其空间组合类型也比较复杂，圣都作为一种特殊陪都形式的存在，就是这一时期一个重要的都城制度特色。这里就先秦时期秦国的圣都及其相关问题进行初步的探索，不当之处，敬祈方家有以正之。

一 先秦的多都制度与圣都问题

多都制起源甚早，有学者认为远在夏代即已出现[③]。有关夏代的陪都，考古学上还未能得到确认。还有学者认为，“早商时代，偃师商城可以说一直是商都的别都（即陪都或离宫）”[④]，或者提出郑州商城（即阑或管）是商代前期的别都，而朝歌（即牧或沬）是商代晚期的别都[⑤]。另外则有学者认为中国历史上最早的陪都是西周初营造的雒邑[⑥]。学界的具体观点虽有一些差异，但先秦时期多都制度是一个较为普遍的现象，则是不争的事实。

---

① 李自智：《先秦陪都初论》，《考古与文物》2002 年第 6 期。

② 许顺湛：《中国最早的两京制——郑亳与西亳》，《中原文物》1996 年第 2 期。

③ 张国硕：《夏商时代都城制度研究》，河南人民出版社 2001 年版，第 66 页。

④ 邹衡：《桐宫再考辨——与王立新、林沄两位先生商榷》，《考古与文物》1998 年第 2 期，第 30—32 页。

⑤ 杨宽：《中国古代都城制度史研究》，上海人民出版社 1993 年版，第 32—39 页。

⑥ 史念海：《中国古都概说》，《中国古都研究》，中国书店 1993 年版，第 8 辑；朱士光、叶骁军：《试论我国历史上古都的形成与作用》，《中国古都研究》，浙江人民出版社 1987 年版，第 3 辑；赵中枢：《古都与陪都》，《中国古都研究》，中国书店 1993 年版，第 8 辑。

1. 多都制与区域空间权衡

多都制的产生，是与都城的功能、选址条件和国家实力等问题联系在一起的，亦是区域空间权衡的结果。

有些学者业已提出，国都定位属于区域空间现象，是区域空间权衡的结果，也就是说中国历史上国都的选址需要同时考虑“对内安全指向”和“对外发展指向”①。值得注意的是，在国都选址问题上，区域空间权衡实际上表现为两种方式，一是首都位置的迁移，二是多都制的实施。

都城所在地区既便于治内，即镇压国境以内的叛乱，又利于御外，即抗拒境外敌人的入侵。这样都城的地理位置最好是地理上的几何中心，至少应位于王朝全境的中心地区，或有便捷的交通线，便于同全国各地的联系，便于统治。但是，各个方面条件都十分优越、符合理想的首都，在我国历史上并不存在。所以每个王朝首都的选择，总是根据当时的各种矛盾，选择比较有利的地点，这种有利地点可能是一个，也可能是两个甚至多个。首都的选定一般都反映了某一时期总的形势。如果形势发生了变化，可能就要影响都城的迁移。首都的迁移是国家的大事，同时也是一个复杂的系统工程，涉及诸多方面，一方面，国都所承担的使命重大，需要大兴土木从事国都建设，并配以完善的交通通信设施、特殊的京畿制度等，才能使首都成为国家神经中枢，规划、建设一个首都需要大量人力、物力。频繁的迁移都城，对国家实力是非常大的损耗，因此，迁都之后，产生了新的首都，但仍然要保存原有的都城，这样不仅可以作为后方根据地，还可以节省建都开支。另一方面，都城功能本身也是非常复杂的，是由多种核心功能与叠加功能所构成的复杂系统（参见图1所示）②，由于任何一个区位都有其局限性，所以首都无论选址在何处，都无法将都城功能体系中所有功能都完全发挥出来，这样要求另设一些都城，形成多元政治中心格局，以便有效地控制国家政治动作，这也相应地促成了多都制的产生。

---

① 侯甬坚：《区域历史地理的空间发展过程》，陕西人民教育出版社1995年版，第161—171页。

② 彭兴业：《首都城市功能研究》，北京大学出版社2000年版，第74页。

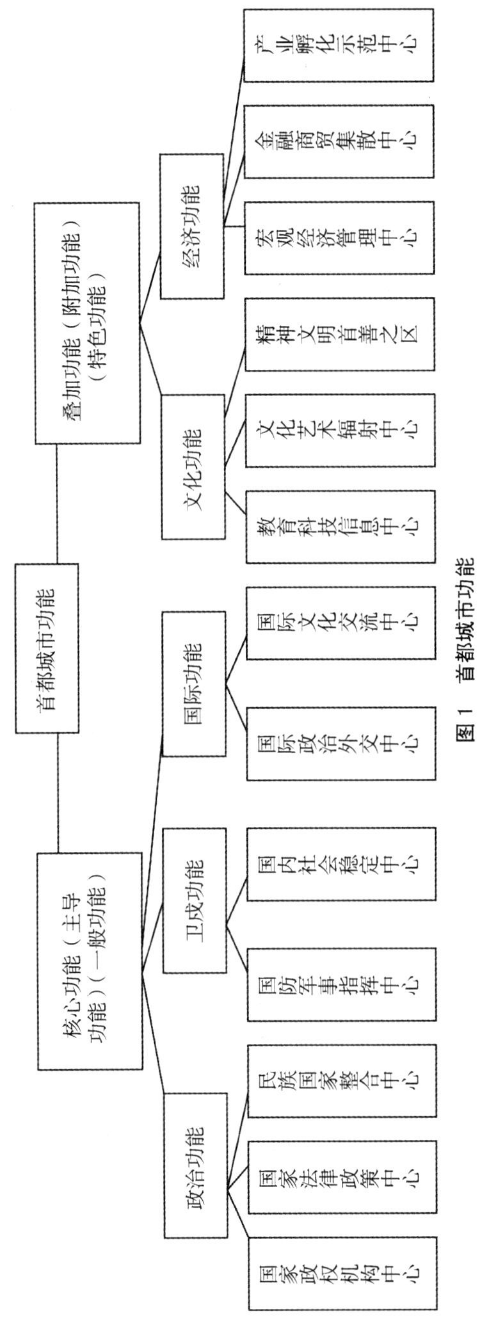

首都城市功能
核心功能（主导功能）（一般功能）
叠加功能（附加功能）（特色功能）
政治功能
卫戍功能
国际功能
文化功能
经济功能
国家政权机构中心
国家法律政策中心
民族国家整合中心
国防军事指挥中心
国内社会稳定中心
国际政治外交中心
国际文化交流中心
教育科技信息中心
文化艺术辐射中心
精神文明首善之区
宏观经济管理中心
金融商贸集散中心
产业孵化示范中心

图1 首都城市功能

2. “圣都”及其产生的原因

先秦时期虽说是中国多都制度的萌芽形成期，对后世都城制度的发展产生了深远的影响。但也应看到，这一时期受国家政治与社会形态发展水平的影响，其多都制度表现出相应的时代特征，具体来说就是存在一种特殊的多都形式，即“圣都”与“俗都”并存。

关于圣都问题，是董作宾先生提出的，他认为商丘的“商”是殷商先王宗庙所在，是商代亘古不变的“圣都”①。后来张光直先生总结性地论述道：

> 三代虽都在立国前后屡次迁都，其最早的都城却一直保持着祭仪上的崇高地位。如果把那最早的都城比喻作恒星太阳，则后来迁徙往来的都城便好像是行星或卫星那样围绕着恒星运行。再换个说法，三代各代都有一个永恒不变的“圣都”，也各有若干迁徙行走的“俗都”。“圣都”是先朝宗庙的永恒基地，而俗都虽也是举行日常祭仪所在，却主要是王的政治、经济、军事的领导中心。圣都不变，缘故容易推断，而俗都屡变，则以追寻青铜矿为主要的因素。②

董、张二位前贤揭示出在中国早期都城制度中有“圣都”与“俗都”并存的现象以及两者的不同之处，这是对中国古代都城制度史研究的一个重要贡献。但问题是为什么会出现这种现象，这不能不结合当时国家都城的功能体系的特点作一番讨论。

如前所述，已有学者研究认为，现代国家首都的功能是一个包括许多子功能的复杂系统，既有若干核心功能（也可称之为主导功能或一般功能），又有一系列叠加功能（也可称之为附加功能或特色功能）。这一理论也可以用以分析研究中国古代都城的功能体系问题，因为中国古代都城也具有复杂的功能体系，只不过具体表现有所不同，所谓“国之大

① 董作宾：《夏商周三代都制与三代异同》，《大陆杂志》1935 年第 1 期。

② 张光直：《考古学专题六讲》，文物出版社 1986 年版，第 110—126 页。

事，在祀与戎”，就说明早期国家都城的核心功能主要体现在祭祀与军事两方面。

其实，都城功能体系与其所依托的都城体系之间的矛盾运动，正是中国古代都城发展史上一条重要规律。

都城的各种功能叠加在一起，会出现我们通常所看到的“聚变模式”——这是一种极易使首都城市发展成为“巨头首都”的模式；但如果在发展中采取“裂变的模式”，将城市功能分散于两个或多个城市中，这就是所谓的“裂变模式”：分散首都城市功能，进而形成“双头首都”或“多头首都”模式，如“两京制”“多都制”“正都与副都（或陪都）制”等。这种“裂变模式”就是多都制的由来。而从中国古代都城发展的特点来看，“聚变模式”与“裂变模式”都长期存在，但不同时期亦有不同的主流，大致说是早期以“裂变模式”为主，后期则呈现出以“聚变模式”为主要趋势，新中国成立后更出现一都独尊的局面（首都即是国都）。

夏、商、周三代的都城作为国家的政治中心，承担着“祀”与“戎”两种都城功能，但当在经过区域空间权衡之后，新定的首都无法同时发挥这两种都城功能之时，就自然而然地导致祭祀性都城与军事性都城的出现。

三代时期政教合一，国都的宗教功能被特别看重。《春秋左传集解》庄公二十八年：“凡邑，有宗庙先君之主者曰都，无曰邑。”[①]虽然说的是战国时期，诸侯国都城的宗庙祭祀功能是其主要功能之一，但是，这一记载也在一定程度上反映了战国之前，宗庙祭祀功能在都城功能中的核心地位。如前所述，“国之大事，在祀与戎”，祭祀为国家“大事”，在“王即天下”的政治模式下，在有先王宗庙的“永恒基地”——圣都——祭拜祖先，则为国家或帝王大事中的重中之重。因此，当帝王因各种原因择迁新都城以后，对于先王宗庙所在旧都仍然不敢忘怀，不仅仍然将其尊为自己的国都，而且还要不时地加以利用。这正是三代普遍存在“圣都”现象的真正原因。

① （西晋）杜预：《春秋左传集解》，上海人民出版社 1977 年版，第 201 页。

祭祀性都城即“圣都”的出现，亦即“圣都”与“俗都”并存，不仅是三代都城制度的特殊之处，而且也使得这一时期的都城体系表现出与中国王朝后期都城体系的不同特征。看作是当时都城体系的一个重要组成部分，确实是相当符合实际情况的。当然，也应指出的是，圣都不一定是最早的都城，也不一定是唯一的，它随着国家实力的盛衰、国家疆域的大小、俗都的迁移而变化。

二　秦的圣都及其地位

与三代一样，也可以说是受三代之影响，秦人也同样圣都与俗都并存，并且还呈现出因时而异的特点。

三代圣都的“祭仪上的崇高地位”，是其在国家都城体系能够占据重要地位的主要原因。秦人所建的圣都也复如此。圣都承担着国家主要的祭祀功能，集中反映在礼制建筑的规模和规格方面。所谓礼制建筑，就是“在古代都城范围内修建的，对天地祖先人鬼等举行国家祭祀活动的建筑设施”①。探讨秦人所建都城的礼制建筑，有助于我们了解秦的圣都的礼制地位。

秦数次迁都，最后定都咸阳。学术界基本认定，秦有九个都城，即：秦邑、西垂（西犬丘）、汧、汧渭之会、平阳、雍、泾阳②、栎阳、咸阳。其中，秦邑为秦未封诸侯时的居所，本文暂不讨论。我们讨论的秦都城从周宣王时期秦庄公为西垂大夫开始。

1. 西垂的圣都地位

《史记》中有记载秦先祖中潏“在西戎，保西垂”，到非子时“居犬丘”，秦庄公时，“居其故西犬丘”，文公元年，“居西垂宫”。关于西垂、西犬丘、犬丘，王国维先生认为：“余疑犬丘、西垂本一地，自庄

---

① 姜波：《汉唐都城礼制建筑研究·前言》，文物出版社 2003 年版，第 1 页。

② 徐卫民：《泾阳为秦都考》，《中国历史地理论丛》1998 年第 1 期，第 155—159 页。

公居犬丘号西垂大夫，后人因名西犬丘为西垂耳。”[①] 徐中舒先生认为：“西犬丘又称西垂。”[②] 何清谷先生认为：“西垂大夫应是以今甘肃天水市一带为食邑，治所在西犬丘，所以西犬丘又名西垂。”[③] 则三个名字作为秦的都城是指同一个地方。

西垂是秦人称“秦”之前就居住的地方，非子就是“居犬丘”，后因养马有功，周孝王“分土为附庸，邑之秦，使复续嬴氏祀，号曰秦嬴”[④]。但是，经过秦侯、公伯、秦仲，到庄公时，又“居其故西犬丘”。在西垂，庄公被封为西垂大夫，其子襄公以诸侯的身份建立西畤祭天。可以说，西垂是秦人跻身诸侯之列的开端，是秦人开始发迹的地方。襄公营建汧都，并没有完全放弃西垂，他在西垂设置了秦的第一座祭天建筑西畤[⑤]，开创了秦人祭天的传统。襄公死后，葬于西垂，其继承人文公“居西垂宫”，三年后才重新征战，“以兵七百人东猎”。这足以说明西垂在秦人心目中的地位。西垂在秦人的祭祀活动中占有一定的地位。这里有秦襄公在此设置的祭天的西畤，有“先王宗庙”[⑥]，有“数十祠”[⑦]，还有秦几位先公的陵寝。同时，秦人离开西垂之后，并没有在汧、汧渭之会和平阳布设宗庙及祭天建筑，因此，秦人的祭祀活动还是在西垂举行。西垂有着“祭仪上的崇高地位”，是秦的第一座圣都。

但是，由于秦早期国力弱小，都城规模也不大，仅有一、二个宫殿或宗庙而已。秦在西垂（西犬丘）仅有西垂宫[⑧]，到平阳时也仅只有一个“平阳封宫”[⑨] 而已。受到都城规模的限制，西垂的礼制建筑，规模并不大，数量也不是很多。

---

① 王国维：《观堂集林》第十二卷，《秦都邑考》，中华书局 1959 年版，第 530 页。

② 徐中舒：《先秦史论稿》，巴蜀书社 1992 年版。

③ 何清谷：《嬴秦族西迁考》，《秦文化论丛》，西北大学出版社 1993 年版，第 1 辑。

④ （汉）司马迁：《史记》，《秦本纪》，中华书局 1959 年版，第 177 页。

⑤ （汉）司马迁：《史记》，《秦始皇本纪》，第 285 页。

⑥ 同上书，第 269 页。

⑦ （汉）司马迁：《史记》，《封禅书》，中华书局 1959 年版，第 1375 页。

⑧ （汉）司马迁：《史记》，《秦本纪》，中华书局 1959 年版，第 179 页。

⑨ 同上书，第 182 页。

表 1　　秦早期都邑

都城	经历的国君	做政治中心的起止年代	建都时间	礼制建筑	都城地位
西垂	庄公、襄公、文公	庄公元年（前 821 年）—襄公二年（前 770 年）、文公元年（前 765 年）—文公三年（前 763 年）	55 年	西畤、宗庙、陵墓	西垂是秦人开始发迹的地方，是张光直先生所谓“最早的都城”，是圣都。
汧	襄公	襄公二年（前 770 年）—襄公十二年（前 766 年）	11 年	未见记载	俗都
汧渭之会	文公、宁公	文公四年（前 762 年）—宁（宪）公二年（前 714 年）	48 年	未见记载	俗都
平阳	宁公、出公、武公	宁（宪）公二年（前 714 年）—武公二十年（前 678 年）	36 年	未见记载	俗都

2. 雍城的礼制建筑

先秦时代是崇尚鬼神、祖先的时代，祭祀天地、鬼神与祖宗在国家政治中占有重要地位。这种思想，反映到都城的营建上，就有了“凡帝王徙都立邑，皆先定天地社稷之位，敬恭以奉之。将营宫室，则宗庙为先，厩库次之，居室为后”的顺序①。

秦德公时迁都雍城，到秦灵公建都泾阳时，雍城作为秦都城已达 254 年，在秦都城发展中具有里程碑的作用。可以说，雍城是秦人修建的第一座大规模的都城，以至于西戎人由余在观看了秦都城后不禁叹言：“使鬼为之，则劳神矣；使人为之，亦苦民矣。”② 这样大规模的都

① （西晋）陈寿：《三国志》，《魏志》卷二十五卷，中华书局 1959 年版，第 711 页。

② （汉）司马迁：《史记》，《秦本纪》，中华书局 1959 年版，第 192 页。

城，礼制建筑就比较庞杂了。

因此，雍在秦人的礼制建筑中拥有独特而重要的地位。

姚家岗遗址的大郑宫是一座以宗庙为主的建筑。姚家岗遗址发现了牛羊祭祀坑及祭祀用玉器，说明了这一点。

在雍城，还发现了独立的宗庙建筑——马家庄一号建筑群遗址。这座建筑遗址坐北朝南，平面为长方形，位于雍城中部偏北。南北残长约76米，东西宽87.6米，面积约为6660平方米。由大门、中庭、朝寝、亭台及东西厢等部分组成，整个建筑四周有围墙环绕，布局井然有序，规矩整齐。大门由门道、东西塾、回廊、散水等部分组成。东西宽达18.8米，南北进深因南部残损已不可知。中庭位于大门北面，为一中间微凹下，四周稍高的空场，平面为长方形，南北长34.5米，东西宽30米。中庭南部有夯土路面三条，踩踏面一条，分别连接大门、东厢、西厢等。朝寝在中庭的北侧，由前朝、后寝、东西夹室、北三室、回廊、散水、东西阶等部分组成，东西宽20.8米，南北进深13.9米。亭台平面呈长方形，东西宽5.4米，南北长3.8米，四边无檐墙，四角各有角柱一对，外有石子散水环绕。东西厢分别位于中庭之东西侧，均由前堂、后室、南北夹室、东（西）三室及回廊、台阶组成，东厢南北面阔24米，东西进深13.9米，西厢残缺。在上述建筑的四周有夯土围墙，东围墙现存两段，通长55.9米，南北各发现一个门址。西围墙现存通长71.1米，中段残缺，北段有一门址。南墙残损最甚，仅发现西侧一段，长10米。北墙保存完整，长87.6米。在马家庄一号建筑遗址内，出土有各种陶瓦、铜质建筑构件。在中庭、东西厢南侧及祖庙厢内，发现各类祭祀坑181个，牛羊有全牲、无头和切碎三种祭祀形式，坑与坑之间存在着复杂的打破关系，这是多次祭祀的结果。

根据遗址祭祀中出土的遗物、建筑的总体布局及有关史籍记载，初步认为马家庄一号建筑群的建筑年代应为春秋中期，废弃时间应在春秋晚期。① 可以说，一号建筑群是包括祖庙、昭庙、穆庙、祭祀坑等在内

---

① 陕西省雍城考古队：《凤翔马家庄一号建筑群遗址发掘简报》，《文物》1985年第2期。

的一座较完整的大型宗庙遗址。

马家庄一号宗庙遗址是迄今发现规模较大、保存较完整的先秦高级建筑。

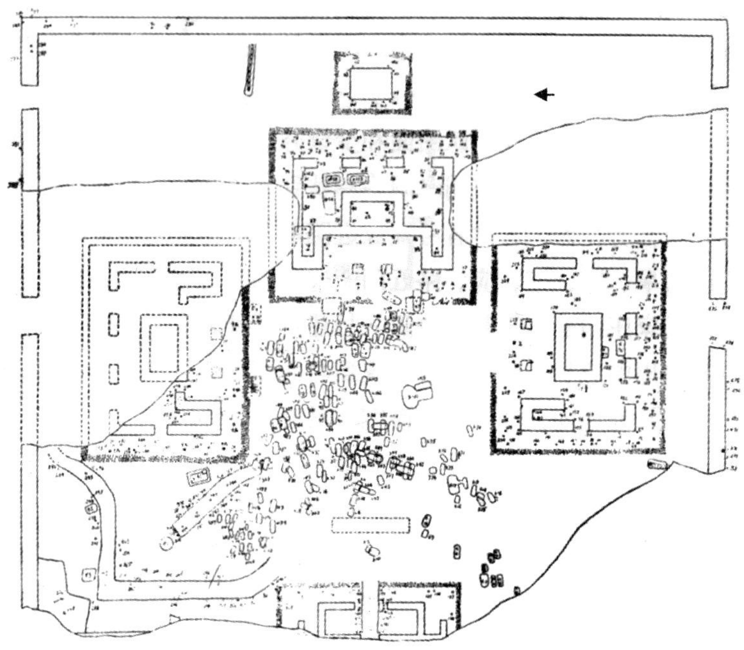

图 2　马家庄一号建筑遗址

（采自陕西省雍城考古队《凤翔马家庄一号建筑群遗址发掘简报》，《文物》1985 年第 2 期）

雍城还有许多祭祀天地鬼神的建筑。“自古以雍州积高，神明之隩，故立畤郊上帝，诸神祠皆聚云。”① 秦人祭上帝，立有“四畤”，且这四畤都在雍都。雍四畤，已经有一些学者做过实地踏查与文献考证②。其中，有鄜畤，秦文公立，祠白帝；密畤，秦宣公立，祠青帝；吴阳上畤，秦灵公立，祠黄帝；吴阳下畤，秦灵公立，祠炎帝。除此之外，雍还有其他祠庙。如，“雍有日、月、参、辰、南北斗、荧惑、太白、岁

① （汉）司马迁：《史记》，中华书局 1959 年版，第 1358 页。

② 参见王学理《咸阳帝都记》，三秦出版社 1999 年版，第 164、165—166、168、171 页；田亚岐《秦汉置畤研究》，《考古与文物》1993 年第 2 期。

星、填星、辰星、二十八宿、风伯、雨师、四海、九臣、十四庙、诸布、诸严、诸述之属，百有余庙。”①

雍城还是自德公以后二十几位国君的陵寝所在地。

可以说，雍城的礼制建筑规模大、规格高。这足以说明雍都在秦人心目中的崇高地位。根据前述张光直先生关于“圣都”的概括，“保持祭仪上的崇高地位的国都”可以称之为“圣都”。是否可以把雍看作秦的另一个圣都呢？我们需要考察秦人离开雍之后，在泾阳、栎阳及咸阳各都城建造的礼制建筑的规格、规模以及雍在祭祀方面的重要性等问题。

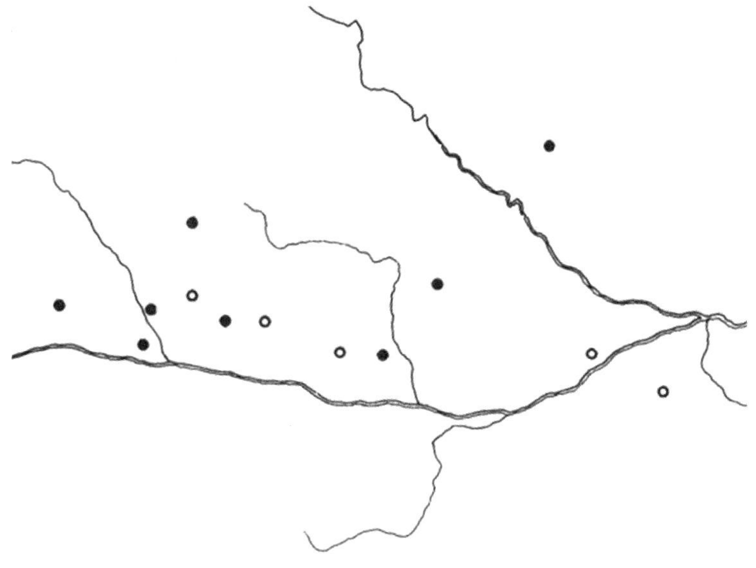

图3　雍都四畤分布图

3. 雍在秦都泾阳、栎阳时期的圣都地位

一般认为，泾阳和栎阳是秦为了对付东方的魏国而修建的临时性都城，其目的纯粹是为了对东方的战争，其建都的目的很明显就是为了同东方的魏国争夺河西之地。秦穆公时已拥有河西之地，但后来又被魏国夺走，一个重要的原因就是秦的都城雍距离河西地区太远，鞭长莫及，

① （汉）司马迁：《史记》，《封禅书》，中华书局1959年版，第1375页。

因此得而复失。所以要真正夺得河西地区，打开东进之路，必须把都城往东迁，因此灵公时“居泾阳”，献公、孝公时“徙治栎阳”，夺回了河西之地，完成了“复穆公之故地”的任务，而且迫使魏国把都城由安邑迁往东方的大梁。至秦孝公时期，栎阳完成了其使命，都城被迁到了咸阳。

泾阳、栎阳因为是临时性都城。由于建都的临时性目的及建都时间较短的现实，这两座都城在建设上较为简单，规模不大。据考古发掘，栎阳城东西长约 2500 米，南北宽约 1600 米，3 条东西向干道横贯全城，东西城墙各辟有 3 个城门，3 条南北向干道有 2 条通向城外，南北城墙相应各辟有 2 个城门。城内发现大型建筑基址 10 处，但宫殿所在难以判定。[①] 据记载，泾阳没有礼制建筑，秦灵公在居泾阳时，在雍附近作吴阳上畤、吴阳下畤，这说明虽然泾阳为政治军事中心，但雍仍保持着宗教祭祀上的优势；而栎阳也只是因为“栎阳雨金，秦献公自以为得金瑞，故作畦畤栎阳而祠白帝”[②]。因此，从礼制建筑的规模和规格来说，这两个都城在祭祀方面并不完备，可以说是设备不完全的都城。在这两座城附近并没有发现大型墓葬，说明这一时期的秦王死后并未埋葬于此。据尚志儒《秦陵及其陵寝制度浅论》：“雍城墓地……葬德公以下，献公前的 20 位国君（其中包括未享国的太子 1 人），历时近 300 年”[③]，可以看出，泾阳、栎阳时期，国君还是归葬雍城的。那么，在秦国国君的心理上，雍与泾阳、栎阳相比还是有一定分量的。

既然泾阳、栎阳在祭祀、礼制方面没有履行其都城职能，我们可以推断，原来的都城雍可能一直保持着祭仪上的崇高地位，雍是泾阳、栎阳时期的圣都。

当然，雍的圣都地位在泾阳时期和栎阳时期是不一样的。秦灵公居泾阳时，还在雍附近设立吴阳上畤、吴阳下畤，而且从雍城的马家庄一号建筑遗址的使用年代来看，它的下限延续至春秋晚期，即泾阳时期。

---

① 中国社会科学院考古研究所栎阳发掘队：《秦汉栎阳遗址的勘探和试掘》，《考古学报》1985 年第 3 期，第 353—381 页。

② （汉）司马迁：《史记》，《封禅书》，中华书局 1959 年版，第 1365 页。

③ 尚志儒：《秦陵及其陵寝制度浅论》，《文博》1994 年第 6 期，第 7—14 页。

这说明在泾阳时期雍的圣都地位比较牢固。到了栎阳时期，一方面，没有考古发现证明雍的宗庙建筑继续使用；另一方面，秦献公在栎阳设立畦畤这种礼制建筑，则预示着雍的圣都地位有了下降的趋势。

4. 西垂、雍与咸阳的关系

秦由栎阳迁都咸阳，有利于秦东出函谷关与六国争锋。咸阳位于渭河中下游分界处，是控制关中地区东西大道的咽喉。东西大道是关中地区交通的主干道。由于咸阳以东的渭河北岸有泾河、石川河、洛河等大川，横渡这些河流并非易事，故东出的道路必须在咸阳渡渭，沿渭南侧出函谷关；与此相反，咸阳以西的渭河南岸有涝河、黑河等大川，而渭北的咸阳原东西二三百里却没有一条河流，地形平坦，从咸阳西行，当然以走咸阳原最为理想。同时，咸阳附近的渭河河势顺畅，两岸土质坚硬，容易建立渡口或修建桥梁。在咸阳建都，能够有力地发挥水陆交通的优势。

在咸阳建都期间，咸阳礼制建筑得到了前所未有的发展。

秦人祭天，主要的地点有咸阳之郊、雍四畤、甘泉宫圜丘（其地望在今陕西乾县注泔乡南孔头村①）、泰山等。其中咸阳之郊在咸阳。秦人"三年一郊。秦以十月为岁首，故常以十月上宿郊见，通权火，拜于咸阳之旁，而衣上白，其用如经祠。……西畤、鄜畤，祠如其故。"② 这说明秦始皇在咸阳之旁郊天已成定制，但西垂之"西畤"、雍城之"鄜畤"等仍然发挥其作用。

宗庙祭祀在秦代备受重视。"秦始皇云：赖宗庙之灵，六王咸服其辜，天下大定。"③ 秦之咸阳的宗庙，主要包括秦始皇及其以前所修的"诸庙"和秦始皇时期新修、秦二世定名的"秦始皇极庙"。"诸庙"的位置，有记载："诸庙、章台、上林皆在渭南"④，其中，秦昭王庙的位置有较具体的记载：

樗里子卒，葬于渭南章台之东，曰"后百岁，是当有天子之宫

① 曹发展：《秦甘泉宫地望考》，《泾渭稽古》1993 年第 2 期。

② （汉）司马迁：《史记》，《封禅书》，中华书局 1959 年版，第 1377 页。

③ （汉）司马迁：《史记》，《秦始皇本纪》，中华书局 1959 年版，第 236 页。

④ （汉）司马迁：《史记》，《秦始皇本纪》，中华书局 1959 年版，第 239 页。

> 夹我墓。”樗里子疾室在秦昭王庙西、渭南阴乡樗里，故俗谓之樗里子。至汉兴，长乐宫在其东，未央宫在其西，武库正直其墓。①

整理各建筑的位置，应当是：樗里子墓在长乐宫、未央宫之间，压在武库遗址之下，樗里子疾室当在其东不远的地方，而秦昭王庙在其东侧。而长乐宫、未央宫、武库的位置今已勘察清楚②，所以，秦昭王庙大致位置在渭南汉长安城的东南部。秦代诸庙的位置大概也多在此地。

秦始皇极庙原名信宫，建于秦始皇二十七年（公元前 220 年），竣工后改名“极庙”，二世尊其为“始皇庙”，以礼进祠，为“帝者祖庙”③。其位置当在渭河南岸。

秦统一之后，有“立社稷”的举措④。汉兴，“除秦社稷，立汉社稷”⑤。据刘庆柱推测，“汉初之社可能是在秦咸阳城的秦社基础之上建成的”⑥，则秦社的位置应该在汉社稷所在的汉长安城南郊。

尽管咸阳的礼制地位不断上升，但是在秦定都咸阳期间，西垂和雍的地位仍不可小觑。秦代的宗庙，直到二世时期，仍是“先王庙或在西、雍，或在咸阳”⑦ 的格局。秦人在迁都咸阳的时间里，雍的宗庙仍维持着高规格的奉祀制度。秦昭襄王“五十四年，王郊见上帝于雍”⑧。秦始皇九年“四月，上宿雍。己酉，王冠带剑”⑨。这是秦王嬴政按照当时的礼制传统到雍都旧地的祖庙行“冠礼”。这些史实都反映了圣都在礼制上的重要地位。通过这些史实也可以看出，随着秦人在经营咸阳的时间增长以及咸阳的礼制建筑增多，圣都的地位也在逐渐下降。对于西

① （汉）司马迁：《史记》，《樗里子列传》，中华书局 1959 年版，第 2310 页。

② 刘庆柱：《汉长安城的考古发现及相关问题研究——纪念汉长安城考古工作四十年》，《古代都城与帝陵考古学研究》，科学出版社 2000 年版，第 125—141 页。

③ （汉）司马迁：《史记》，《秦始皇本纪》，中华书局 1959 年版，第 271 页。

④ （汉）司马迁：《史记》，《李斯列传》，中华书局 1959 年版，第 2561 页。

⑤ 《三辅黄图校注》（陈直校注本），陕西人民出版社 1981 年版，第 124 页。

⑥ 刘庆柱：《汉长安城的考古发现及相关问题研究——纪念汉长安城考古工作四十年》，《古代都城与帝陵考古学研究》，科学出版社 2000 年版，第 135 页。

⑦ （汉）司马迁：《史记》，《秦始皇本纪》，中华书局 1959 年版，第 269 页。

⑧ （汉）司马迁：《史记》，《秦本纪》，中华书局 1959 年版，第 218 页。

⑨ （汉）司马迁：《史记》，《秦始皇本纪》，中华书局 1959 年版，第 227 页。

垂来说，秦人的政治中心离开这里已经近五百年了，其圣都地位下降得最厉害。雍城虽然还能保持“祭仪上的崇高地位”，但与泾阳、栎阳时期相比较，咸阳时期的秦王已经在咸阳附近祭天、建社稷，也不再归葬雍城，种种迹象表明雍城的圣都地位在咸阳时期已大大下降。

从西垂、汧、汧渭之会、平阳，到雍城，以及后来的泾阳、栎阳、咸阳的迁都路线可以看出，秦数次迁徙俗都，并不是为了追寻青铜矿，其真正原因是为了开疆拓土，达到扩张的目的。

表 2　雍及以后都城的礼制建筑及地位

都城	经历的国君	都城起止年代	建都时间	礼制建筑	地位
雍	德公、宣公、成公、穆公、康公、共公、桓公、景公、哀公、惠公、悼公、厉共公、躁公、怀公	德公元年（前677）—秦亡（前207）	471 年	大郑宫以宗庙为主的建筑、马家庄一号独立的宗庙建筑、雍四畤、先王庙、陵寝等	圣都
泾阳	灵公、简公、惠公、出子	灵公元年（前424）—出子二年（前384）	41 年		俗都
栎阳	献公、孝公	献公元年（前384）—惠文王十三年（前349）	36 年	畦畤	俗都
咸阳	孝公、惠文王、武王、昭王、孝文王、庄襄王、秦王政、秦二世	惠文王十三年（前349）—秦亡（前207）	143 年	咸阳之郊祭天建筑、诸庙、秦始皇极庙、社稷	俗都

说明：1.“经历的国君”和“都城起止年代”根据方诗铭编《中国历史纪年表》（上海辞书出版社 1980 年版）相关资料整理；“礼制建筑”根据相关考古资料整理。

2. 计算雍的建都时间，从秦德公建雍（前 677 年）开始，但不应结束于秦灵公元年（前 424 年）迁都泾阳时，而应计算后来雍作为“圣都”的时间。这样，雍作为都城的时间下限为秦灭亡（前 207 年），其建都时间为 471 年。雍独立为都的时间为254年。

三　秦圣都与俗都的关系及其历史影响

总结秦的圣都——西垂和雍城——与其他俗都的地域组合关系和功能互补关系，我们可以得出以下几点规律：

1. 在秦向东扩展的过程中，圣都充当秦的大后方，是永久性都城，而俗都是为军事目的而建的，是暂时性都城

随着秦向东的逐步扩展，都城也由西向东逐步推进。在秦的大部分时期，东方是向前扩展的疆域，俗都是前线都城，圣都则是根据地，是永久性都城。前期的圣都西垂是汧、汧渭之会、平阳的后方；后期的雍城是泾阳、栎阳、咸阳的后方。

兹以雍以后的都城为例说明之。

雍以后的都城，无论是泾阳、栎阳还是咸阳，在开始时无疑都是作为军事性都城而暂时存在的。

泾阳和栎阳是秦为了对付东方的魏国而修建的临时性都城，其目的纯粹是为了对东方的战争。秦穆公时已拥有河西之地，但后来又被魏国夺走，一个重要的原因就是秦的都城雍距离河西地区太远，鞭长莫及，因此得而复失。所以要真正夺得河西地区，打开东进之路，必须把都城往东迁，因此灵公时“居泾阳”，献公、孝公时“徙治栎阳”。对魏国战争的不断胜利，魏国从对秦的战略攻势变为守势，除把国都迁到大梁之外，还修建长城以御秦。随着对魏战争的胜利，泾阳、栎阳也失去了都城的作用，遂迁都咸阳。这说明这两个都城都是临时的军事性质。

迁都咸阳的目的是为了秦国东出函谷关与六国争锋。如前所述，咸阳的东西交通便利，虎踞关中、俯视关东，它的区位要比雍或泾阳和栎阳有利得多。全国统一之后，都城的选址范围扩大了，但权衡下来，圣都雍太过偏西，而咸阳进可统治全国，退可保有秦人旧有之地，成为都城首选。

圣都在军事性都城的后方，主要发挥着国家宗教祭祀职能。

同时，春秋战国时期，秦的国家政权机构较为简单，基层组织尚不

健全。而秦基层组织的健全是在商鞅变法之后逐渐完善起来的。因此，不能仅仅在中心区域建立一个都城实施对全国的统治和治理，不然会存在鞭长莫及的现象。而秦又不停地开疆拓土，其中心区位在不断变化，这样，仅依靠一个都城，很难对国家进行有效治理，以保障国家在对外战争中的实力。设置几个政治中心，对原有统治区和新辟统治区分别进行管理，是一个行之有效的办法。

2. 秦的圣都经过精心经营，较之俗都规模宏大、规划整齐

由于缺乏相关资料，西垂的都城规模和规划情况我们已无从知晓。但通过比较雍城及其以后的栎阳，我们仍可以看出圣都与俗都的诸多差别。

图 4 秦都迁移图

说明：本图据李自智：《秦九都八迁的路线问题》（《中国历史地理论丛》2002 年第 2 辑，第 67—70 页）改绘。

表 3 雍城和栎阳规模表

都城	雍城	栎阳
规模大小	$3300 \times 3200\ m^2$	$2500 \times 1600\ m^2$
城门遗址	发现 3 座城门，推测有 16 座城门	发现 3 座城门，推测有 10 座城门
道路	8 条道路纵横城内，通向城门	6 条道路，其中有 3 条东西横贯全城
大型夯土遗址、手工业作坊及市的遗址	城内有 3 座宫殿群遗址和一座宗庙遗址及其他大型夯土遗址，手工业作坊多处，“市”的遗址等	有属于战国秦汉时代的遗址（包括夯土遗址，手工业作坊、居址）十处
墓葬遗址	有秦公陵园及贵族墓地四十余处	平民小型墓葬五十多座

说明：1. 泾阳城尚未发掘，故不与雍城相比较。

2. 由于咸阳的礼制地位上升很快，加之咸阳后来成为统一帝国的都城，其规模不能与其他都城混为一谈，故上表不列咸阳。

资料来源：陕西省雍城考古队：《秦都雍城钻探试掘简报》，《考古与文物》1985 年第 2 期；中国社会科学院考古研究所栎阳发掘队：《秦汉栎阳遗址的勘探和试掘》，《考古学报》1985 年第 3 期。

从上表可以看出，无论从城圈规模、城门多少、道路多寡，还是从城内建筑及墓葬等级等方面相比，雍城的规模无疑比栎阳大得多。

3. 圣都独立为都的时间较长，而俗都建都时间相对较短

根据表 1、表 2 的数据，我们可以清楚地看到这一点。西垂作为秦人的发迹之所，作为政治中心有 55 年之久，在西垂之后的都城，汧作政治中心的时间只有 11 年，汧渭之会 48 年，平阳 36 年。雍城独立为都的时间是 254 年，泾阳只有 41 年，栎阳 36 年，咸阳自建立到秦灭亡，也只有 143 年的时间。从公元前 821 年庄公“居其故西犬丘”开始，到公元前 207 年秦灭亡为止，共六百多年的时间，西垂和雍城独立为都的时间加起来超过其半数。而作为祭祀性都城，这两座都城对秦王朝的影响是自始至终的。从经营都城的国君数量来看，前后有 3 位国君以西垂为政治中心，14 位国君以雍为政治活动的舞台。当然，国君的数量多少并不能完全说明都城的重要性，但国君的数量与都城的建都时间相结合，我们可以感受到一座都城对于一个王朝的重要性。可以说，圣都是秦人经营时间比较长的都城，在秦人的都城史上占有重要的地位。

圣都的设置，对积极开疆拓土的前线都城起了重要的辅助作用，是国都（主都）政治、经济、军事等功能的有力补充。圣都是祖先发迹的地方，是王朝强盛的转折点，是祭祀性都城，始终保持“祀仪上的崇高地位”。秦的圣都制度，可能借鉴自西周。西周的周原与丰京就是西周的圣都。周原是周族的发迹之地，丰京是周人历史上的一座极其重要的都城，是周人由一方诸侯到全国统治者的转折点。这两座都城都有着规格较高、规模较大的礼制设施，每遇重大的政治事件，周人总是到周原和丰京举行祭仪活动。秦的圣都俗都并存并重制度，发展和丰富了周人的制度，形成了自身复杂而独特的都城制度与都城体系，而且对后世产生了深远的影响。西汉诸帝都于长安而设置雍五畤以时致祭，东汉光武

帝定都洛阳而多次到西京长安祭祖祀天，隋唐以降，辽代的上都、元代的上都、清代的盛京等也具有圣都之意味，应该说都是在不同程度受到了秦圣都制度的流风余韵的影响。

北门禁军与武德九年玄武门政变之关系考辨

——以常何为中心的考察

李　军*

摘　要： 唐高祖武德九年（627）六月四日，李世民实施了旨在夺取最高权力的玄武门政变。世民之所以能在太极宫内设伏，以及建成在接到宫内示警的情况下仍坚持入宫，恐均与此际在北门禁军任职的常何无关。虽然世民在政变前曾通过常何收买禁军中的豪杰之士，但我们并未发现常何及北门禁军曾参与政变筹划过程的直接证据。从玄武门政变的具体实施步骤看，北门禁军也只是参与了其中的一个环节而已，并非决定事变走向的关键力量。如果将记载常何生平事迹的碑文与高宗朝制作的玄武门政变功臣的石刻文献进行对比，也可证明常何或与玄武门之变并没有太大的关联。

关键词： 玄武门之变；常何；北门禁军；石刻书写

以武德九年（627）六月四日玄武门之变为发端，唐前期宫廷变乱迭起，极大地影响了唐代的历史进程。上述政变多与作为宫城北门的玄武门存在关联，故陈寅恪先生明确指出唐代“守卫宫城北门之禁军，以其驻屯地关系之故，在政变之际，其向背最为重轻，此李唐一代中央政治革命之成败所以往往系于玄武门卫军之手者也”①。由于史书记载多有所隐晦，陈寅恪先生在论述北门禁军与武德九年玄武门政变之关系时，主要以藏于法国国家图书馆的李义府撰《大唐故使持节都督黔思费等十

---

* 作者简介：李军，西北大学历史学院教授。

① 陈寅恪：《隋唐制度渊源略论稿》，商务印书馆 1940 年版，第 70 页。

六州诸军事黔州刺史赠左武卫大将军上柱国武水县开国伯常府君（何）之碑》（以下简称《常何墓碑》）为据，[①] 认为常何是政变中的关键人物。[②] 虽然此后黄惠贤、黄永年两位先生曾撰文质疑常何在玄武门之变中的作用，[③] 但陈寅恪先生的观点显然得到了学术界更为广泛的承认。[④] 本文希望在学者研究的基础上，进一步澄清常何及北门禁军与武德九年玄武门之变的关系，或有助于对唐初政治史的理解。

一 陈寅恪先生"北门之说"献疑

常何，两《唐书》无传，其事迹只是散见于《旧唐书·太宗纪下》《新唐书·李密传》，以及两《唐书》的《马周传》《东夷传·高丽传》等。《常何墓碑》对常何的生平叙述甚详，其中颇有与隋末唐初之政治史相关者。[⑤] 其中，对于常何与建成、世民双方及玄武门事变的关系，《常何墓碑》载：

---

① 图版见法国国家图书馆《法藏敦煌西域文献》，上海古籍出版社 2001 年版，第 17 册，第 53—56 页。

② 陈寅恪：《隋唐制度渊源略论稿》，商务印书馆 1940 年版，第 71 页；《唐代政治史述论稿》商务印书馆 1943 年版，第 41 页；《论隋末唐初所谓"山东豪杰"》，《岭南学报》第十二卷第一期，1952 年 6 月；此据陈寅恪《金明馆丛稿初编》，上海古籍出版社 1980 年版，第 225—226 页。

③ 黄惠贤：《〈常何墓碑〉跋》《魏晋南北朝隋唐史资料》1980 年第 2 期，第 16—17 页指出玄武门政变后，常何不仅没有被纳入武德九年十月的食实封功臣行列，在职任上也只是以折冲都尉长上。所以，其认为："常何虽是北门长上，地位实不重要，实际不过顺从太宗而已，其初非秦府死党，此时亦非夺门元勋，恐陈先生推阐过深。"黄永年：《敦煌写本常何墓碑和唐前期宫廷政变中的玄武门》，《1983 年全国敦煌学术讨论会文集·文史·遗书编上》，甘肃人民出版社 1987 年版，第 132—153 页。

④ 采用陈寅恪先生观点的论文，主要有郑必俊《敦煌写本常何墓碑校释》，《敦煌吐鲁番文献研究论集》，北京大学中古史研究中心编，中华书局 1982 年版，第 210—231 页；刘进宝：《常何与隋末唐初政治》，《中国史研究》1998 年第 4 期，第 86—95 页；曹印双：《"玄武门之变"史事新解》，《历史教学》2005 年第 6 期，第 66—69 页。

⑤ 图版见法国国家图书馆《法藏敦煌西域文献》，上海古籍出版社 2001 年版，第 17 册，第 53—56 页。

太宗文皇帝出讨东都，以公为左右骁骑……从隐太子讨平河北……（武德）七年，奉太宗令追入京，赐金刀子一枚，黄金三铤，令于北门领健儿长上，仍以数十金刀子锡骁勇之夫，趋奉藩朝，参闻霸略，承解衣之厚遇，申绕帐之深诚。九年六月四日，令揔北门之寄。①

陈寅恪《隋唐制度渊源略论稿·礼仪》附录《都城建筑》在论述北门禁军与唐代中央政治革命之关联性时，最早将常何与玄武门之变联系起来。② 其后，陈先生在《唐代政治史述论稿》中篇《政治革命与党派分野》中，对常何与玄武门之变的关系进行了进一步论述。③ 1952 年，陈先生又撰成《论隋末唐初所谓“山东豪杰”》一文，详细分析了常何在玄武门之变所起的作用，认为其是政变中的关键人物：

武德九年六月四日玄武门之事变为太宗一生中最艰苦之奋斗，其对方之建成、元吉亦是智勇具备之人，谋士斗将皆不减于秦府左右，其结果则是太宗胜而建成、元吉败者，其关键实在太宗能利用守卫宫城要隘玄武门之山东豪杰，如常何辈……观太宗既赐何以金挺，复以数十金刀子委何以锡守卫玄武门骁勇之夫，则是用金宝买通玄武门守卫将士，此与建成、元吉以金银器物赠予尉迟敬德者，抑何以异？此盖当时两方习用之策略也。职是之故，太宗能于武德九年六月四日预伏其徒党于玄武门，而守卫将士亦竟不之发觉，建成、元吉虽先有警告，而不以为意者，殆必以常何辈守卫玄武门之将士至少非太宗之党徒也。碑文所谓“九年六月四日令揔北门之寄”。则此事变中何地位之重要及其功绩之伟大，据是可推知矣。④

---

① 图版见法国国家图书馆《法藏敦煌西域文献》，上海古籍出版社 2001 年版，第 17 册，第 54 页。

② 陈寅恪：《隋唐制度渊源略论稿》，商务印书馆 1940 年版，第 71 页。

③ 陈寅恪：《唐代政治史述论稿》，商务印书馆 1943 年版，第 41 页。

④ 陈寅恪：《论隋末唐初所谓“山东豪杰”》，《岭南学报》第十二卷第一期，1952 年 6 月，第 225—226 页。

根据《常何墓碑》所载，李世民确曾以金宝赐予常何，并利用其收买玄武门的守卫将士，但时间却早在武德七年（625）常何被征召回长安之初。武德七年之际，虽然因为嫡位之争，世民与建成之间已经产生嫌隙，但世民应还没有形成以武力发动政变的想法。从事后的历史进程看，直至武德九年六月一日，李世民才决意以秦府将士为核心的武力集团解决双方的争斗。所以，世民收买常何及玄武门骁勇之夫应只是积蓄力量的常规举措。如果说世民收买常何等人就是为了此后的玄武门之变做准备，则未免对其运筹帷幄的能力太过高估。

对于陈先生所言建成、元吉以金银器物赠予尉迟敬德之事，《旧唐书·尉迟敬德传》载："隐太子、巢刺王元吉将谋害太宗，密致书以招敬德……仍赠以金银器物一车。"[①] 除敬德外，建成和元吉还曾竞相以金帛招诱世民麾下的段志玄。[②] 此外，此前出任秦王府右二护军的薛万彻，则被建成招引至左右，并在玄武门之变发生后，率领宫府兵攻击北门。[③] 虽史无明言，但世民亦同样有收买建成、元吉属下的行径。因免官而改事秦王府的前齐王府典签裴宣俨，以及在玄武门政变前夕将建成、元吉图谋密告世民的太子率更丞王晊，应均属此类。[④] 而李建成在成功度过武德七年杨文干之乱所带来的政治危机后，直至玄武门之变爆发，太子之位始终比较稳固。在得到高祖充分信任的前提下，其没有必要花太大的精力去拉拢禁军将领。所以，在进一步加强东宫军事力量的同时，李建成主要是希望通过各种手段以削弱世民的力量。

陈寅恪先生之所以认为常何及北门禁军在玄武门政变中作用巨大，主要是从世民在武德九年六月四日预伏其徒党于玄武门，以及建成、元吉虽先有警告而不以为意等两个方面加以论述。现结合学者已有研究及相关史料，针对上述两点略作讨论。

---

① （五代）刘昫：《旧唐书》第六十八卷《尉迟敬德传》，中华书局 1975 年版，第 2497 页。

② （五代）刘昫：《旧唐书》第六十八卷《段志玄传》，中华书局 1975 年版，第 2505 页。

③ （五代）刘昫：《薛万彻传》，中华书局 1975 年版，第 2517 页。

④ （宋）司马光：《资治通鉴》第一九一卷，《唐纪．唐高祖武德七年六月壬戌》下注《通鉴考异》引《高祖实录》，中华书局 1956 年版，第 5985 页；（五代）刘昫：《旧唐书》第六十四卷《巢王元吉传》，中华书局 1975 年版，第 2422 页。

对于世民之所以能在六月四日带领尉迟敬德等人于玄武门内设伏，黄永年先生根据《旧唐书·隐太子建成传》中“皇太子及二王出入上台，皆乘马携弓刀杂用之物，相遇则如家人之礼”的记载，指出李世民等人携带武器入宫乃禁军所习见之事，故六月四日与长孙无忌等人携带弓刀等进入玄武门也未遭到阻拦，而非事先收买北门禁军的结果。[①] 刘啸先生则认为高祖允许世民等人携带武器入宫，乃是建成与世民交恶前的状况。所以，其认为李世民能在宫中设伏，还是因为常何等玄武门守将被世民所收买的缘故。[②] 但根据《旧唐书·隐太子建成传》所载，在世民率众追击建成、元吉之际，元吉曾“马上张弓，再三不彀”。[③] 由此可证，在政变发生之际，世民和建成双方都曾携带武器入宫。此外，《旧唐书·忠义传上·冯立传》中有“建成被诛，其左右多逃散”之语。[④] 在冯立等人攻击玄武门之初，尚不知宫内政变的结果。直至尉迟敬德以建成、元吉之首出示，建成及元吉的部众才确知两人已被杀。所以，在冯立等人攻击玄武门之前逃散的“左右”，不应指东宫的官属，而是伴随建成入宫的属下。建成和元吉在宫内遭伏的消息，应该正是通过逃散的随从传递回东宫的。既然在政变发生之际，建成和世民双方均有属下跟从入宫，且均随身携带武器，可见虽建成和世民两方已经势同水火，但在高祖未明令禁止的情况下，北门禁军仍然沿用了此前允许太子和二王“乘马携弓刀杂用之物”入宫的惯例。由此可证，李世民之所以能在六月四日于玄武门内设伏，或与常何及北门禁军并没有直接的关系。

此外，建成之所以在事先得到警告的情况下仍然坚持入宫，也与常何驻守玄武门无关。《资治通鉴》卷 191“唐高祖武德九年六月庚申”条载：

---

① 黄永年：《敦煌写本常何墓碑和唐前期宫廷政变中的玄武门》，《1983 年全国敦煌学术讨论会文集·文史·遗书编》，甘肃人民出版社 1987 年版，上册，第 145 页。

② 刘啸：《玄武门事变新考——以“事变”时李世民的职权为中心》，《中华文史论丛》，2010 年 2 月版，第 161—177 页。

③ （五代）刘昫：《旧唐书》卷六四《隐太子建成传》，中华书局 1975 年版，第 2418 页。

④ （五代）刘昫：《旧唐书》卷一八七，《忠义传上·冯立传》，中华书局 1975 年版，第 4872 页。

> 世民帅长孙无忌等入，伏兵于玄武门。张婕妤窃知世民表意，驰语建成。建成召元吉谋之，元吉曰："宜勒宫府兵，托疾不朝，以观形势。"建成曰："兵备已严，当与弟入参，自问消息。"乃俱入，趣玄武门。①

按照《资治通鉴》的记载，似乎暗示张婕妤已经猜测出李世民要发动政变的意图，恐未确。《新唐书·隐太子建成传》则载张婕妤告知建成的乃世民奏建成欲杀世民为王世充、窦建德复仇等语，② 相较于《资治通鉴》更为可信。李建成之所以在得到张婕妤事先示警的情况下，仍然于六月四日入宫，除了世民所言难以取信于高祖外，另一个重要的原因就是其所谓的"兵备已严"。从政变发生后建成部属与禁军及秦府兵作战的态势看，可知建成所言非虚。

《旧唐书·隐太子建成传》记载建成在武德七年即"私召四方骁勇，并募长安恶少年二千余人，蓄为宫甲，分屯左、右长林门，号为长林兵"③。此外，根据《高祖实录》的记载，元吉也曾"募壮士，多匿罪人，赏赐之，图行不轨"。④ 东宫所募宫甲分屯左、右长林门，应是仿效了北门禁军左右屯营的建制，所以建成招募长林兵应该是得到了高祖的认可。太极宫和东宫之北为禁苑，且有禁军驻守，常人无法出入。根据考古实测，太极宫、东宫、掖庭宫三部分东西总的宽度为2820.3米，⑤ 虽然玄武门位于宫城北墙中部略偏西的位置，但由东宫的北门重德门至

---

① （宋）司马光：《资治通鉴》第一九一卷，《唐纪. 唐高祖武德九年六月庚申》，中华书局1956年版，第6010页。

② （宋）欧阳修、宋祁：《新唐书》第七十九卷，中华书局1975年版，中华书局1956年版，第3544页。

③ （五代）刘昫：《旧唐书》第六十四卷，《隐太子建成传》，中华书局1974年版，第2416页。《资治通鉴》第一九一卷，《唐纪. 唐高祖武德七年六月壬戌》在建成招募长林兵事后，又载其"密使右虞侯率可达志从燕王李艺发幽州突骑三百，置宫东诸坊，欲以补东宫长上。为人所告，上召建成责之，流可达志于嶲州。"（第5985—2986页）根据上述记载，可知高祖只是对建成从李艺处征发幽州突骑不认可，其所招募的长林兵并没有受到影响。

④ （宋）司马光：《资治通鉴》第一九一卷，《唐纪·唐高祖武德七年六月壬戌》，中华书局1974年版，第5985页。

⑤ 中国科学院考古研究所西安唐城发掘队：《唐代长安城考古纪略》，《考古》1963年11月，第595—611页。

玄武门也只有区区千余米的距离。即使建成和元吉在路途中遇到特殊情况，既可迅速返回东宫，宫府兵也可在须臾之间前往护卫。当世民在宫内截击建成、元吉的消息传回东宫后，东宫及齐府精兵两千人随即结阵驰攻玄武门，“守门兵仗拒之，不得入，良久接战，流矢及于内殿”。《旧唐书·薛万彻传》亦载：“建成被诛，万彻率宫兵战于玄武门，鼓噪欲入秦府，将士大惧。”①《旧唐书·忠义传上·冯立传》则载翊卫车骑将军冯立，在得到建成遭伏的消息后，“率兵犯玄武门，苦战久之，杀屯营将军敬君弘”②。同卷《谢叔方传》载：“太宗诛隐太子及元吉于玄武门，叔方率府兵与冯立合军，拒战于北阙下，杀敬君弘、吕世衡。太宗兵不振。”③ 从东宫兵和齐府兵在短时间内即可合力攻击玄武门及战斗的激烈程度看，可知建成一方确实做了充分的准备。只是建成没有预料到世民将埋伏地点选择在宫内，仓促之间不得出宫回府，才致落败。由此看来，建成坚持入宫之事很难与常何建立起必然的联系。

二　北门禁军与玄武门政变筹划及实施之关联性

武德七年之后，建成和世民之间的嫌隙日增。在没有得到高祖支援的情况下，身为陕东道大行台最高长官的李世民，开始利用职务之便，将洛阳作为重点经营的基地。对此，《旧唐书·张亮传》载：

> 会建成、元吉将起难，太宗以洛州形胜之地，一朝有变，将出保之。遣亮之洛阳，统左右王宝等千余人，阴引山东豪杰以俟变，多出金帛，恣其所用。④

---

① （五代）刘昫：《旧唐书》第六十九卷，《薛万彻传》，中华书局1974年版，第2517页。

② （五代）刘昫：《旧唐书》第一八七卷《忠义传上·冯立传》，中华书局1974年版，第4872页。

③ （五代）刘昫：《旧唐书》第一八七卷《忠义传上·谢叔方传》，中华书局1974年版，第4873页。

④ （五代）刘昫：《旧唐书》第六九卷，《张亮传》，中华书局1974年版，第2515页。

《旧唐书·温大雅传》亦载：

> 寻转工部尚书，进拜陕东道大行台工部尚书。太宗以隐太子、巢剌王之故，命大雅镇洛州以俟变。大雅数陈密策，甚蒙嘉赏。[①]

虽然世民有刻意经营的举动，但在洛州安插张亮、温大雅等亲信，毕竟还属于未雨绸缪之举。最终促使世民决意通过武力手段解决争斗的，应该为建成和元吉借突厥郁射设入围乌城之机，通过高祖全面剥夺世民的权力。对此，《旧唐书·巢王元吉传》载：

> 会突厥郁射设屯兵河南，入围乌城。建成乃荐元吉代太宗督军北讨，仍令秦府骁将秦叔宝、尉迟敬德、程知节、段志玄等并与同行。又追秦府兵帐，简阅骁勇，将夺太宗兵以益其府。又谮杜如晦、房玄龄，逐令归第。高祖知其谋而不制。元吉因密请加害太宗……建成谓元吉曰："既得秦王精兵，统数万之众，吾与秦王至昆明池，于彼宴别，令壮士拉之于幕下，因云暴卒，主上谅无不信……"率更丞王晊闻其谋，密告太宗。太宗召府僚以告之。[②]

对于高祖决意以元吉取代世民的时间，《册府元龟·外臣部·备御第三》明确载为："（武德九年）六月丁巳，突厥数万骑围乌城，遣齐王元吉、右武卫大将军李艺、天纪将军张瑾率兵援之。"[③] 虽然建成和元吉密谋于昆明池诛杀世民的记载之真实性无法得到验证，但高祖在建成的建议下，弃世民而用元吉督军北征，此外还将房玄龄、杜如晦驱逐出秦府，证明世民已经失去高祖的信任。元吉利用此次北征的机会，将秦王府骁将及精锐抽调一空，则世民必然束手就擒。在这种背景下，世民决

① （五代）刘昫：《旧唐书》第六十一卷《温大雅传》，中华书局 1974 年版，第 2359—2360 页。

② （五代）刘昫：《旧唐书》第六十四卷，《巢王元吉传》，中华书局 1974 年版，第 2421—2422 页。

③ 王钦若等编：《册府元龟》，第九十九卷，《外臣部·备御第三》，中华书局 1960 年版，第 11635 页。

定放手一搏。在政变前夕李世民犹豫未决之际，敬德曾说世民曰："在外勇士八百余人，今悉入宫，控弦被甲，事势已就，王何得辞！"敬德又与侯君集日夜进劝，然后计定。[①] 正是因为司马温公看到了高祖以元吉北征与世民发动玄武门事变的直接关联，所以将尉迟敬德及侯君集游说世民之事直接系于建成推荐元吉领兵北伐事后。由此看来，高祖在六月一日命元吉代世民北征，正是促使世民征召八百勇士入宫，继而发动玄武门政变的直接原因。

对于秦府八百勇士所入之宫，郑必俊先生认为乃指太极宫。与此同时，其还认为在世民、建成双方斗争的决战时刻，世民之所以能把亲兵八百人控弦披甲地遣入宫中，并在政变当天亲帅长孙无忌等人在玄武门设伏，应与常何六月四日领北门宿卫有关。但正如黄永年先生所论，这么多的武装部队难以在大内历时多日而不被发觉，故"今悉入宫"应指八百勇士进入秦王府而言。[②] 而《旧唐书·尉迟敬德传》在记载尉迟敬德前往控制高祖之际，"南衙、北门兵马及二宫左右犹相拒战"[③]；《资治通鉴》亦载："时宿卫及秦府兵与二宫左右战犹未已。"[④] 既然东宫和齐王府可以并称为"二宫"，那么秦府勇士被召集到秦王府在上述史料中被记作"今悉入宫"，也就显得顺理成章了。再者，如果真有所谓的八百秦府勇士潜伏在太极宫，世民在六月四日当天完全可以通过这些属

---

① （五代）刘昫：《旧唐书》第六十八卷《尉迟敬德传》，中华书局 1975 年版，第 2498 页。

② 黄永年：《敦煌写本常何墓碑和唐前期宫廷政变中的玄武门》，《1983 年全国敦煌学术讨论会文集·文史·遗书编上》甘肃人民出版社 1987 年版，第 152 页注 26。另，刘蓬春教授有两文涉及玄武门之变，其中《"玄武门之变"伏兵计考析》（《西南民族大学学报》1998 年第 10 期增刊，第 1—6 页，另转第 20 页）一文认为秦府八百勇士所入之宫为大安宫；《"玄武门之变"伏兵考辨》（《四川师范大学学报》1998 年第 4 期，第 114—121 页）一文又认为玄武门政变时，李世民曾伏兵于太极宫多达数百人，极可能就是所谓的"八百勇士"。大安宫位于长安城之西，本名弘义宫，为高祖于武德五年（622）为李世民所建之宫殿。贞观三年（629）四月，在李渊以太上皇的身份徙居后该宫，其名始改称大安。玄武门政变时尚未有大安宫的建制，刘蓬春所谓之大安宫或指弘义宫。如此，则刘氏一人而言，对于八百勇士入宫事即有太极宫和弘义宫两说。

③ （五代）刘昫：《旧唐书》第六十八卷《尉迟敬德传》，中华书局 1975 年版，第 2499 页。

④ （宋）司马光：《资治通鉴》第一九一卷《唐纪·唐高祖武德九年六月》，中华书局 1956 年版，第 6011 页。

下解决建成、元吉，而不必冒着生命危险亲自上阵。最后，根据下文所述，“太宗左右数百骑”是在张公瑾闭合宫门的情况下，加入到玄武门外抵御宫府兵的战斗，故其只能来自宫外。这支数百人的有生力量，应就是尉迟敬德口中所说的秦府在外八百勇士。

就在高祖借突厥入侵之机，全面剥夺世民权力的同时，出现了所谓“太白经天”的天文导象。[①]《新唐书·天文志三》载：“（武德）九年五月，太白昼见；六月丁巳，经天；己未，又经天。在秦分。”[②] 对此，《资治通鉴》第一九一卷“唐高祖武德九年六月”条载：

> 丁巳（初一），太白经天。……己未（初三），太白复经天。傅奕密奏：“太白见秦分，秦王当有天下。”上以其状授世民。于是世民密奏建成、元吉淫乱后宫，且曰：“臣于兄弟无丝毫负，今欲杀臣，似为世充、建德报仇。臣今枉死，永违君亲，魂归地下，实耻见诸贼！”上省之，愕然，报曰：“明当鞫问，汝宜早参。”
>
> 庚申（初四），世民帅长孙无忌等入，伏兵于玄武门。[③]

对于傅奕所密奏之事，《旧唐书·天文志下》载：

> 傅奕奏：太白昼见于秦，秦国当有天下。高祖以状授太宗。及太宗即位，召奕谓曰：“汝前奏事几累我，然而今后但须悉心尽言，无以前事为虑。”[④]

---

① 胡戟、胡乐在《试析玄武门事变的背景内幕》一文中，首先探讨了太白见秦分的天象与玄武门之变的关系。该文收入中国唐史学会编《唐史学会论文集》，陕西人民出版社 1986 年版，第 97—125 页；后改题《唐高祖与玄武门之变》，收入胡戟《胡戟文存·隋唐历史卷》，中国社会科学出版社 2000 年版，第 198—223 页。

② （宋）欧阳修、宋祁：《新唐书》，第三十三卷，《天文志三》，中华书局 1975 年版，第 852 页。

③ （宋）司马光：《资治通鉴》第一九一卷，《唐纪·唐高祖武德九年六月》，中华书局 1956 年版，第 6003—6010 页。

④ （五代）刘昫：《旧唐书》第三十六卷《天文志下》，中华书局 1975 年版 ，第 1321 页。但《旧唐书·天文志》及《旧唐书》第七十九卷《傅奕传》均将傅奕密奏的时间系于武德九年五月，或误。

从事后世民对傅奕所言的“汝前奏事几累我”，一可证明傅奕所奏确有其事；二可证傅奕所奏显然对世民不利。虽然在《石氏星经》《荆州占》《甘氏星经》《续汉书・天文志》等著作中，“太白经天”皆为凶兆，但尚存在多种解释。如针对隋文帝开皇元年（581）三月甲申出现的太白经天，最终占卜的结果即为“为臣强，为革政”[①]。李淳风《乙巳占・太白占第三十四》则认为“太白经天昼见”为“国易政，四夷内侵，中国乱，失道者乱亡”的预兆。[②] 六月一日的“太白经天”，通过对应突厥郁射设入围乌城，尚可以指向“四夷内侵”。但傅奕在六月三日密奏时，采用石申《石氏星经》所言的“太白经天，见午上，秦国王，天下大乱”[③]，正可与所谓的“国易政”相对应，目标直指世民。从具体的指向来看，傅奕的密奏应属于建成、元吉打击世民的又一重要手段。虽然高祖此时并无杀世民之心，但其以傅奕密奏出示世民，警告的意味非常明显。为了应对高祖的责难，李世民一方面指责建成、元吉害己；另一方面诬陷二人淫乱后宫。对于建成、元吉欲杀世民为世充等报仇之语，高祖断难采信，但因为事涉后宫及储位，使得高祖不得不召见诸人对质。由此，六月四日李世民率众在太极宫内的临湖殿附近设伏。

要而言之，六月一日建成通过高祖全面剥夺世民的权力，最终促使世民决意发动武装政变。而其之所以将政变时间选择在六月四日，则是缘于六月三日傅奕对于“太白经天”的密奏。由此可见，世民决定发动政变及何时发动政变均与常何及北门禁军无关。

陈寅恪先生认为玄武门为事变之关键，世民一方之所以得胜，主要是因为其得以兵据玄武门；建成、元吉之所以致败，则是因为其不得以兵入玄武门。[④] 玄武门地位之重要，自不待言。但如果详细考察六月四日当天的政变过程，可知北门禁军与秦府兵在玄武门合力抵御宫府兵，

---

① （唐）魏征：《隋书》第二十一卷，《天文志》，中华书局 1973 年版，第 612 页。

② （唐）李淳风：《乙巳占》（收于《丛书集成初编本》第 712 册，商务印书馆 1936 年版），第六卷，《太白占第三十四》，第 104 页。

③ （唐）瞿昙悉达撰：《开元占经》第四十六卷，常秉义点校，中央编译出版社 2006 年版，《太白占二》“太白经天昼见三”条引，第 341 页。

④ 陈寅恪：《唐代政治史述论稿》，商务印书馆 1943 年版，第 41 页。

只是保证政变成功的诸因素之一。通过考察玄武门政变的过程，可知北门禁军对政变的参与程度非常有限。

综合史书所载，可知李世民在六月四日发动的玄武门政变有几个重要的步骤：

其一，世民率长孙无忌、尉迟敬德等九人于玄武门内设伏，并在临湖殿附近射杀建成、元吉。这一步骤的实施与北门禁军的关系，上文已经在黄永年先生论文的基础上进行了讨论，兹不赘述。

其二，在薛万彻、谢叔方、冯立等人得知宫内变乱的消息，率宫府兵攻击玄武门之际，玄武门守门兵仗、以敬君弘为首的北门禁军与秦府势力合力抵御。

《旧唐书·隐太子建成传》载：

> 东宫及齐府精兵二千人结阵驰攻玄武门，守门兵仗拒之，不得入，良久接战，流矢及于内殿。太宗左右数百骑来赴难，建成等兵遂败散。①

《旧唐书·张公瑾传》则载："及斩建成、元吉，其党来攻玄武门，兵锋甚盛。公瑾有勇力，独闭关以拒之。"② 由此可知，在宫府兵攻击玄武门之初，虽然起到了张公瑾闭合宫门的作用，但尚未有秦府兵参与抵御，真正起到遏制作用的乃"守门兵仗"，也即左右监门卫的属下，而并非北门禁军。在宫府兵发动对玄武门攻击后，北门禁军才加入到抵御性战斗之中。对此，《旧唐书·忠义传上·敬君弘传》载：

> 隐太子建成之诛也，其余党冯立、谢叔方率兵犯玄武门，君弘挺身出战。其所亲止之曰："事未可知，当且观变，待兵集，成列而战，未晚也。"君弘不从，乃与中郎将吕世衡大呼而进，并

---

① （五代）刘昫：《旧唐书》第六十四卷《隐太子建成传》，中华书局1975年版，第2416—2419页。

② （五代）刘昫：《旧唐书》第六十八卷《张公瑾传》，中华书局1975年版，第2506页。

遇害。[①]

负责守卫太极宫的北门禁军在宫府兵攻击玄武门之际，却处于未“兵集”及“成列”的状态，可见禁军不仅对政变的内情并不知晓，甚至连政变的发展态势也不掌握。其后，又有所谓的“太宗左右数百骑”加入抵御宫府兵的战斗。《旧唐书·薛万彻传》所载在听闻宫府兵“鼓噪欲入秦府”而大惧的将士，应就是指在玄武门外与北门禁军合力抵御宫府兵的秦府私甲。此外，《旧唐书·忠义传上·冯立传》载：

> 建成被诛，其左右多逃散，立……率兵犯玄武门，苦战良久，杀屯营将军敬君弘，谓其徒曰：“微以报太子矣！”[②]

虽然冯立将杀敬君弘作为报答建成知遇之恩的表现，但在混战之际，冯立显然无法明确区分玄武门外多重防御力量的政治归属，故只能笼统将其视为太宗一党。而这个推测也可印证陈寅恪、黄永年两位先生所指出的据传世史料不足以证明敬君弘等禁军将领为太宗党羽的论断。[③]

其三，敬德枭建成、元吉二人首以出示，道致宫府兵溃散。

虽然《旧唐书·隐太子建成传》将宫府兵溃败归功于“太宗左右数百骑来赴难”，但据《旧唐书》所载政变参与者的本传，可知事实并非如此。其中，《旧唐书·尉迟敬德传》载：

> 宫府诸将薛万彻、谢叔方、冯立等率兵大至，屯玄武门，杀

① （五代）刘昫：《旧唐书》第一八七卷《忠义传上·敬君弘传》，中华书局 1975 年版，第 4872 页。

② （五代）刘昫：《旧唐书》第一八七卷《忠义传上·冯立传》，中华书局 1975 年版，第 72 页。

③ 陈寅恪：《唐代政治史述论稿》，商务印书馆 1943 年版，第 41 页；黄永年：《敦煌写本常何墓碑和唐前期宫廷政变中的玄武门》，《1983 年全国敦煌学术论文集·文史·遗书编上》，甘肃人民出版社 1987 年版，第 145—146 页。

屯营将军。敬德持建成、元吉首以示之，宫府兵遂散。①

《旧唐书·谢叔方传》亦载：

> 太宗诛隐太子及元吉于玄武门，叔方率府兵与冯立合军，拒战于北阙下，杀敬君弘、吕世衡。太宗兵不振，秦府护军尉迟敬德传元吉首以示之，叔方下马号哭而遁。②

《旧唐书·薛万彻传》则载："及枭建成首示之，万彻与数十骑亡于终南山。"③ 根据上述记载，可知宫府兵之所以溃败，乃是敬德出示建成及元吉首级，导致其部众群龙无首的缘故。

其四，尉迟敬德至高祖泛舟之所，迫使高祖接受世民诛杀建成及元吉的事实。针对"南衙、北门兵马及二宫左右犹相拒战"的情况，高祖应敬德之请，"降手敕，令诸军兵并受秦王处分"④，并派遣宇文士及自东上阁门宣敕。《旧唐书》卷六三《裴矩传》则载，"及太子建成被诛，其余党尚保宫城，欲与秦王决战。王遣矩晓谕之，宫兵乃散"。⑤

从玄武门政变当天的具体过程看，李世民在宫内成功袭杀建成、元吉；玄武门守门兵仗、北门禁军和秦府兵合力抵御宫府兵；敬德以建成、元吉之首驱散宫府兵；成功迫使高祖接受既成事实，以上四者均为关键环节，而非仅仅关涉玄武门和北门禁军。在以上四个关键环节中，北门禁军只是部分参与了第二个环节。而且这一环节只是为了维持第一阶段胜利的结果，已经不能改变建成、元吉一方落败的事实。所以，对于北门禁军与武德九年玄武门之变的关系不宜做过高的评价，更何况只是在禁军中出任中级将领的常何。

---

① （五代）刘昫：《旧唐书》第六十八卷《尉迟敬德传》，中华书局 1975 年版，第 2499 页。

② （五代）刘昫：《旧唐书》第一八七卷《忠义传上·谢叔方传》，中华书局 1975 年版，第 4873 页。

③ （五代）刘昫：《旧唐书》第六十九卷《薛万彻传》，中华书局 1975 年版，第 2517 页。

④ （五代）刘昫：《旧唐书》第六十八卷，《尉迟敬德传》，中华书局 1975 年版，第 2499 页。

⑤ （五代）刘昫：《旧唐书》第六十三卷，《裴矩传》，中华书局 1975 年版，第 2408 页。

三　从石刻书写看常何与玄武门之变的关系

据《常何墓碑》的记载，在武德九年六月之前，常何以车骑将军于“北门领健儿长上”，其官阶最高不过从五品。虽然《常何墓碑》其后有“六月四日，令揔北门之寄”之说，但根据史书的记载，在政变发生之际，北门禁军的最高将领并非常何，而应是以从三品的身份“掌屯兵于玄武门”的云麾将军敬君弘。[①] 所以，《常何墓碑》中常何所谓的“六月四日，令揔北门之寄”，只能是在事变结束之后。

学者或认为常何“六月四日，令揔北门之寄”乃太宗的赏功之任，[②] 并以此证明常何曾在事变中起到过重要作用。按照惯例，如果常何执掌玄武门确属赏功之任，其品阶当有提升，但事实并非如此。玄武门之变成功后，常何并没有得到任何升赏，到是年八月才因参与抵御突厥之功，出任正四品下阶“真化府折冲都尉”，从而与玄武门事变中被杀的吕世衡之品阶相当。常何卸任北门宿卫后，到了贞观三年还只是担任了区区的中郎将，[③] 证明太宗对其极其冷落。

虽然李世民通过玄武门之变得以成功上位，但“杀兄弟于前殿，囚慈父于后宫”的行径毕竟为世人所诟病。[④] 为了尽可能给政变赋予合理化的解释，世民在即位之后不仅把自己打造成了一个为自保而被迫发动政变者的形象，还对以太原起兵为核心的唐朝开国史进行了大幅度的重构。由于事属隐晦，故传世史书中对于世民一方政变参与者的具体活动记载较少，但相关人员的墓志或神道碑中却时常会提及志

---

① 参见黄永年《敦煌写本常何墓碑和唐前期宫廷政变中的玄武门》，《1983年全国敦煌学术论文集·文史·遗书编上》，甘肃人民出版社1987年版，第147页。

② 郑必俊：《敦煌写本常何墓碑校释》，《敦煌吐鲁番文献研究论集》，北京大学中古史研究中心，第210—231页。

③ （五代）刘昫：《旧唐书》第七十四卷，《马周传》，中华书局1975年版，第2612页。

④ 详见《唐太宗入冥记》，《英藏敦煌文献（汉文佛经以外部分）》第四卷，四川人民出版社1991年版，第134—136页。

主与玄武门之变这个敏感政治话题的关联。通过梳理政变参与者的相关资料，或有助于我们对《常何墓碑》中所谓“六月四日，令揔北门之寄”的理解。

《文馆词林·左武侯将军庞某碑序一首》记载秦王府左内马军副总管庞某，因为在武德“九年六月，业预艰难，效彰忠款”，从而“蒙授左卫副率”。[①] 碑文中所谓的“九年六月，业预艰难”，显然是指庞某参与了玄武门之变。这位参与政变的庞某，应即曾“从太宗讨隐太子有功，累拜右骁卫将军”的庞卿恽。[②] 由于其卒于贞观二年（628）六月，葬于当年十月，碑文制作的时间距离事变未久，太宗君臣对于“杀兄弟，囚慈父”的行径尚有所避讳，故碑文的内容较为隐晦。《左屯卫大将军周孝范碑铭一首》载志主“武德五年授秦王府右库真车骑将军……（武德）九年六月，改授太子右内率，仍检校北门诸仗……贞观元年授右屯卫将军于玄武门领兵宿卫，仍以本职出使北藩……还，又领玄武门内左右侧仗”[③]。通过周孝范在玄武门之变前后执掌的变化，可以推知在政变后掌管北门禁军的志主，应该也是玄武门之变的参与者。周孝范卒于贞观七年（633），并在当年葬于万年县。但在其墓志中，并没有直接提及志主与玄武门政变的任何关联，显然是其家人有所忌讳。

随着高祖及太宗相继去世，到了高宗即位之时，唐朝君臣在心理上已经基本摆脱了玄武门政变的影响。在政变参与者的墓志或神道碑中一改之前隐晦及回避的态度，开始极力凸显志主与此次事变的关系。相关石刻文献不仅对志主参与玄武门之变的功绩大加夸耀，而且对其因此获得的封赏也叙述甚详。

作为跟随世民发动政变的九名亲信之一，尉迟敬德在玄武门之变中杀元吉、退宫府兵、迫使高祖就范，居功至伟。其卒后，于高宗显

---

① 许敬宗编、罗国威整理：《日藏弘仁本文馆词林校证》第四五三卷，中华书局 2001 年版，第 161 页。

② （五代）刘昫：《旧唐书》第五十七卷，《庞卿恽传》，中华书局 1975 年版，第 2301 页。对于两者的对应关系，承蒙审稿专家提示，在此表示感谢。

③ 许敬宗编：《日藏弘仁本文馆词林校证》，罗国威整理，中华书局 2001 年版，第 163—164 页。

庆四年（659）四月十四日陪葬昭陵。在其神道碑中即记载："时外难初康，内衅方兆。春坊阶乱，构祸深于戾园；李屏穷凶，为蠹尤于傲象。公早参帷幕，思固宗祧，骤起圣怀，累明大义。九年六月，二凶伏辜，虽天道祸淫，盖杖君之算也。擢拜左卫大将军兼太子左卫率。"①碑文中所载的"二凶伏辜，虽天道祸淫，盖杖君之算也"，凸显了敬德作为政变头号功臣的重要作用。作于麟德二年（665）的《大唐故骠骑大将军卢国公程使君（知节）墓志》载："（武德）九年夏末，二凶作乱，太宗受诏，宣罚禁中，公任爪牙，效勤心膂。事宁之后，颁乎大赍，赏绢六千匹、骏马二匹、并金装鞍辔及金胡瓶、金刀、金碗等物，加上柱国，授东宫左卫率。"② 虽然墓志中通过"二凶作乱，太宗受诏，宣罚禁中"的记载，对世民发动政变加以掩饰，但对于志主在政变中所起的作用及事后的封赏情况却记载得非常详细，在内容上毫不含糊。此外，作于龙朔三年（663）的《郑仁泰墓志铭》载："于时储闱阶乱，祸极戾园。……公（仁泰）奉睿略于小室，肃严诛于大义，二凶式殄，谅有力焉。其年，授游击将军，赐爵归政县侯、邑七百户、别食绵州实封二百户。"③ 作于乾封元年（666）的《李孟常墓志》亦载："二凶挻祸，窥觎神器。衅生非虑，义在泣诛……于时武德九年六月四日也。重离启圣，即授右监门副率，赐物五千段，黄金五百两，以其年七月，除右监门中郎将，封武水县开国公，仍别食实封四百户。"④ 在郑仁泰和李孟常墓志中所斥责的"二凶"，显然就是指建成、元吉。

除了上述玄武门之变核心人员的墓志对参与政变毫不隐讳外，尚

---

① 张沛编著：《昭陵碑石·尉迟敬德碑》，第 145—146 页。虽然《尉迟敬德碑》详细记载了敬德对玄武门政变的参与情况，但《尉迟敬德墓志铭》却仅记载志主在武德九年的授官情况，并未明确提及其与政变的关系。神道碑和墓志铭作为两种可以同时作用于一人的文字载体，虽然均具有为志主歌功颂德的功能，但侧重点或有不同。具有"纪念碑"性质的《尉迟敬德碑》公开展示了敬德对玄武门事变的参与，证明此事是尉迟家族引以为傲的功绩，是向当世所公开展示的内容。《尉迟敬德墓志铭》中不及此事，或是为了避免与神道碑重复记载的缘故。

② 吴钢、张沛主编：《昭陵碑石》，三秦出版社 1998 年版，第 158 页。

③ 同上书，第 155 页。

④ 同上书，第 163—164 页。

有多方作于高宗时期的墓志记载了政变次要参与者的情况。作于永淳二年（683）的《安元寿墓志》云："于时皇基肇建，二凶构逆。公特蒙驱使，委以腹心，奉敕披甲于嘉猷门宿卫。既而内难克除，太宗践极。爵禄攸设，先酬擐甲之劳；赏命所加，用达披荆之绩。特拜公右千牛备身。"① 根据墓志，可知政变发生之时，安元寿并没有参与玄武门外抵御宫府兵的战斗，而前往控制太极宫北门之一的嘉猷门。虽然嘉猷门的控制与否似乎并没有影响到政变的走向，但安元寿还是因此获得了官职的晋升。《曹钦墓志铭》载："家难克清，预有其力，赐物三十段，金带一具，拜新城府别将。"② 曹钦在政变成功后，仅获得"赐物三十段，金带一具"的物质奖励，证明其只是此次政变的周边人员。《吴黑闼墓志铭》则载："（武德）九年六月，与段志玄等立功于玄武门，事宁，授右勋卫中郎将，进封新乡县开国公。"③ 吴黑闼卒于总章元年（668）十月廿九日，其应是追随段志玄作战的下层将士。安元寿、曹钦及吴黑闼显然都不是玄武门之变的核心人员，但通过其墓志的描述，可知在高宗时期，能建立起与此次政变的联系是值得夸耀的功绩。

上述参与玄武门之变的太宗功臣，在高宗朝下葬时，不仅竭力将自己塑造成影响政变走向的关键人物，而且均会提及自身因为参与政变所获得的物质赏赐及官职晋升。与此形成鲜明对比的是，《常何墓碑》的书写模式却大不相同。常何在永徽四年（653）五月卒于黔州治所，永徽六年（655）八月始返葬故里，故《常何墓碑》撰成的时间更在其后。虽然《常何墓碑》的成文已迟至高宗时代，但碑文中却仅载常何曾"趋奉藩朝，参闻霸略""九年六月四日，令揔北门之寄"，不仅言语模糊，而且丝毫没有提到其在玄武门事变中的具体表现。此外，《常何墓碑》中也没有任何关于常何因为政变而受到官职及物质赏赐情况的记载，从而与上述制作于高宗朝的玄武门政变功臣的墓志或神道碑形成了巨大的反差。这也从侧面说明常何应该并非影

① 吴钢、张沛主编：《昭陵碑石》，三秦出版社 1998 年版，第 201 页。

② 周绍良、赵超：《唐代墓志汇编续集》，上海古籍出版社 2001 年版，第 166 页。

③ 吴钢、张沛主编：《昭陵碑石》，三秦出版社 1998 年版，第 170 页。

响玄武门之变走向的策划者及具体施行者。

四 结 论

通过复原玄武门之变的具体历史细节，可知世民、建成双方均有属下追随入宫，且携带有弓箭等武器。所以，世民之所以选择在太极宫内设伏，主要是为了防范建成、元吉逃归，与是否成功收买常何及禁军并没有直接的关联。建成虽然已经接到来自宫中的警告，但其仍坚持入宫应是自恃所谓的“兵备已严”，而并非自己曾经的属下常何任职于北门禁军的缘故。通过世民一方筹划政变的过程，我们尚看不到北门禁军及常何参与的痕迹。六月四日政变的具体实施可以分为若干关键步骤，北门禁军只是参与了同守门兵仗及秦府势力合力抵御宫府兵的环节，并不足以决定事件的走向。通过秦府势力对政变各个步骤的参与情况看，也不存在八百秦府勇士事先潜伏于太极宫之事。由于常何与玄武门之变并没有太大的关联，故李义府在为常何撰写墓碑时，虽有意将常何与玄武门之变联系起来，但因其实在没有具体的相关事迹可言，所以只能含糊其辞而已。

中国梦历史文化内涵析论

邹　贺*

摘　要：人民是中国梦的真正主体，据此将中国梦的主体分为三对关系：第一，人民与行政机构等社会公共组织的关系；第二，人民与他人的关系；第三，人民自身的幸福。由中国、中华民族词义的历史演变，延伸出个人、集体、家、国、天下的区别，由此更延伸出复兴、富强、振兴、幸福的古、今词义差别。法、释、道、儒各家依据不同标准，会产生不同的实践结果。中、西历史视阈下“中国梦”文化内涵，同中有异，对中国的世界精神、热爱和平、精神文化等方面的认可和肯定，完全一致。

关键词：中国梦；历史文化内涵；历史源流；中西历史视阈

中国梦的历史文化内涵，是指在中国梦的理论构建与实践过程中，中国古代、近现代历史时期的固有的历史文化因素，发挥的效力及功用。

众所周知，2013 年 3 月 17 日，国家主席习近平在第十二届全国人民代表大会第一次会议闭幕式的讲话中，将中国梦的内容阐释为三方面：“实现中华民族伟大复兴的中国梦，就是要实现国家富强、民族振兴、人民幸福。”① 换言之，中国梦是对中国人民追求现代化的愿景的描述。然而，中国历史文化，尤其是 19 世纪以前中国古代历史时

---

* 作者简介：邹贺，男，西安电子科技大学人文学院历史系副教授。主要研究方向为古文献学、宋史。

① 习近平：《在第十二届全国人民代表大会第一次会议上的讲话（2006 年 3 月 17 日）》，载《西安日报》2013 年 3 月 18 日。

期，恰恰与现代化大相径庭。

英国学者李约瑟从20世纪30年代开始编纂《中国科学技术史》[①]（*Science and Civilization in China*），他发现，中国科技在18世纪以前，遥遥领先于西方，但到18世纪中叶以后，却远远落后于西方。由此他提出了一个问题，即“李约瑟难题”：尽管古代中国对人类科技发展作出了很多重要贡献，但为什么科学和工业革命没有在近代中国发生？

以18世纪英国的工业革命为时间刻度，可以将这一问题分为两个方面：第一个方面，为什么在公元前2世纪到16世纪，中国的科学技术发达到如此程度？第二个方面，为什么在工业革命以后，中国丢掉了原本的领先地位变成落后国家？工业革命与资本主义经济制度相结合，对世界历史产生了重大影响，工业革命后西方国家走上了高速发展的资本主义工业化道路，进而实现了现代化，相形之下，中国则依旧是经济贫穷、发展迟缓的农业国形态。没有工业化，自然就没有现代化。综上，“李约瑟难题”也可以直接简化为：为什么工业革命发生在英国，而没有发生在中国？

对于“李约瑟难题”，包括李约瑟本人都在尝试解答，目前大约有文化（含教育、道德与法律、制度等）因素、地理环境因素、人口资源因素、科学技术因素等几个角度的解释。[②] 时至今日，尚在探索讨论之中，依然没有形成权威的结论，甚至还出现了质疑“李约瑟难题”为伪命题的观点。因其与本文主旨无涉，文繁不述。由此推知，以追求农耕文明为最主要特征的中国古代历史时期的历史文化因素，之于中国梦命题的理论和实践价值，似乎就不甚清晰，乃至暗含否定意味。

所以，在目前中国梦专题研究的成果中，关于中国历史文化因素——尤其是中国古代历史文化因素——之于中国梦命题的意义，并未充分展开。[③] 然而，不能否认的事实是，历史文化内涵，对于中国

---

① ［英］李约瑟等：《中国科学技术史》，科学出版社2006年版。

② 李成龙：《“李约瑟问题”研究综述》，《兰州大学学报》（社会科学版）2009年第6期，第67—69页。

③ 程美东、张学威：《当前“中国梦”研究评述》，《中国特色社会主义研究》2013年第2期，第58—65页。

梦命题的理论构建和实践，依然产生着正面积极影响。今笔者不揆梼昧，以历史文化内涵对中国梦理论构建和实践的实际作用作为切入点，分析中国梦文化内涵的历史源流，进而比较中、西历史视域下中国梦文化内涵的差异。行文草草，不周之处，敬候方家指正。

一 中国梦文化内涵实践价值及意义

如前述，中国梦命题的主体，包括（中华）民族、中国、人民等，这其中含义略同而微异，执拗于三者的不同，也会导致对目标实现的刻意区别。窃以为，习近平总书记已经指出，人民是中国梦的真正主体，语见："中国梦归根到底是人民的梦。"[①] 借此，不妨将中国梦的主体分为三对关系：第一，人民与行政机构等社会公共组织的关系；第二，人民与他人（包括家庭、其他社会成员等）的关系；第三，人民自身的幸福（包括精神和物质两方面）。这样，在设计和处理这三组关系时，可以发现，中国历史文化因素，包括古代历史文化因素的优良传统、经验，就能够并且已经在发挥有益功效了。

古代中国诸子各献己说，蔚为大观，然以经过西汉董仲舒改造之后的儒家学说最为通行，其说以人伦教化为基础，以仁爱为指归，以天人感应为纲目。经过与释、道二家的冲突、融合，儒家学说到宋代，孕育而出理学，遂成此后五百年中国思想、社会、文化诸领域的不刊定论，更成为中国历史文化的代表。

第一，人民与行政机构等社会公共组织的关系。在处理公、私关系方面，最有代表性的意见是："盖天下之事有可以法禁整齐者，而风俗之美，非法禁之所能致。"[②] 意即，要规范社会秩序，除了法律、规章之外，人情、习俗也是内中重要环节。这句话恰如其分地体现了

① 习近平：《在第十二届全国人民代表大会第一次会议上的讲话（2013 年 3 月 17 日）》，载《西安日报》2013 年 3 月 18 日。

② 乐贵明：《四库辑本别集拾遗》，《袁燮〈絜斋集〉·经筵讲义·诗·桃夭》，中华书局 1983 年版，第 136 页。

中国重人伦、讲情分的特性，不惟古代，今天亦然。重视人，以人为本，这本也是科学发展观的内容，古今其实相通。

因此，中国有“政通人和”的说法，喻政治之于人情，为人接受，则如活水流通，为人反对，则如泥污淤塞。流通则政令通达，淤塞则事倍功半。这个认识早在先秦时期即已有之，《诗经·小雅·小旻》：“国虽靡止，或圣或否。民虽靡膴，或哲或谋，或肃或艾。如彼泉流，无沦胥以败。”① 此诗为西周末年周朝大臣所写，讽谏周幽王（有说周厉王）。诚如南宋朱熹所言：“大夫以王惑于邪谋，不能断以从善，而作此诗。”② 其中，“如彼泉流，无沦胥以败”一句，就是以水论政。北宋时，赵师民分析这一句话的深意：“水性顺，故通，通则清。逆故壅，壅则败。喻用贤则王政通而世清，用邪则王泽壅而世浊。周幽王失道，绌正用邪，虽有善人，不能为治，亦将相率以沦于汙败也。”③ 言外之意，政令举措，如水流泻下，一旦不得人心，势必不可挽回。因此，为政者更须“战战兢兢，如临深渊，如履薄冰”④。

推而广之，如果令行禁止，民心相向，则如风过回廊、水出江河。怎样做到哪？法家人物郑国子产的做法是“（鲁昭公六年）三月，郑人铸刑书”⑤。将法令条文昭告天下，管控全体社会成员，至少是社会大多数成员，更兼具法治社会的意味。然而道家做法与之相左，“法令滋彰，盗贼多有。故圣人云，我无为而民自化，我好静而民自正，我无事而民自富，我无欲而民自朴。”⑥ 前者主张提前预防，后者主张听任自处。北宋仁宗皇帝对法、道二家的做法有过评论：“使民知法，为乱可止，不若不知而自化也。”⑦

但是，完全置既有社会制度、规范于不顾，放任世人自行予取予

① 《诗经》，西安出版社2000年版，第212页。

② （宋）朱熹：《诗集传》第十二卷《小雅·小旻之什二之五》，上海古籍出版社1980年版，第137页。

③ 《续资治通鉴长编》第一五五卷，中华书局2004年版，第3768页。

④ 《诗经》，西安出版社2000年版，第213页。

⑤ 《春秋左传·昭公六年》，辽宁教育出版社1997年版，第272页。

⑥ （魏）王弼：《老子道德经注校释》，楼宇烈校释，中华书局2008年版，第150页。

⑦ 《续资治通鉴长编》第一八一卷，中华书局2004年版，第4382页。

求，势必导致秩序混乱。此时，儒家的观念，又得以发挥效用。《礼记》有言："下之事上也，不从其所令，从其所行。"① 也就是当政者，有义务和责任成为世人所思、所言、所行的标尺。关于当政者与普罗大众的关系的论述，知名者，有荀子的水舟之喻，"君者，舟也；庶人者，水也。水则载舟，水则覆舟。"② 后来为唐太宗君臣屡屡重复。到了宋代，大臣丁度提出，民跟从君的选择而选择，所以，君必须有意识地引导民，"水随器之方圆，若民从君之好恶，是以人君谨所好为。"③ 这个见解，实际还包含着民众监督当政者的意味。相比起来，丁度的分析较唐太宗载覆之说，已然更进一层。而今提倡以德治国，其中，政府在规范自己行为方面，即政府首先要德行优长，堪为世范，方能为世人提供良好榜样，意义正在于此。

第二，人民与他人的关系。中国古代儒家学说认为，仁爱是调节人际关系的本质元素，在各种人际关系中，又以家庭亲戚之间为最本原。所谓"孝悌也者，其为仁之本与！"④ 在父子血亲之外，还需要稳定的婚姻关系，儒家认为，夫妻关系健康，闺门和顺，对社会必将大有裨益。"后妃无妒忌之行，闺门有肃雍之美，是非其本欤？惠及其下，众妾序进，则内无怨女；化行于外，婚嫁以时，则国无瘝民。"⑤ 以上就是处理好与家庭成员、与其他社会成员等的关系的原则。

协调理顺人际关系，除了惯常所说的公平分配利益原则之外，人本身在社会各层级关系中的位置恰当与否，也是症结所在。在《周易·鼎卦第五十》中，九四爻辞是："九四，鼎折足，覆公餗，其形渥，凶。"⑥ 意为鼎足折断，鼎内食物泼洒于外。这段爻辞，暗喻着任人用事，鼎象征国家，鼎足象征人，量才适用，若所托非人，则倾覆

---

① 《礼记·缁衣》第三十三，岳麓书社 1997 年版，第 508 页。

② （战国）荀况：《荀子·王制》，中华书局 2007 年版，第 77 页。

③ 《续资治通鉴长编》第一二〇卷，景祐四年冬十月丙子，中华书局 2004 年版，第 2838 页。

④ 杨伯峻：《论语译注》，中华书局 2008 年版，第 2 页。

⑤ 乐贵明：《四库辑本别集拾遗》，《袁燮〈絜斋集〉·经筵讲义·诗·桃夭》，中华书局 1983 年版，第 135 页。

⑥ 《周易·鼎卦》，花城出版社 2001 年版，第 208 页。

在即，所谓“鼎为烹饪成新之器，上承至尊，下又应初，上承下施，任重非据，故足折而覆悚矣。其犹任得其人，虽重而可胜，非其人，必有颠覆之患。”① 个人在社会上的处境，不但关乎其能否实现理想、甚至关乎其能否安身立命。当政者除了要合理安排、进贤黜恶，更应该建立一个公平、开放的机制，使社会成员能够各安其位。在毛泽东思想、科学发展观中，都有统筹兼顾的思想，在物质极大丰富的今天，除了兼顾利益归属外，还应该兼顾到社会成员的身份、地位、境况，提高其对自身归位的认同度，这才是长久之计，人心不安，进退无序，只能导致社会浮躁之风迭起，“红眼病”泛滥。

在实践层面，西方社会讲究契约，作为确定社会成员归属的依据。儒家不重视文牍、契约之类，孔子就认为：“巧言令色，鲜矣仁。”② 不重言，而重行，那么具体怎样做？宋代君臣意识到，诚信在君臣之间的重要意义，“君臣之际，必诚意相通，而后治民。”③ 也就是说，以诚待人，以此为行事准绳。不自欺、不欺人，最能方便社会成员之间相互了解，个人的真实品行、能力为社会充分把握后，再进行社会角色归属。其个人也罢、周围人也罢，庶几能够普遍认同。

第三，人民自身的幸福。人民幸福应该包括精神、物质两方面富足。在中国改革开放三十年后的今天，人人享受着经济奇迹带来的比较优渥的生活，在此基础上，2011 年 10 月 18 日，中国共产党第十七届中央委员会第六次全体会议通过《关于深化文化体制改革　推动社会主义文化大发展大繁荣若干重大问题的决定》，提出建设社会主义文化强国目标。在 2012 年 11 月的中国共产党第十八次全国代表大会上，再次强调扎实推进社会主义文化强国建设。因为文化本身具有广义、狭义两种含义，广义的文化含义，包括物质成果，所以，社会主义文化强国容易被偏颇地仍被理解为单以经济建设为中心、发展为第一要务等。然而，物质生活充裕，并不是幸福的全部定义。社会主义文化强国战略目标，内在地包含着建设发达的社会主义精神文明的

---

① 《续资治通鉴长编》第一七〇卷，中华书局 2004 年版，第 4089 页。

② 杨伯峻：《论语译注》，中华书局 2008 年版，第 3 页。

③ 《续资治通鉴长编》第一七四卷，中华书局 2004 年版，第 4206 页。

意旨。

所谓“仓廪实而知礼节，衣食足而知荣辱，上服度则六亲固。四维不张，国乃灭亡。下令如流水之原，令顺民心。”① 这里的“知礼节”“知荣辱”正应该是社会主义文化强国战略目标的题中应有之义。进诸实践层面，古人对此有结论性认识，即遵循“格物、致知、修身、齐家、治国、平天下”六步骤。换言之，就是在解决温饱后，大力提倡文治教化。读书之用，对于个人修养来看，“德性自己温粹，须是广读书，济之以英气，则为尽善。”② 对于家国事业来看，“夫教化之本，治乱之源。苟无书籍，何以取法?”③ 对于中国特色社会主事业，乃至共产主义最高理想，同样如是。时至今日，国人的马克思主义信仰不大如昨，原因多样，其中一种，似乎并未被关注到，就是意识形态教育体系和方式乏善可陈。现代人在日常生活、工作中，普遍较少、甚至不接触马克思主义经典著作、学说，自然产生了陌生感、距离感，不了解何来热爱？正是所谓“道从学中来……知学者未必尽知道，但知学者亦少。”④ 要之，精神世界富足与否，直接取决于学习，而精神力量是否强大，与幸福感息息相关。自古已然。

二　中国梦文化内涵历史源流

关于中华民族和中国等词义的历史含义变迁，冯天瑜先生在《“中国”“中华民族”语义的历史生成》⑤ 一文中有详尽分析，略作简要概括和补充：目前已知“中国”一词最早产生于周代，意指京

---

① （汉）司马迁：《史记》第六十二卷《管晏列传》，中华书局1975年版，第2132页。

② 《宋史全文》第二十七卷上《宋孝宗七》，黑龙江人民出版社2004年版，第1860页。

③ 《续资治通鉴长编》第二十五卷，雍熙元年春正月壬戌，中华书局2004年版，第571页。

④ 《宋史全文》第二十七卷下《宋孝宗八》，黑龙江人民出版社2004年版，第1902页。

⑤ 冯天瑜：《“中国”“中华民族”语义的历史生成》，《河南大学学报》（社会科学版）2012年第6期，第1—6页。

城。嗣后，普遍使用的词义为中原地区。直到清朝后期在与欧美国家订立条约时，才开始被用作国体概念。至于“民族”，可能是近代从日本引入的外来词，中国古代只有“族”，用以区别华夏、夷狄。同时，晚清也出现了“中华民族”，意即中国民族。今天更被具体用为汉族等 56 个民族的总称。

中国古代没有今天这般严谨的学科概念，像中国，也被用作指中国之人，即中国民族。如《宋史·岳飞传》：“金人所以立刘豫于河南，盖欲荼毒中原，以中国攻中国。”① 另外，中国被用作于“外国”相对应的概念，早在西汉司马迁所著《史记》中即已有之：“天下名山八，而三在蛮夷，五在中国。”② 并非是迟至宋代才出现的词义。

由中国、中华民族词义的历史演变，延伸出个人、集体、家、国、天下的区别，由此更延伸出复兴、富强、振兴、幸福的古、今词义差别。依据不同的标准，会产生不同的实践结果。在这一点上，古代中国也有案例可寻。

首先，强调国家优先的法家，法家代表韩非、李斯等都出仕于秦国，法家在秦国的实践，最终因为秦国灭亡而以失败告终。“秦始皇不忍小耻而轻民力”③，秦国虽然统一六国，但是在历史上得到“暴秦”评语。可知，国家强弱与民众甘苦，其实是矛盾统一体。2013 年 4 月 19 日，中共中央政治局决定从下半年开始，在全党自上而下，分批开展党的群众路线教育实践活动。用意可谓深远。

其次，道、释二家讲小国寡民、绝圣弃智、禁欲出家，多少都有悖于社会发展规律和人伦天性自然。这是相对于法家来说的另一种极端，蒙昧状态下，物质生产全面倒退，人类也遵从自然法则优胜劣汰，放弃人的主观能动性，其说不妥之处，显而易见。

最后，儒家尊王道、黜霸道。王道、霸道是儒家的学术概念，尧舜之道、先王之道，统称王道，春秋五霸之道，则是霸道。霸道与王道相对，不妨理解为以不仁爱、不诚信、不忠义、不礼教等手段，谋

---

① （元）脱脱等：《宋史》第三六五卷《岳飞传》，中华书局 2007 年版，第 11386 页。

② （汉）司马迁：《史记》第二十八卷《封禅书》，中华书局 1975 年版，第 1393 页。

③ （汉）班固：《汉书》第九十四卷下《匈奴传》，中华书局 1975 年版，第 3824 页。

取国家强盛富裕。

其实，儒家对于物质、精神的追求，可以分为两个层面的观点：

其一，儒家并不排斥物质富足，儒家否定的是用霸道的手段达到物质富足。正如南宋孝宗皇帝所言："岂知《周礼》与《易》言理财，周公、孔子曷尝不以理财为务？"[①] 与法家穷尽民力、无限扩张思想相别，在中国古代更长时期，讲究的是儒家的"一张一弛，文、武之道也。"[②] 用意即此。

其二，儒家在达成社会物质富足后，仍然有精神层面的追求，"冉有曰：'既庶矣，又何加焉？'曰：'富之。'曰：'既富矣。又何加焉？'曰：'教之。'"[③] 与前文相承接。这也正是今天中国梦的重要内容和目标之一。

特殊之处在于，"富强"在中国古代有确定含义，即指"国富兵强"，语见："主之所以为功者，富强也。故国富兵强，则诸侯服其政，邻敌畏其威，虽不用宝币事诸侯，诸侯不敢犯也。"[④] 从总体上看，中国古代遵循的是儒家战争观，即避免战争为先。虽然孔子也说过："善人教民七年，亦可以即戎矣。"[⑤] 但是，"子之所慎：齐、战、疾。"[⑥]

以长年陷入对辽、夏、金、元（蒙古）战争的宋代为例，在宋代皇帝头脑中，是根深蒂固的儒家战争观。且不论宋金战争中，消极避战的宋高宗，犹自强调："御敌者，莫如自治。"[⑦] 即便是雄心勃勃、一心恢复的宋孝宗，也说过："兵者德之末。"[⑧] 宋理宗时，大臣曹彦约在宝庆元年（1225）九月到宝庆二年（1256）五月之间，曾对杀伐

① 《宋史》第三九六卷《赵雄传》，中华书局 2007 年版，第 12073、12074 页。

② 《礼记·杂记》，岳麓书社 1997 年版，第 449 页。

③ 杨伯峻：《论语译注》，中华书局 2008 年版，第 137 页。

④ 赵守正：《管子注译》，广西人民出版社 1982 年版，第 180、181 页。

⑤ 杨伯峻：《论语译注》，中华书局 2008 年版，第 144 页。

⑥ 同上书，第 69 页。

⑦ （宋）徐梦莘：《三朝北盟汇编》第一三四卷《炎兴下帙·起建炎三年十一月乙巳朔尽二十三日丁卯》，上海古籍出版社 2008 年版，第 975 页。

⑧ （宋）王应麟：《玉海》第二十六卷《帝学·礼·至和迩英阁讲周礼（元丰、隆兴）》，江苏古籍出版社、上海书店 1987 年版，第 523 页。

战事发表过三次议论，颇具代表性。

首先是第一次上言，“用兵之害，不但两军相加，肝脑涂地而已，飞挽之劳，不减锋镝；暴露之久，甚于临敌。以至边民避难，永业渐废，强壮应募，耕夫渐少，流离转徙，使老弱疾病之人，少有全者。怨气所感，多致旱蝗，饥饿、疾疫而死者，又不可胜计。简册所载，未必详尽，惟身历而后知之。此寝兵所以为帝王极功也。”[①] 此言兵祸之害，厌战之情，溢于言表。大约在一个月之后，复又重提此话题，“真宗皇帝谓：‘国家崇尚儒术，非四方无事，何以臻此。’盖兵革一用，岂但征战馈餫之劳，流离转徙之苦。臣前读《符瑞篇》固已略举用兵之害矣。上而为君，不免宵衣旰食，下而为臣，不免罢于奔命。此古之圣贤，所以偃武而后修文，息马而后论道也。真宗皇帝四方无事之语，发于景德二年，是时澶渊之盟契丹才一年耳。而圣训已及此，则知兵革不用，乃圣人本心，自是绝口不谈兵矣。”[②] 把修文和兴兵二者两相对比，而况还引宋真宗之论以为根据，更添几分说服力。最后，曹彦约进一步下了断言：“兵寝刑措而后可以言太平，其余皆虚文也。”[③] 综览这三次上言，曹彦约以兵祸危害起手，佐以宋真宗实例，最后引出结论。可窥见其内心，对征战一事，必然有完整判断。

中国历来强调和平崛起策略，因此，中国梦命题中的富强，显然不是简单的国富兵强，而应该是指工业、农业等社会生活各方面内容，是针对中国近代以来，现代化发展过程中的薄弱环节而言。

三 中西历史视阈下“中国梦”文化内涵

中国梦命题基于19世纪中后期以来，中国受侵略、受压迫的现实而酝酿、总结、提出，这与古代中国在大多数历史时期的世界地位正相反。法国学者奥利维埃·卢瓦认为，中国在17世纪末到18世纪上

---

① （宋）曹彦约：《经幄管见》第一卷，影印文渊阁四库全书本，第686册，第31页。

② 同上书，第36页。

③ （宋）曹彦约：《经幄管见》第三卷，影印文渊阁四库全书本，第686册，第57页。

半叶达到鼎盛，与经历了工业革命的欧洲一道，代表着东西方文明，此时，双方处于完全平等地位，欧洲的中国热应运而生。欧洲对中国历史文化的系统认识，正是于18世纪上半叶开始，以莱布尼茨、伏尔泰、孟德斯鸠、尼古拉·马勒伯朗士等人为代表。基于欧洲人自己的宗教背景，他们对中国文化的仰慕，主要集中于精神领域，比如从17世纪到18世纪，在欧洲持续了两个世纪之久的中国礼仪之争，即关于中国传统礼仪是否与天主教义相悖的争论。再比如莱布尼茨深信，中国汉字是亚当所使用的原始语言，应当被用作世界语等。

法国学者谢和耐在分析中国国家政府机构的产生、发展时，指出："中国是第一个设计出了公职人员国家化之准则的民族……所有这一切从宋代起便建立起来了，形成了一种近代国家结构，西方仅在一个很晚的时代才具有了与之相等同的机构。"① 对于这一点，英国著名历史学家阿诺德·汤因比也从不同的角度指出："并且就中国人来说，几千年来，比世界任何民族都成功地把几亿民众，从政治上文化上团结起来……这样的统一正是今天世界的绝对要求。"② 正因为中国早早出现了同一国家的机构，所以中国才有了一种固定的国家观念。即便是经过了19世纪下半叶到20世纪上半叶的剧烈动荡，依然认为："按中国人的理解，自卫的意义也包含着想恢复清朝的鼎盛时期——即乾隆皇帝统治的后半期——帝政中国所达到的国界。"③ 但是，诚如汤因比所揭，这是一种出于对受欧洲列强压迫的历史的象征意义的反抗。

这种心理，在古代中国的确有先例可循。比如东汉时，傅燮曾说："夷狄闻中国优富，任信道德，所以奸谋自消而和气感应。"④ 古代中国奉行的主流对外策略，不是打压扩张，而是修习内功，也就是所谓"欲攘外，先安内"。按照汤因比的说法，这就是中国固有的"东亚中

---

① ［法］谢和耐：《中国与基督教——中西文化的首次撞击》，上海古籍出版社2003年版，第337、338页。

② ［英］汤因比、［日］池田大作：《展望21世纪——汤因比与池田大作对话录》第四章《走向一个世界》，国际文化出版公司1999年版，第283、284页。

③ 同上书，第280、281页。

④ （南朝宋）范晔：《后汉书》第五十六卷《张王种陈列传》，中华书局1975年版，第1817页。

华王国、地区性国家榜样”观念。正如日本学者池田大作的总结："从中国的历史上看也好，从日本的德川时代看也好，所谓在政治上的成功，就是意味带来和平。"①

19 世纪法国政治家、历史学家弗朗索瓦·基佐（Francois Pierre Guillaume Guizot）曾写道："在一切时代和一切国家里，宗教享有教化人民的光荣。科学、文学、艺术，一切知识和精神的愉悦都有权分享这份光荣。"② 除了在古代中国，宗教不若欧洲那般受尊崇，其他用意相通。中国古人曾经自豪地坦陈："臣闻中国者，盖聪明徇智之所居也，万物财用之所聚也，贤圣之所教也，仁义之所施也，诗书礼乐之所用也，异敏技能之所试也，远方之所观赴也，蛮夷之所义行也。"③ 这更反映出，"万物财用""异敏技能"只是其中两项指标，其他还有如聪明徇智、贤圣、仁义、诗书礼乐等，也应该归为精神层面的成果。汤因比则将中国始终保留并正在坚持着传统美德归纳为八种，大致包括：中华民族的经验、世界精神、人道主义、合理主义、对宇宙神秘性敏感、和自然协调生存信念、科技应用、挑战西方勇气等。④ 总之，这些因素一起构成国家民族强盛伟大的支撑，可比拟今日之中国共产党的领导、中国道路、和谐、马克思主义中国化等内容，齐头并进，次第发展，方为中国梦之全面实现。

四　结　论

20 世纪初，著名历史学家陈寅恪先生有过一句著名预言："华

---

① ［英］汤因比、［日］池田大作：《展望 21 世纪——汤因比与池田大作对话录》第四章《走向一个世界》，国际文化出版公司 1999 年版，第 279 页。

② ［法］基佐：《欧洲文明史——自罗马帝国衰落起到法国革命》，商务印书馆 1998 年版，第 6 页。

③ （汉）司马迁：《史记》第四十三卷《赵世家第十三》，中华书局 1975 年版，第 1920 页。

④ ［英］汤因比、［日］池田大作：《展望 21 世纪——汤因比与池田大作对话录》第四章《走向一个世界》，国际文化出版公司 1999 年版，第 276、277 页。

夏民族之文化，历数千载之演进，造极于赵宋之世。后渐衰微，终必复振。”① 在古代中国，曾经将佛教中国化，进而传播到亚洲各地。而今，又有马克思主义中国化的中国特色社会主义理论和道路，以此为舟楫，坚持国家富强、民族振兴、人民幸福三个方面协调共进、互相提挈，必将迎来物质文化、精神文化齐齐丰获，最终实现中华民族伟大复兴的中国梦。

① 陈寅恪：《邓广铭宋史职官志考证序》，收入《陈寅恪文集之三·金明馆丛稿二编》，上海古籍出版社 1980 年版，第 245 页。

历史研究的两个层面与历史存在的四种形态

张　玉*

摘　要：历史研究的是“过去”。在“重构论”“建构论”及“解构论”这三种史学理论下，对“过去”的研究都是从对“事实”的构拟开始的。“事实”是被建构出来的，是被置于某种描述之下的“事件”。“事实”又有两种表现形式：物（事物）与事（事件），二者也成了历史研究的两个基本层面：考古学强调“物”的研究，而中国传统历史学则侧重于对“事”的探究。在具体的研究过程中，历史研究是一个将史料转换成“事实”乃至过去某个面向或者某个片段的过程，而这个过程也往往是在历史学家的精神观念中进行的，由此加入了历史学家个人“主观”解释的成分，形成了历史的另一种形态——“观念中的历史”。观念中的历史与过去真实客观地发生过的历史、史料中的历史以及作为历史学家研究成果的历史一样，都是历史存在的形态之一。它使得历史解释完成了由“客观”的“史料”向带有“主观”解释色彩的“历史学家的研究成果”之间的转化。

关键词：事物；事件；观念；主观

历史与史学，是两个不同的概念，然而却常常被大众所混淆。“历史一词在中文、西文中都有两重内涵，一是常识意义上过去真实发生过的事情，或者说历史实在（historical reality）；再就是对这些事

* 作者简介：张玉，男，陕西省子洲县人，西安电子科技大学人文学院讲师。主要研究方向为文学与人类学。

情的记载、考订、描述和解释。"[①] 前者是已发生过的"事情"，我们大致称为历史；而后者则是人们对这个"过去"的理解与认识，可以概括为史学。"与大多数自然科学的研究对象不同，历史研究的对象是'过去'，'过去'不能直接呈现在研究者的面前，人们只能通过'过去'遗留到现在的种种'痕迹'（traces）来接近'过去'本身。这些'痕迹'中，包括考古发现、历史遗址、活生生的传统遗存等，而其中最主要的乃是各种文字记载。"[②] 某种意义上，"我们可以把'过去本身'看作是一种不在场的研究对象，它的在场（它的缺席的在场 absent presence）要由它所留存下来的痕迹来展现，那是我们所唯一拥有的'实在的过去'。"[③]

历史研究的是"过去"，而"过去"却不能直接呈现在研究者的面前。因此，历史学家往往通过过去遗留到当今的各种痕迹来接近"过去"本身，进而构建出一个接近"过去"的"事实"，这也是整个历史解释得以进行的基础[④]。以 20 世纪西方史学理论为例，其以历史解释与历史事实之间的关系为标准，呈现为三个发展阶段："粗略地说，在重建论看来，事实的积累自会呈现出意义和模式，历史解释出自历史事实；在建构论看来，事实并非解释所要围绕的'硬核'，事实进入历史学家的视野和工作程序，本身就包含了解释的因素在其中，而解释的结构符合于事实的结构，乃是解释成功的标准；在解构论看来，事实没有独立于文本之外的实在性，解释主导和支配着事实，但解释和事实之间在没有截然分界线的同时，却又可以互相转换。"[⑤]

---

① 彭刚：《叙事的转向——当代西方史学理论的考察》，北京大学出版社 2009 年版，第 127 页。

② 同上书，第 7 页。

③ Keith Jenkins, *On "What is History": From Carr and Elton to Rorty and Whit*, London: Routledge, 1995, pp. 18—19.

④ 吴宗国认为历史研究的出发点并非史料而是事实，相关论述参见吴宗国《材料、问题、假设与历史研究》，《史学月刊》2009 年第 1 期。

⑤ 彭刚：《叙事的转向——当代西方史学理论的考察》，北京大学出版社 2009 年版，第 151 页。

事物与事实

历史解释是以对历史“事实”的建构为基础的。然而，“事实”则往往被认为是置于某种描述之下的“事件”。海登·怀特区分了事件（event）与事实（fact）的关系。在他看来，“事件”发生于过去，对于历史学家来说是“给定的”；而事实则是被历史学家建构出来的。“它们（事实）是被建构出来的：在见证了事件发生的档案中，由对事件或档案进行评论的相关各方，由历史学家——他们的兴趣在于对过去真实发生过的事情给出正确的记述，并将其与可能只不过貌似发生过的东西区分开来建构。正是‘事实’才是不稳固的，要受到修正和进一步的解释，并且甚至在有了充足根据的情况下被清除一旁。因此，巴特的断言‘事实只有语言学意义上的存在（linguistic existence）’，在我看来就是断定，‘事实’——不同于‘事件’——是语言学意义上的存在体（linguistic entity）；并且就此我指的是，正如哲学家阿瑟·丹图所说的，‘事实’乃是置于某种描述之下的事件。①“事实”不仅是被建构出来的，且只有当“事件发生而得到记录，才有可能成为历史事实”②。

“事实”是被建构出来的，是被置于某种描述之下的“事件”，然而这并不意味着事实就完全是主观的。“事实的客观存在有两种基本形式：事物与事件。事物即存在的实体，如动物、蔬菜、矿藏等。例如，白宫就可以看作事物的代表，而林肯被刺则可以看作事件的代表。事物是比事件更基础的存在形式，因为事件是由事物组成的，或者是由事物的表现形式组成的。在白宫举行国宴，首要条件是白宫和其他相关事物的存

① Hayden White, “Response to Arthur Marwick”, *Journal of Contemporary History*, Vol. 30, No. 2, 1995.

② 彭刚：《叙事的转向——当代西方史学理论的考察》，北京大学出版社2009年版，第8页。

在，否则这个事件就不会存在。”①

“事实”的两种存在形式即“事物”（物）与“事件”（事）也成为历史研究的两个基本层面。考古学主要是以“物”为研究对象的，“如果离开了物质文化层面，没有大量的物化资料，‘考古’便无从说起。这是考古工作最基本、最大量的内容，可以说它是考古的最基本的层次。”② 人类学也同样重视“物”的研究，“对考古及其同类学科——特别是人类学来说，物和身份之间的关系总是非常重要。对莫斯来说，物最可靠的依据，而“物”之所以如此重要是因为“物”不仅仅只是“事件”发生的“记录者”，它同样也能反映当时人们的思想信仰等精神内涵。“‘物’是特定的社群按照其文化传统制造并使用的，并在制造和使用的过程中塑造了他们自己。因此，‘物’的发现，不仅发现了过去使用之‘物’，也发现了制造此‘物’的人群及其行为方式与信仰。”③

与重视“物”的研究的考古学及人类学相比，中国传统历史学则往往是以“事”为研究中心的。《说文》曰：“史，记事者也。从又持中。中，正也。”④《礼记·玉藻》则曰：“卒食，玄端而居。动则左史书之，言则右史书之。”⑤ 而《汉书·艺文志》又曰：“古之王者世有史官，君举必书，所以慎言行，昭法式也。左史记言，右史记事，事为《春秋》，言为《尚书》，帝王靡不同之。”⑥ 虽然《礼记》中说的是“左史记事，右史记事”，而《汉书》中则为“左史记言，右史记事”，两者恰好相反，但是却基本上可以说明传统历史主要是以“事”为研究中心的；而“说话”（言）本身也是一种动作，可以被纳入广义的“事”的范围。梁启超先生则梳理了“史”与“事”（活动）的关系，“史者何？记述人类社会延续活动之体相，校其总成绩，求得其因果关系，以为现代一

---

① ［美］丹尼斯·麦克伦尼：《简单的逻辑学》，赵明燕译，山西教育出版社 2011 年版，第 4 页。

② 晁福林：《从精神考古看文明起源研究问题》，《天津社会科学》2005 年第 3 期。

③ 唐启翠：《礼制文明与神话编码——〈礼记〉的文化阐释》，南方日报出版社 2010 年版，第 29—30 页。

④ （清）段玉裁：《说文解字注》，中华书局 2013 年版，第 117 页。

⑤ （清）朱彬：《礼记训纂》，中华书局 1996 年版，第 445 页。

⑥ （汉）班固撰，（唐）颜师古注：《汉书》，中华书局 1962 年版，第 1715 页。

般人活动之资鉴者也。其专述中国先民之活动，供现代中国国民之资鉴者，则曰中国史。”①

史料大致可分为文字性的史料和非文字性史料两种，“得史料之途径，不外两种：一曰在文字记录以外者；二曰在文字记录者。……此项（在文字记录以外者）史料之性质可略分为三类：曰现存之实迹，曰传述之口碑；曰遗下之古物。”② 梁启超先生所谓的文字性史料和非文字性史料这两种史料也基本上对应着“物”与“事”这两个历史研究的基本层面。一方面，“物”大部分保存在非文字性的史料中。历史发生在过去，它不会再次以“事”（事件）的形式直接呈现在历史学家眼前。因此，历史学家所看到的大多是非文字的史料诸如考古挖掘出的器物以及其他遗迹等，这些静态的“物”也更多展示的是“过去”保留至今的痕迹，而不能演示出动态的“事”。另一方面，“事”则基本上保存在文字性的史料中。“物”虽然是“事”的重要组成部分，但单纯的“物”的相加却并不构成“事”。“事”往往是人与物的结合再加上因果等关系的综合体，其中包含了人为的主观解释因素，因此大部分保存在经过人为梳理的文字性史料中。而“事”之所以不同于“物”的相加，也正在于其中所包含的人为解释等因素。

然而，“物”与“事”也不是完全对立的，“物的叙事”是沟通两者之间的主要桥梁。物的叙事是“直接研究物体本身所蕴含的潜在‘叙事’，从古代遗留的实物及图像中解读出文字文本没有记录的文化信息。”③ 而物之所以能叙事，是因为物是过去事实的信息载体，是“一个可以‘讲述’历史或不在场的事实的符号，它像一个单词那样说话。”④ 然而，研究“物”的最终目的也是为解读出蕴涵在其中的人的行动（事）和精神思想，否则就会陷入只见“物”而不见“人”的困境。

---

① 梁启超：《中国历史研究法》，上海古籍出版社 2006 年版，第 5 页。

② 同上书，第 41 页。

③ 叶舒宪：《物的叙事：中华文明探源的四重证据法》，《兰州大学学报》2010 年第 11 期。

④ 孟华：《农耕文化的物证系列之一：“猪”与“地瓜”》，第八届人类学高级论坛会议论文，2009 年。

观念中的历史

“事实”是被历史学家建构出来的，这是历史学家的工作之一。“按照常识的观点，我们可以把历史学家的工作分为两个阶段——历史研究和历史写作。后者不过是在前者完成（或阶段性的完成）之后的文字记录。前者是‘胸有成竹’，后者则是泼墨作画，将胸中之竹表现于实际画面。”① 然而，对“胸中之竹”的构建却往往是在历史学家的精神观念中进行的。“克罗齐‘一切历史都是当代史’这一著名命题的蕴涵，就是说，历史总是人们以自己的思想活动加之于既有的史料之上，从而在内心思想中‘复活’过往的历史事实。就好像鸿门宴这一事实本身已经一去不返了，然而，我们借助司马迁的描述——而这种描述的可信性在很大程度上是得到了一再地验证核实了的——在自己的头脑中再现了历史中的那一幕。”② 然而，在这个“复活”的过程中，也往往加入了历史学家的个人思想等主观因素。“史料或事实本身并不能自行给出一幅历史学家所悬之为鹄的历史构图。历史学家心目之中的历史乃是（或者至少应该是）一幅历史构图，而这幅图画最后是由历史学家的思维和想象所构造出来的。……各种史料都是砖瓦，建立起来一座以往历史的大厦的，则有待于历史学家这位建筑师心目之中所构思的蓝图。那是思想劳动的成果，而不是所谓的事实在他心目之中现实的反映。”③ “如果说史实作为材料是客观给定的。那么有关它的理论，或者说其中的道理，归根到底都是我们思想构造出来的产物。它不是现场摆在那里的，而是我们思想劳动的结果。”④ “史料本身是不变的，但是历史学家对史料的理解则不断在变，因为

① 彭刚：《叙事的转向——当代西方史学理论的考察》，北京大学出版社 2009 年版，第 10 页。

② 同上书，第 138 页。

③ 何兆武：《对历史学的若干反思》，参见刘北成、陈新编《史学理论读本》，北京大学出版社 2006 年版，第 58—59 页。

④ 同上书，第 57 页。

他的思想认识不断在变。”① 而历史学家对“史料”的解释也往往带有某些目的，“谈到史学与自然科学的不同时，柯林伍德反复申说他的中心思想如下：‘与自然科学家不同，史家一点也不关心如此这般的事件本身。他只关心作为思想之外在表现的那些事件上，而且只是在它们表现思想时，他才关心他们；他关心的只是思想而已。’这就是说，史家之关心历史事件，仅只在于历史事件反映了思想，表现或体现了思想。归根到底，历史事件之成为其历史事件都是由于它有思想。”②

彭刚先生认为历史有三种不同的层面，他说：“立足于常识的角度，人们常常把历史区分为三个不同的层面：客观的历史，史料中的历史和作为历史学家研究成果的历史。与此对应，历史事实也可以区分为过去真实客观地发生过的事实、史料中所蕴含的事实以及历史学家所认可和运用于其研究之中的事实。这三者之间的传递过程并不清晰透明，而是充满了暧昧复杂的因素。”③ 然而，彭刚先生认为“历史具有三个层面”的说法似乎稍显笼统，它不能说明历史解释是如何从“史料中的历史”转换为“历史学家研究成果的历史”，也难以区别两者的根本所在。因此，在“史料中的历史”与“历史学家研究成果的历史”之间应当有一个过渡阶段，在这个过渡阶段中，历史学家在史料的基础上加入了他自己“主观”解释的成分，由此在自己的精神观念中“创造”出了历史，形成了“观念中的历史”。而历史解释的形成也有赖于这种“观念中的历史”，它经历了四个不断“取样”的过程，由此表现为历史存在的四种形态：

首先，有一个过去的客观的历史存在着，这便是“过去真实客观地发生过的历史”，也是所有历史研究得以进行的前提。“历史是存在于现实中的过去，这个过去是实实在在的，它是客观的、可感知的、

① 何兆武：《对历史学的若干反思》，参见刘北成、陈新编《史学理论读本》，北京大学出版社 2006 年版，第 60 页。

② 何兆武：《历史的观念》译序，参见［英］柯林伍德《历史的观念》，何兆武等译，商务印书馆 1997 年版，第 12 页。

③ 彭刚：《叙事的转向——当代西方史学理论的考察》，北京大学出版社 2009 年版，第 119 页。

可经历的，它构成了历史认识的对象性，是历史认识感性经验产生的源泉。历史认识以存在于现实中的过去为对象，为历史认识奠定了客观性基础。”[①] 而这个客观存在的历史也对“历史解释”产生了一定的影响。“历史事实有其本身固有的客观性，尽管他不易被人捕捉到，其存在仍然不可否定，因为前人的行为（历史事实）是不以后人的意志为转移的。历史学家对历史事实的选择和解释只有大致符合其固有本质时，我们才能说，他是大体正确或客观的；否则他就说歪曲了事实。”[②] “历史不同于虚构，因为实际描述的事件确然发生过，它不单是作者构想的产物。而且其间存在这样一种历史的真实，它不同于诗歌或小说中的真实。”[③]

其次，过去发生的事其“痕迹”很难保留下来。“过去发生的事件浩如烟海，不可胜数，得以通过留下‘痕迹’而有可能为人们所知晓和了解的，只是其中极其微小的一部分。”[④] 因此，“历史研究不是研究过去，而是研究过去保留到当今的痕迹，倘若人们的所说、所思、所为或所经受的任何东西都没有留下痕迹的话，就等于这些事实没有发生过。”[⑤] “过去遗存到了现今的文字记载、宫室器皿、考古发现，都在向我们表明过去真实不妄地存在过。过去留之于现在的一切痕迹，在现代史学日益扩展的视野之中，都是历史学家赖以解读过去时所依凭的史料。”[⑥] 而史料在某种意义上也只是一个“记载”，“由于这些事件已不复存在，所以，历史学家也不可能直接与事件本身打交道。他所能接触的仅仅是这一事件的有关记载。简单地说，他接触的不是

① 李杰：《历史观念——实践历史哲学的建构》，人民出版社 2013 年版，第 61 页。

② 姜芃：《西方史学的理论和流派》，中国社会科学出版社 2007 年版，第 11 页。

③ ［英］西蒙·冈恩：《历史学与文化理论》，韩炯译，北京大学出版社 2012 年版，第 42 页。

④ 彭刚：《叙事的转向——当代西方史学理论的考察》，北京大学出版社 2009 年版，第 7—8 页。

⑤ G. R. Elton, *The Practice of History*. Malden: Blackwell Publishing, 2002, p. 8.

⑥ 彭刚：《叙事的转向——当代西方史学理论的考察》，北京大学出版社 2009 年版，第 116 页。

事件，而是证明曾经发生过这一事实的有关记载。”① 而这些记载则在向人们展现着“史料中的历史”。

再次，虽然说事实蕴涵在史料之中，“但一方面，史料并不直接等于事实，历史学家需要施展自己的各种技艺来挖掘、比较、确定事实”②；另一方面，“很显然，一份材料文献中所能提供的‘证据’，和它自身所指向的那个‘事实’，并不永远是一对一的对应关系。”③而历史学也不是史料学，“史料是一堆砖瓦建材，但是要建筑历史学上的大厦，却有赖于历史学家所精心勾绘的那张蓝图。”④ 单纯的史料的堆积也并不是历史，“史料或者说历史事实说话，靠的是历史学家将它们编排为有机的整体。单纯的互不关联的史料堆积在一起，不过是克罗齐贬义上的‘编年’或者中国传统说法的‘断栏早报’，并不会就自动呈现出意义来。一系列相关的史料构成一个可理解、有意义的历史图景，才成为真正意义上的历史学。”⑤ 而将这些“史料”转换成“历史事实”则主要是在历史学家的精神观念中进行的。“历史事实僵死的躺在记载中，不会给世界带来什么好的或坏的影响，而只有当人们，你或我，依靠真实事变的描写、印象或概念，使它们生动地再现于我们的头脑中时，它才变成历史事实，才产生影响。正是这样，我才说历史事实存在于人们的头脑中，不然就不存在于任何地方。”⑥ 然而历史学家的目标却并不满足于此，“人们能够认识过去，这是历史学得以成立的前提。然而，人们所要求于历史学家的，并不是简单地

---

① ［美］卡尔·贝克尔：《什么是历史事实?》，参见［英］汤因比等著，张文杰编《历史的话语：现代西方历史哲学译文集》，中国人民大学出版社 2012 年版，第 281—282 页。

② 彭刚：《叙事的转向——当代西方史学理论的考察》，北京大学出版社 2009 年版，第 126 页。

③ ［英］理查德·艾文斯：《捍卫历史》，张仲民等译，广西师范大学出版社 2009 年版，第 83 页。

④ 何兆武：《叙事的转向——当代西方史学理论的考察》序，参见彭刚《叙事的转向——当代西方史学理论的考察》，北京大学出版社 2009 年版，第 2—3 页。

⑤ 彭刚：《叙事的转向——当代西方史学理论的考察》，北京大学出版社 2009 年版，第 176 页。

⑥ ［美］卡尔·贝克尔：《什么是历史事实?》，参见［英］汤因比等著，张文杰编《历史的话语：现代西方历史哲学译文集》，中国人民大学出版社 2012 年版，第 283 页。

从史料中挖掘出历史事实，而是要帮助人们达到对于过往的某个层面或者某个片段的理解。"① 可见，对于历史研究来说，由于其研究的对象是“过去”，而“过去”不可能再一次直接呈现在研究者的面前，因此人们只能通过“过去”遗留到现在的种种“痕迹”来接近“过去”本身。所以，历史学家的研究也就是将“史料”转换为“事实”乃至过去某个片段的过程，而这个过程往往是在历史学家的精神观念中完成的，由此产生了历史的另一种形态——“观念中的历史”。

最后，“以往总是认为，历史学家在收集、考订史料，提出历史解释的基本框架之后，最主要的工作就完成了，剩下来的任务无非是将研究的成果写出来而已。仿佛作画，‘胸有成竹’是最要紧的，一旦‘胸有成竹’之后，泼墨作画倒变成了一件次要的事情。传统所谓的文史不分家，在很多人看来无非是说，史家如果在写作自己的研究成果的时候能够有些动人的文采就再好不过，省的落下孔夫子所说的‘言而无文，行之不远’的结果。叙事主义的一大洞见，就在于看到历史写作的性质没有那么简单。历史文本因其使用的承载工具是‘日常有教养的语言，就具有文学产品的特性。"② 可见，在这个阶段，“观念中的历史”要想转换为“历史学家研究成果的历史”，最终就得借助语言、文字等符号表达出来，“如果我们把史学反思关注的焦点放在历史研究的最终产品——历史著作——之上，就可以发现，历史著作的最显明的特征，就在于它是一种‘以叙事性散文话语为形式的言辞结构’，它乃是一种文学制品。"③ 而在这个表达的过程中，历史解释也带上了“故事”形式等这样的“文学式”的特点。“过去当中并不存在那种历史据以重建或解释的故事；过去并不是像叙事形式呈现的那样预先包装好而出现的。而是历史学家按照某种叙事秩序对过去进行了编排，使其呈现为当下的样子，正是在这个意义上说历史学

---

① 彭刚：《叙事的转向——当代西方史学理论的考察》，北京大学出版社 2009 年版，第 151 页。

② 同上书，第 195—196 页。

③ 彭刚：《叙事的转向——当代西方史学理论的考察》，北京大学出版社 2009 年版，第 5—6 页。

家‘创造了历史’。”[①] 而与文学家所强调的“虚构”不同的是，历史学家的“故事”则力求接近“过去发生过的事情”。“作为想象的作品，历史学家的作品和小说家的作品并没有什么不同。它们的不同之处是，历史学家的画面要力求真实。小说家只有单纯的一项任务：要构造一幅一贯的画面、一幅有意义的画面。历史学家则有双重的任务：他不仅必须做到这一点，而且还必须构造一幅事物的画面（像是它们实际存在的那样）和事件的画面（像是它们实际发生的那样）。”[②] 而有时为了使这个“故事”更有意义，我们常常赋予某些事件以新的意义。“个人与社会都常重新调整那些是‘过去的重要人物与事件’，或赋予历史人物与事件新的价值，来应对现实利益环境的变迁。如此，一方面个人生活在社会给予的记忆以及相关的族群认同中；另一方面，个人也在社会中与他人共同遗忘、追寻或创造过去。”[③] 可见，在这个阶段，“观念中历史”借助语言、文字等符号，最终往往以“故事”等形式形成了历史的第四种形态——“历史学家研究成果的历史”。

“历史”有过去真实客观地发生过的历史、史料中的历史、观念中的历史和作为历史学家研究成果的历史四种形态。而这几种历史形态呈现出一种按时间发展的线性“取样”序列：首先，在过去真实地发生过一些历史事件，这些历史事件构成了“过去真实客观地发生过的历史”；其次，这些事件却很难保存下来，其中的一小部分留下了各种我们可以探寻它们的痕迹，由此构成了“史料中的历史”；再次，单纯的史料只是一堆互不关涉的、冷冰冰的材料，需要经过历史学家思想观念的整合，加入历史学家个人的主观理解成分，由此“史料”才能转换为历史学家头脑中的“观念”，这就是“观念中的历史”。最后，历史学家将自己“观念中的历史”诉诸语言、文字等表达形式，形成了“历史学家研究成果的历史”。在这四种历史形态中，“观念中

---

① ［英］西蒙·冈恩：《历史学与文化理论》，韩炯译，北京大学出版社 2012 年版，第 33—34 页。

② ［英］柯林伍德：《历史的观念》，何兆武等译，商务印书馆 1997 年版，第 342—343 页。

③ 王明珂：《华夏边缘：历史记忆与族群认同》，浙江人民出版社 2013 年版，第 29 页。

的历史”一方面承接着“客观”的史料；另一方面则加入了历史学家个人“主观解释”的成分。它完成了历史解释由“客观”的史料向带有“主观”色彩的“历史学家的研究成果”的转化，对历史解释的完成起着承前启后的重要作用。

政治部分

社会转型时期城中村社会经济功能

赵常兴*

摘　要： 城中村是城乡二元土地管理制度、人口管理制度、行政管理制度等二元社会结构长期实行的典型反映，虽然长期以来因环境脏乱、治安严峻、文化贫乏等备受社会诟病，但不可否认城中村在支撑我国快速而粗放的城市化进程，以及缓解由此带来的诸多物质性匮乏和社会结构性矛盾方面发挥的不可替代的作用。

关键词： 城中村；成因；社会经济功能；继续社会化；社区公共管理

当孟德拉斯提出“20亿农民站在工业文明的入口处，这就是在20世纪下半叶当今世界向社会科学提出的主要问题”这个命题时，似乎与我们并不相干，或至少是遥远的将来我们才需要面对的问题。然而，自20世纪末在我国掀起的城市化狂潮席卷了大江南北，我国的城市化率从1990年的26.41%上升到2009年的46.6%，城市化规模跃居世界第一。在城市和城市化规模空前扩张的过程中，随之又产生了一系列新的社会问题，“城中村”就是一个典型。

一　城中村成因分析

城中村可谓是我国城乡二元结构的集中反映和典型代表。虽然其

* 作者简介：赵常兴，西安电子科技大学马克思主义学院副教授。

行政隶属关系上已经作为城市社区，却依然保留着农村的生活方式、行为习惯，并未完全融入城市经济与社会生活。究其形成的主要原因，既包括城市化扩张的客观因素，又受到城乡二元结构体制等主观制度性因素的根本影响。

客观上，城中村的产生与形成是我国近些年城市化进程快速推进的结果。1978 年到 2009 年，是我国工业化和城市化迅速扩张的 30 年，国家统计局公布的数据表明，期间城市数量由 193 个增加到 655 个，增加 462 个；城市化率由 17.9% 增加到了 46.6%，提高了 28.7%；城市建成区域面积超过 3.8 万平方公里，城镇居民人均住宅建筑面积由 6.7 平方米增加到 28 平方米。城市与城市化的快速扩张，必须要有大量土地支撑以满足扩张的需求，必须要通过征收城市周边农村的耕地获得扩展的空间，于是城市近郊的农村就被高涨的城市化浪潮所席卷，实现了“城市包围农村”。城市扩张绕过了农民聚集的村落，只征收了他们的土地资源，而没有将农村人口真正地融入城市，于是一个个的“孤岛”产生了。因此，工业化与城市化的快速发展是城中村现象产生的直接原因。

主观上，我国实行的城乡二元结构体制是城中村形成的深层次制度性因素，也是根本原因所在，其主要表现为：

（一）城乡二元土地制度，即农村土地集体所有制和城市土地国家所有制，是城中村产生的核心因素。城中村作为都市里的村庄，呈现出最为典型的国家土地所有权和农村集体土地所有权两种差异明显的城市内部土地二元结构。城市的扩张只能征用农民作为生产资料的耕地，不能征用农民作为生活资料的宅基地；同时政府为了避免或降低高额的征地补偿、房屋拆迁补偿、居民就业安置等成本，因此政府通常在城市规划中绕过城中村，避开农民的居住区，原来的农村就变成了“孤岛”。

意外的是，“孤岛”中的农民却因外来人口急剧涌入城市而带来了难得的获利机会。特别是随着城市的经济发展，城市的土地价格也日益攀升，高昂的地价使处于优越地理位置的城中村聚集了雄厚的集体财富，无耕地的村民凭借其有利的区位条件在自己拥有使用权的宅基地上大量地建造房屋以供出租，并以此获得了不菲的收入，城中村村民成了新型的“租金食利阶层”。村集体开始在留用地上与房地产商合作开发商业地产和住宅，农民则在各自的宅基地上疯狂地建房。建房者在有限的宅基地上，一方面通过超高建筑来实现利益最大化；另一方面通过侵占公共空间来实现利益最大化。从个体理性选择的角度看，城中村这种特殊的建筑群体和村落体制的形成，是农民在土地和房屋租金快速增值的情况下，追求土地和房屋租金收益最大化的结果。这种收入模式使得局面开始发生逆转，由原来城市排斥城中村转变为如今的城中村拒绝被城市化、市民化，经济收入的路径依赖极大地强化了城中村长期存在和发展的现实性与被拆迁改造的艰难性。

（二）城乡二元人口管理制度，以户籍管理制度为核心，人为地划分为农业户口与非农业户口。自计划经济时期形成、旨在抑制人口流动的户籍制度，在当今人口自由流动的时代仍然发挥着它极大的“束缚”和“锁定”功能。城中村在城市化的过程中，人口本应随着土地同时实现非农化，然而由于户籍制度的“锁定”，使得土地城市化了，村民却仍然是农民。

户籍制度迟迟未松绑，却又使得城中村的村民由边缘人群迅速转变为既得利益者，他们在享受城市提供的交通、教育等各种公共服务、设施的同时，仍然可以享受其他农民应有的权利，比如以户籍制度为核心的计划生育、人口迁移、宅基地分配等政策，这种双福利也加强了对他们对目前现状的认同。

（三）城乡二元行政管理制度，即城市行政组织负责管理和服务非农业人口户籍的人口，而农村行政组织负责管理和服务农业户籍的村民。城中村所保留的农村行政建制，由村委会从行政上进行管理，农村社区具有特殊的血缘、地缘纽带，农村行政管理体制成为这些村庄在城市化过程中实现自身利益最大化的“体制外壳”，作为政权组织在农村基层的延伸机构，村委会在执行上级的命令时，常会以保护村落局部利益为取向而使政策“走样”。[①]

除了城市化推进的客观因素和制度性的主观因素以外，城中村的

---

① 张润梅：《试析城中村形成的原因》，《商场现代化》2007 年第 4 期，第 336—337 页。

形成还有其历史文化原因。在我国乡村社会，宗族通常是村落的一个重要组成部分，宗族和村落重叠现象更为严重。宗族文化迟滞了从乡村聚落到都市村庄的演进。传统观念的文化土壤、都市环境的心理适应以及经济利益的内在牵引是都市村庄得以存续的条件。城中村是以血缘和地缘为基础形成的社区，居民的乡土观念较重，尤其对村落历史的认同，是城中村形成的历史文化因素。[①] 农民长期形成的这种小农意识使其在住宅建设开发中只顾眼前利益而忽视了长期效益，存在着短期行为和趋利心态，进而从另一个方面促成了城中村的形成和长期存在。

二　城中村诟病

近些年城中村广为人诟病，无论是政府决策部门、专家学者，还是城市居民，大多倾向于将城中村看作“问题”的聚集地，甚至被视为“城市顽疾”或“城市毒瘤”。这些暴露出来的问题，主要可以归纳为这几点：

（一）环境脏乱，危险频发

“城中村”是城市急剧膨胀与城市管理体制改革相对滞后所产生的结果，其无序化建设和发展给现代城市带来了诸多问题。首先，因土地制度的城乡差异，造成“城中村”土地权属和使用混乱，加之城市地价的提高刺激了村民盖房的热情，于是在城中村内建筑密度大、土地利用率低、违法用地和违章建筑屡禁不止，接吻楼、握手楼、贴面楼比比皆是。村内环境卫生、生活服务等公共配套服务设施缺乏，市政及公共配套设施不足，“脏、乱、差”现象严重，与城市景观极不协调。

其次，村内新增建筑多为在原设计基础上加建、扩建，属违章建

① 蓝宇蕴：《城中村：村落终结的最后一环》，《中国社会科学院研究生院学报》2001 年第 6 期，第 100—105 页。

筑，其房屋质量令人担忧，在西安、武汉等地曾发生多起正在搭建的楼房坍塌的恶性事件。如《西安晚报》统计，2007—2011年6月，西安全市村民自建房屋发生事故的有50起，死亡69人，直接经济损失886.1万元。村内交通狭小拥挤，道路狭窄弯曲，不能提供基本的车流道路、消防通道等公共设施，一旦发生火灾等灾害，消防车、救护车难以进入，将会造成严重的后果，其安全隐患多，危险频发，抗灾能力极低。

（二）治安严峻，管理薄弱

受经济条件限制，大部分涌入城市的外来人员多愿意选择租金较低、又接近就业地或交通便利的城中村居住。结果一方面，由于受经济利益的驱动，造成城中村违章建筑屡禁不止，层出不穷；另一方面，城中村成为村民、流动人口和城市居民的混合社区，多元文化与生活方式在此交流、冲突、融合。然而社会管理的缺失和失衡使城中村成为城市社会治安问题的重灾区，以及“脏、乱、差”“黄、赌、毒”的代名词。在城中村内，发廊林立，赌博盛行，吸毒猖獗，黑帮肆虐，各种恶性案件不断，社会治安形势严峻。更有评论将城中村比喻为“超生游击队的避风港”“无牌游医的大本营”“假冒伪劣产品的大作坊和大仓库”等。

（三）文化贫乏，不思进取

脱胎于农民、又不得不进入城市生活的城中村村民缺乏文化和职业的培训，一旦失去土地优势，他们必然成为城市生活中最缺乏竞争能力的群体，这一状况使得城中村村民对未来缺乏信心。如今依靠城中村优越的地理区位，从而获得土地的征用补偿和土地房屋出租收益，致使短期内村民物质财富急速增长。传统农村文化尚未与现代城市文明接轨，私房出租的巨大收益并未带来村民素质的提高，富裕之后不思进取、不工作、不读书的现象在中青年村民中蔓延。城中村中青年村民的二元性和社会边缘性凸显，游手好闲被称为“食利阶层”和“二世祖”，村民文化素质不高、道德品质没落、法律意识淡漠使城中村成为城市化进程的主要空间障碍。

三 城中村社会经济功能

城中村给整个社会带来了多方面影响，往往我们只注意负面效应，而忽略了其存在的合理性和发挥的正功能。事实上，城中村在支撑我国快速而粗放的城市化进程以及缓解由此带来的许多物质性匮乏和社会结构性矛盾方面，发挥了重要而不可替代的作用。

（一）提供社会保障、经济收入和就业机会

首先，村集体经济股份分红为原住民提供了较好的社会保障。

对原住民来说，城中村为其提供了重要的生活保障。城中村的原住民文化程度低，竞争能力弱，在城市就业的机会很有限，土地是他们保障自己现在和将来生活的最后筹码。农村集体土地制度和集体经济管理制度相联系的“村籍”分配制度，使得原住村民只要保留村籍就能享受到村集体经济的分配和收益。

城中村集体经济收益的来源主要是城市建设征地补偿，以及所拥有的集体经济。部分城中村把集体经济实行了社区型股份合作制改革，将集体经济财产以“股份”的形式分配给原村民，集体财产统一经营，村民按股份进行分红。例如，广州市天河区石牌村有商铺、酒店、仓库、写字楼等物业 20 多万平方米，村集体年纯收入 9000 多万元，除去税收、日常行政开支和社区公共开支之外，尚余 4000 万—5000 多万元用于集体分红，村民每人每年的股份分红可达万元。[①] 西安市碑林区西何家村集体资产过亿元，人均每年有 3000—4000 元分红，北沙坡村年集体收入 400 万元，人均集体分配 8000 元，集体经济收入依靠土地租赁。[②]

其次，村民出租房屋为其主要收入来源。

① 刘梦琴：《村庄终结：城中村及其改造研究》，中国农业出版社 2010 年版，第 98—103 页。

② 周晓唯、杨爽、李莉：《二元结构制度变迁与“城中村”改造——兼论西安市“城中村”改造》，《西安电子科技大学学报》（社会科学版）2006 年第 1 期，第 56—61 页。

失去耕地的城中村村民不得不告别土地耕作，告别传统的生产生活方式，转而寻求其他生存途径。由于城市的快速扩张以及大量外来务工人员不断涌入，城中村的地理位置逐渐优化，其房屋价值日益凸显，于是纷纷在自有宅基地的基础上扩建改建房屋用于出租，最终演变为城中村村民经济收入的主要来源。例如，西安市瓦胡同村村民的房屋80%以上是3—4层，户均租房面积300平方米，平均月房租为15元/平方米，每户村民月租金收入4000—5000元。西安市郝家村240户平均拥有出租屋53间，房租均值122元每间，每户每月的房租收入高达6466元，收入比当地城市工薪阶层要高出许多。[①] 对北京、广州、西安、天津、郑州等162个城中村的调查显示，出租房屋收入占家庭总收入30%以下、30%—60%、60%以上的各占1/3。近三年年平均出租房屋收入在1万元以下的村民占15.5%；1万—2万元的占25.4%；2万—5万元的占40%；5万—10万元的占14.6%；10万元以上的占4.5%。收入不菲的租金，加上可观的集体分红，使得即便是失业或无业的村民依然拥有较好的生活状态。

第三，城中村还提供了大量就业机会。

城中村是外来人口的聚集地，一个村内往往容纳上万人，他们对于基本的生活服务有着强烈的需求，由此带来了大量的就业机会。部分城中村村民会将自己房屋的底层改造为商铺，或自己经营或对外出租，无论经营方式如何，都将会吸纳大量人口就业。城中村内的经营种类繁多，店铺林立，如西安市郝家村的各类商铺达260多家，徐家庄有近400家，涉及商业、餐饮、娱乐、发廊、洗衣、杂货、运输、通讯、医药等各行各业，大多数是由外来人口所经营。

城中村在体制外产生的非正式经济为“准市民化”的失地农民的城市化转变提供了社会生活保障，为准城市化人口（外来务工人员）提供了“低门槛”的就业机会；城中村的非正规就业对于解决我国巨量农村剩余劳动力就业问题具有无可替代且难以估量的作用。政府应该充分重视其对吸纳城市外来人口的“蓄水池”和“过滤器”的

① 权小娟、王红波：《城中村：断裂社会的连接带——基于西安市“郝家村”的个案研究》，《中国社会科学院研究生院学报》2007年第1期，第128—132页。

作用。

（二）缓解城市住房供需矛盾，完善城市住房体系

衣食住行是最基本的生活条件，拥有合适的住所是每个人安心生活、努力工作的必要条件。我国的住房制度经历了翻天覆地的变化，自 20 世纪 90 年代以前，基本都是由政府或居民所在企事业单位提供住宅进行实物分配，保障城市居民的住宅条件，而由于受到户籍制度的严格限制，流动人口很少，城市住房基本供应充足。然而 1992 年十四大确立我国经济体制改革的目标以来，我国的住房制度也由计划向市场转变，逐步停止了计划性的实物分配，将住房保障工作逐步推向市场，由市场来满足不同阶层的住房消费。

鉴于市场的逐利性，市场上的商品房售价节节攀升，至今已远远超出了普通百姓的经济承受能力，不少居民望楼兴叹。虽然中央政府一再要求各地方政府加强保障性住房的配套建设，但是各地方政府积极性并不高，实际效果并不理想；加之申请保障性住房一般都受到户籍的严格限制，因此对于外来务工人员来说，保障性住房就是“镜中花、水中月”，可望不可即。

随着市场经济的发展，以及我国城市化进程的加速推进，使得约 2 亿的农村剩余劳动力涌入各级城市，与城市居民一起生活和工作。农村人口进入城市后，首先要寻求一个固定住所，面对城市昂贵的房价，他们不可能通过购买商品房的途径去满足住房的需求，现实的选择是租房。鉴于他们进入城市之初，收入都不会太高，因此会选择价格低而位置又相对方便的地方，城中村就成了首选。根据权小娟等在西安郝家村进行的调查，外来人口中，月收入 500 元以下者占总体的 22%；500—1500 元占到总体的 70.4 %；1500 元以上者只占总体的 7.7%，总体上外来人口的收入水平比较低。在房租开支方面，以 20 平方米左右为例，每月租金大约 200—300 元，因此他们将城中村作为居所，是经过慎重权衡比较的理性选择。郝家村原住村民约 1250 人，根据其拥有的出租屋数量估算，生活在本村的外来人口数量高达 25440 人，与村民比例大约是 20∶1，这组数据足以证明城中村较低的生活成本对外来人口的吸引力是何其巨大。

城中村是现代城市中的“低成本生活区”，它为流动人口提供廉租房，为流动人口从乡村人向城市人转变提供了“过渡场所”，满足了外来人口和城市低收入者的住房需求，尤其是对“打工族”来说，城中村为其提供了一个可以安身的立锥之地。

换句话说，城中村在完善城市住房体系方面功不可没，是目前较为合适可行的城市低收入人口居住模式；弥补了城市住房体系中的中低档住房供应不足的结构性失衡；在一定程度上缓解了城市住房供需矛盾、完善了城市住房体系。

（三）提供继续社会化的平台与缓冲带

第一，经济方面，城中村提供了资金积累的平台。

无论对于城中村原住人口还是外来人口，都发挥了积极的资金积累功能。原住人口在城中村可以获得集体分红、社会保障、房租收入等，通过资金积累做好完全融入城市的准备，彻底转变生产生活方式。外来人口急剧涌入城市，一时也难以承受城市高昂的生活成本，他们需要负担家庭生活开支、赡养家中老人、抚养教育子女，而他们的收入普遍不高。城中村的存在为农村劳动力向城市的转移提供了经济的住所、方便的公共服务，节省了开支，也就增加了积累。

同时，城中村也降低了所在城市社会经济的运行成本、企业的生产成本，为当地经济的发展积累了资金；缓解了城市交通压力，可以减少城市总通勤成本和总通勤距离。在支撑中国高速城市化的过程中，它起到了空间与社会冲突“减压阀”的重要作用。

第二，文化方面，城中村缓解了城乡文化冲突。

对城市来说，城中村不仅降低了我国城市化、现代化的成本，起到缓冲柔和作用，又为外来人口提供了居住、生存与发展功能，减弱了文化冲突的强度。

从社会学的角度，城中村可被看作是“都市村社共同体”，它在村民的文化和社会变迁过程中具有过渡桥梁功能，帮助实现城市化的软着陆。世代居住在农村的村民和从农村到城市的务工人员，其以血缘和地域为纽带的思想文化意识，并非一时能完全改变，城中村的存在为其提供一个缓冲地带。可以说，城中村是农民城市化的一种“新型社会空间”，是弱势的非农化群体“小传统”得以依托、行动逻辑得以体现的“社会场域”，搭建了一个从农村到城市、传统到现代的“时空平台”。城中村也是外来打工人员——农民工从“乡村人”到“城市人”转变的学习场所。城中村成为外来人口在城市栖身、寻求精神安慰和文化生活的家园。城中村不仅解决了城市化过程中政府暂时无力解决的部分问题，使得被征用耕地的原住人口的日常生活有了保障；同时有效地防止了城乡再断裂的出现。

（四）提供社区公共管理和服务

城中村具有典型的二元结构双重特性，虽然身处城市，但是在行政管理体制方面却与城市是完全不同的，仍然沿袭农村的传统制度。政府在城市实行的种种社区管理制度，无法落实到农村，所以城中村村集体不得不承担本村的公共管理，为村民和居民提供各种必要的公共服务。对上海浦东新区北蔡镇的调查显示，中界村 2007 年 580 万元可支配收入中，用于经济性公共服务 18 万元、社会教育卫生类公共服务 51.2 万元、社会福利类公共服务 128 万元、社会公益类公共服务 26.7 万元、社会奖励和帮困类公共服务 30.5 万元、社会基层民主类公共服务 19 万元，公共服务类经费支出总计 273.4 万元，占可配置收入的 47.1%。在调查的 12 个村中，有 5 个村公共服务支出超出 40%，陈桥村更是高达 63.22%。①

实际上，城中村承担了政府的部分职能。随着“城中村”居民和村民对公共服务需求的不断增加，村集体经济组织在公共服务方面的负担日益加重，有些已经力不从心，甚至根本无法满足日益增长的居民和村民的公共服务需求。如 2007 年上海浦东新区北蔡镇艾东村公共服务支出占可支配收入比例高达 124.78%，出现了公共财政赤字现象。日益增长的社区公共管理巨大开支对村集体经济组织是一个沉重的负担，也直接导致城中村的基础设施落后和管理低效。

① 鲍宗豪、娄金洋：《“城中村”社区公共服务体系建设的调查与思考——以上海市浦东新区北蔡镇为例》，《理论与改革》2009 年第 5 期，第 55—57 页。

四 结 论

城中村虽然是现代化与城市化快速发展的客观产物，但在本质上是基于城乡二元体制得以形成与强化。尽管城中村在发展过程中，产生了诸多与城市文明不相协调的“问题”，但我们不能因此否认其在现代化与城市化进程中所发挥的积极作用。

探讨城中村正面的社会经济功能，研究城中村长期存在的合理性，转变视城中村为“社会毒瘤”“欲铲之而后快”的认识偏见，是为了寻求对城中村改造的正确途径与策略，为政府决策部门在推动和引导城中村改造提供科学依据和参考借鉴，避免简单“一刀切”“一推了之”而带来新的社会问题。

城中村改造表面属于城市规划建设的范畴，实质上是对城市不同阶层人口均衡分布的再次调整，容易造成中低收入者的生存空间不断被挤压，进而在心理上、情绪上产生与政府的对抗。我们应以构建社会主义和谐社会为目标，在政府、农民、外来人口、开发商等多元主体之间实现充分博弈与利益共赢，兼顾各方利益，用科学合理的制度安排来推进城中村的改造，既要实现城市的健康可持续发展，又必须防止新的城中村现象出现。

论新时期加强党员道德修养的理论与方法研究

王　猛*

摘　要：加强共产党员道德修养是新形势下我们党应对“四大考验”和“四大危险”的重要课题。理论界一致较为重视党员道德修养问题的研究，但目前相关研究存在着“人学的空场”、思想理论的时代性不足、修养实践的方法论基础不牢等问题，因此我们有必要开展新时期加强党员道德修养的理论与方法研究，澄清共产主义的信仰之维，构建新时期加强党员道德修养的思想理论，完善党员道德修养的实践方法体系。

关键词：共产党员；道德修养；理论；方法

加强共产党员道德修养是新形势下我们党应对“四大考验”和“四大危险”的重要课题。我们党历来重视党员的道德修养，早在民主革命时期，毛泽东就写下了《反对自由主义》《纪念白求恩》《为人民服务》《愚公移山》等论述党员道德修养的著名篇章，刘少奇则写下了被称为“中国共产党人的道德经”的《论共产党员的修养》，他们的著作奠定了中国共产党人的新型道德观。执政之后，特别是实行改革开放以来，针对价值观念的多元嬗变导致的拜金主义泛滥和党员干部贪污腐化问题，我们党一直强调“两手抓”，一手抓物质文明建设，一手抓精神文明建设，分别于 1986 年和 1996 年两次召开中央全会，专门讨论精神文明和思想道德建设问题，并通过了专门的决议。进入新世纪之后，我们党进一步提出“以德治国”，把“依法治国与

---

* 作者简介：王猛，西安电子科技大学人文学院讲师。

以德治国结合起来”作为治国方略。胡锦涛总书记也特别强调了树立良好的社会风气、弘扬社会公德的问题，提出了“八荣八耻”社会主义荣辱观。总的来说，新时期我们党在加强党员道德修养方面取得了巨大的成绩，为改革开放和社会主义现代化建设提供了强大的思想保证和精神动力，但是同时也要认识到当前我们依然面临着很严峻的形势，党的十八大报告指出，我们党当前面临着“四大考验”——即长期执政的考验、改革开放的考验、市场经济的考验、外部环境的考验和“四大危险”——即精神懈怠危险、能力不足危险、脱离群众危险、消极腐败危险。这些考验和危险需要我们根据形势变化进一步加强党员道德修养，习近平总书记也多次强调：“培育和弘扬社会主义核心价值观，要突出道德价值的作用。国无德不兴，人无德不立。”“要继承和弘扬我国人民在长期实践中培育和形成的传统美德……激发人们形成善良的道德意愿、道德情感，培育正确的道德判断和道德责任，提高道德实践能力尤其是自觉践行能力，向往和追求讲道德、尊道德、守道德的生活。”“激励人们崇德向善、见贤思齐，鼓励全社会积善成德、明德惟馨，培育知荣辱、讲正气、作奉献、促和谐的良好风尚。”①

二

理论界一致较为重视党员道德修养问题的研究，随着时代主题的发展变化，研究的侧重点也有所不同，呈现出一些新的趋势。目前，国内学界主要把加强党员道德修养作为共产党员修养的一个具体内容来看待，服务于党员修养的核心——党性修养。关于共产党员修养的问题，目前主要在党史党建学科范围内、以“党性”理论为逻辑架构展开，认为党员修养就是一名仅满足入党条件的党员为了使自己成为合格的共产党员——即具备党性的党员而不断自我教育、自我改造和

---

① 中共中央宣传部：《习近平总书记系列重要讲话读本》，学习出版社、人民出版社2014年版，第96页。

自我完善的过程。①

学界认为，中国共产党的党性是阶级性、人民性和先进性的有机统一。阶级性主要体现在掌握理论与实践的辩证统一原理，人民性的体现是代表最广大人民的根本利益，先进性的体现是代表先进生产力的发展要求，代表先进文化的前进方向，因此共产党员修养的目标是能够解放思想、实事求是、与时俱进，正确认识新世纪新阶段我们党面临的新形势和新任务并为之努力奋斗，做到全心全意为人民服务，保持共产党员的先进性。党员的道德修养是服务于这一目标的，加强党员道德修养的必要性一方面在于它是我们党取得革命和建设胜利的强大精神财富；另一方面在于它是保持共产党员先进性的需要。

党员修养的内容主要包括政治修养、理论修养、纪律修养、道德修养、作风修养和科学文化知识修养。道德修养主要指的是践行共产主义道德和社会主义荣辱观，树立正确的权力观、地位观、利益观，注重社会公德、家庭美德、职业道德和个人品德的修养。由于对共产党员的党性缺乏深入细致的学理分析以及由此导致的对共产主义信仰真实内涵的误解，学界在这里对党员道德修养的认识不全面，重视程度不够。

党员修养的原则要求主要有改造的彻底性、长期性、系统性、自觉性、时代性和实践性，学界提出要突出党员个人的自觉性和修养的时代性，而恰恰是在这两个方面，现有的党员修养理论还较为薄弱。

就国外研究现状来说，目前国外学术界还没有明确提出中国共产党员道德修养的研究课题，但是随着“海外中共学”的兴起，中国共产党研究日益成为国外学者关注的焦点。在对延安时期中共党建的研究中，哈佛学派较为客观地分析了党性修养问题，提出了“党性修养的儒家模式”，认为中共把儒家的修身引入了党性锻炼之中，传统儒家把忠诚灌输进家庭、父辈和君主，毛泽东思想把这种忠诚转变为对人民、对党、对领导的忠诚。② 这一研究看到了党的思想建设的传统文化渊源，但是缺乏深入细致的分析，也没能明确区分党员修养与儒家“修身养

① 万军：《新时期共产党员修养》，中国方正出版社 2009 年版，第 15 页。

② ［美］费正清、赖肖尔：《中国：传统与变革》，江苏人民出版社 1992 年版，第 516 页。

性”的不同。

以上是当前国内外党员修养问题的研究现状，在此基础上，党员修养理论研究主要有两个方面的研究趋势，一方面，学界现有研究主要在传统的党史党建学科范围内展开，以现阶段我们党对于“党性”概念的理解为理论支撑，因此改革开放以来党员修养理论的内核基本没有发生太大的变化，但是现在也开始有学者尝试深入到马克思主义经典作家文本中去梳理党员修养理论的理论渊源及其发展脉络，为党员修养理论寻求新的理论支撑点；另一方面，学界一致认为共产党员修养理论是中国共产党人将马克思主义党建原理同中国传统文化中的优秀成分完美结合的产物，但是又都认为这样的结合只是方法的借鉴，这使得中华优秀传统文化在党员修养理论中仅仅成了一种工具和手段，现在也开始有学者去探索中国传统文化的高尚精神修养与马克思主义价值目标的契合之处。

总结以上研究现状和发展趋势我们能够看到，现有研究存在以下不足之处。首先，党员修养的理想信念缺失。现有的党员修养理论对于马克思主义的理解还处于“传统教科书哲学”的范式中，这导致它对于作为工人阶级本质最高表现的共产主义世界观、人生观、价值观的理解是片面的，只是将其概括为所谓辩证唯物主义和历史唯物主义，并最终简单归结为理论与实践的辩证统一，党员修养的目标由此被设定为掌握理论与实践的辩证统一原理、认识新世纪新阶段我们党面临的新形势新任务，由此导致党员修养理论出现了“人学的空场”，党员修养的目标和党员个人的生命存在没有相关性，党员在生活世界中陷入碎片化的生活价值与整体性之间的分裂。其次，党员修养的思想理论时代性不足。虽然学界认识到党员修养的具体内容具有时代性，但是对于这个时代缺乏本质性的把握，对于共产党员这个“大写的人”的真实生存处境没有清晰地认识，由此使得党员修养的具体内容仅仅成为围绕落实政策而旋转的纯功利性的行为。在党章对于共产党员标准的界定中处于核心地位的“全心全意为人民服务”在现有的党员修养目标当中失去了其核心地位，仅仅成了扩大党的群众基础、体现党的群众性的工具性目标。最后，党员修养的方法论基础不牢。由于党员修养目标与党员个人生命存在之间的断裂，学界对于党员为什么需要修养这一问题的理解完全是外在的，由此导致党员修养难以成为一种自觉的追求，党员修养的目标难以内化，党员修养作为一种价值追求与落实到生活世界的修养实践之间缺乏基础牢固的方法论指导，党员在生活世界中陷入行动规则与生活目的的分裂。

二

在某种意义上，现有党员道德修养理论研究方面存在的不足是当前部分党员在道德修养实践方面存在严重问题的主要原因，在日常生活中，党员既不清楚自己为什么要进行道德修养，也没有明确的修养目标，更没有掌握系统的修养方法，针对这些问题，我们有必要开展新时期加强共产党员道德修养的理论与方法方面的研究，澄清共产主义的信仰之维，构建新时期加强党员道德修养的思想理论，完善党员道德修养的实践方法体系。

澄清共产主义的信仰之维，就是要通过对马克思共产主义理论的实证科学与历史科学的区分，明确共产主义在价值理性意义上的必然性，使党员的道德修养成为一种发自内心的真正自由自觉的价值追求。构建新时期加强党员道德修养的思想理论，针对现有党员修养理论存在的不足，通过分析共产主义本质规定的三重内涵，明确“人”在党员修养理论的核心位置，弥合现有理论阶级话语和人学话语的分裂，使“人”重新出场，使党员的道德修养真正以马克思意义的“现实的人”为目标。完善党员道德修养实践的方法体系，就是在明确了与党员的生命存在相贯通的道德修养目标之后，在现有的自省自查、君子慎独、见贤思齐等修养方法的基础上，完善较为符合马克思生活科学的修养实践体系，使党员的道德修养实践能够进行清晰地自我定位并明确次第性的修养路径。

就具体的研究内容来说，可以从以下几个方面来展开研究：当前党员道德修养方面的困境。当前党员道德修养方面的弊端主要在于道德说教过多而能够落实到党员生活实践的内容却又非常少，党员自觉加强道德修养的意愿也不强烈，这是党员道德修养思想理论与党员个人生命存在缺乏相关性的表现，虽然在修养方法上借鉴了儒家的修养工夫论，但终究不具有清晰的修养方法体系。这需要我们从明确共产党员的理想信念入手，通过分析当今党员的现代性境遇，从马克思主义、中国传统文化当中汲取有益的资源来解决这些问题。

共产主义的三重内涵。分析马克思对共产主义的本质规定的三重内涵——人的复归、理想社会形态和变革现实的行动，揭示共产主义所具有的理性与信仰双重维度。人的复归是理解马克思共产主义思想的形上基础，在此基础上共产主义构成人类的生存理想，这种生存理想必然要落实到社会历史的实践活动中，成为一种未来理想社会形态，"在那里，每个人的自由发展是一切人的自由发展的条件。"① 为了实现这种理想社会形态，人们需要有为之努力的能够落实到生活世界的变革现实的活动，由此共产主义向上可以触及党员作为一个"大写的人"的存在论根基，向下可以通达党员的生活世界。

共产主义理想信念的真实意蕴。通过对于共产主义三重内涵的揭示，明确共产主义世界观是人自己生活于其中的世界，这个世界就是现代社会，现代社会的本质特征在于作为物的逻辑最高体现的资本逻辑遮蔽了人的精神世界，由此作为精神自由最高含义的人的终极关怀亦被遮蔽，人丧失了存在的意义与价值，人已不成其为人。共产主义者就是要求人的复归，但是精神世界的自由必须要落实到反抗资本逻辑的实践中才能实现，这在价值追求上就要扬弃为私利服务的异化劳动，从为资本服务转向全心全意为人民服务。

党员道德修养理论的现代性境遇。人们认为苏联解体和东欧剧变已经证明了共产主义在现实社会制度层面的不可能性，由此导致共产主义世界观、人生观、价值观在世界范围内的坍塌，党员的道德修养丧失了终极价值之维；中国特色社会主义道路的辩证性对于资本的容纳导致资本逻辑的渗透，资本逻辑主导的价值观念填充了部分人甚至部分党员空虚的精神世界，导致党员道德修养背离共产主义信仰。

重建党员道德修养的共产主义信仰基础。从价值理性与工具理性的区分入手，分析马克思共产主义理论作为价值科学和工具科学的统一，

---

① 《马克思恩格斯文集》第二卷，人民出版社 2009 年版，第 53 页。

以恢复和重建共产主义的信仰维度。共产主义并非工具理性意义上的必然性，而是价值理性意义上的必然性，因此它不是知性意义上的必然性，而是理性意义上的必然性，它不属于“事实”层面，而需要人通过全部生命活动，从实践或“感性的人的活动”的角度来理解“对象、现实、感性”[①]，综合运用知情意去把握，因此，要实现共产主义也不只是物质基础的问题，还需要人自身的变革，这需要人们特别是共产党人以共产主义道德为核心加强道德修养，实现环境的改变和人自我改变的一致。

传统儒家“内圣外王”之道对于内化共产主义理想信念、加强党员道德修养具有方法论的借鉴意义。“内圣”主要是从人内在的心性道德修养而言的，而“外王”是从人的社会功用而言的，人之存在，要把加强自身的道德修养和切实承担社会责任紧密结合起来。内圣者，落实到党员的生活世界，就是胸怀共产主义追求人类社会幸福和自由的理想信念，外王者，就是要在全心全意为人民服务的实践中实现以共产主义为目标的人的自我改变。

作为党员道德修养核心的“全心全意为人民服务”。全心全意为人民服务不仅是历史对于中国共产党提出的必然要求，更是中国共产党人站在世界历史发展高度上对于共产主义理想信念的高度凝练和概括，是共产党人的自觉的价值追求。作为党员道德修养核心的“全心全意为人民服务”需要一个长期的系统性的修养过程才能达成，在这里当代新儒家的人生境界说[②]为建构党员道德修养实践的方法体系提供了重要的参考，随着党员为人民服务越来越趋向全心全意，党员道德修养的境界也日渐提升。

三

当然，通过以上主要研究内容的简述可以看出，这一研究面临着一

---

① 《马克思恩格斯文集》第二卷，人民出版社 2009 年版，第 499 页。

② 冯友兰：《新原人》，北京大学出版社 2014 年版，第 59—79 页。

系列需要突破的重点和难点，重点主要体现在以下三个方面，一是要论证共产主义在价值理性意义上的必然性。党员道德修养水平的下降源于共产主义理想信念的缺失，理想信念的缺失源于对共产主义的片面理解，只看到了工具理性意义上的共产主义，而没有意识到共产主义是工具理性与价值理性的统一，这种统一实现于人的现实的感性的实践活动，实践活动是环境的改变和人的自我改变的一致[①]，党员的道德修养正是人的自我改变，由此为党员的道德修养奠定生存论根基。二是要揭示党员道德修养的现代性境遇并寻求应对之道。在当代中国，党员的道德修养有其具体的历史的处境，这就是现代性带来的个人主义、物化意识对于传统共产主义道德造成了消解，揭示党员道德修养的现代性境遇并寻求应对之道是实现共产主义道德中国化时代化的枢纽。三是要探索优秀传统文化人生修养论的现代转化机制。现有的党员修养理论被看作是马克思主义党建理论与中国传统文化相结合的产物，但是现有的结合是在对于传统人生修养论的阶级话语的理解范式之下展开的，特别是传统修养论中对于人的生命存在意义的深度思考这一能和共产主义对于人的自由的追求相贯通的宝贵理论资源被忽视了，这需要我们探索传统人生修养论的现代转化机制，挖掘传统文化中有助于加强党员道德修养的思想资源。

就这一研究需要突破的难点来说，主要存在以下两个方面：一是要构建系统的、具有明确次第的党员道德修养实践方法体系。在党员道德修养的方法基础研究中，最重要的是要有明确的修养实践方法体系，使得党员能在充分理解理论的基础上形成清晰的修养实践路径，知道自己目前处在什么修养层次上，下一步应该往哪个方向努力，这不仅需要研究者具有深刻的思辨能力和理论把握能力，还需要研究者有切身的修养实践体会，因而是本课题的一个难点。二是需要研究者具有不同学科的交叉研究能力。党员道德修养的思想与方法研究需要综合运用马克思主义哲学、中国哲学、现代西方哲学、中共党史、社会学等众多学科，这要求研究者具有广博的理论视野、丰富的知识储备和进行多学科交叉研究的能力，这是研究者在提升自己研究水平方面需要突破的一个难点。

---

① 《马克思恩格斯文集》第二卷，人民出版社 2009 年版，第 500 页。

这样的研究具有显著的理论与实际应用价值。在理论方面，能够拓展马克思主义党建理论有关党员修养问题的研究视域，丰富党建理论有关党员道德修养的实践内涵；阐发共产主义道德在现代性境遇下的真实意蕴，揭示党员道德修养理论的时代性品格；探索马克思主义道德理论中国化随着时代发展不断与时俱进的新方式、新途径，开拓共产党员道德修养理论与实践的新境界。在实际应用价值方面，一方面，通过研究新时期党员道德修养的思想理论与方法基础，为加强党员道德修养提供系统化的马克思主义理论支撑，为党员道德修养实践提供方法论指导，有利于积极应对党长期执政面临的“四大考验”和“四大危险”；另一方面，通过对于共产主义信仰层面真实意蕴的揭示并通过党员先进性的引领和示范作用，在当代中国重树共产主义理想信念，化解由于信仰缺失而带来的精神空虚、急功近利、道德水平下降等社会问题，有利于坚定中国特色社会主义道路、理论和制度自信。

文 学 部 分

唐前关中文化嬗替与本土文学创作之阶段性

王　伟*

摘　要：关中文学创作既与时代文学思潮演进相关，也与地域文化的阶段嬗替互涵同构，并呈现多元面貌。从创作主体看，关中文学在先秦以集体创作为主，至两汉魏晋变为以经学为底色的文学群体，北朝再变为兼具武力强宗色彩的文学群体，至隋则完全政治化、官僚化。以创作空间而言，关中文学随时推移，创作空间渐由长安、陵邑扩散至远郊、文化交织地带，呈现出同心圆的发展势态，并昭示关中文化的整体繁盛趋向。就题材言，关中文人群体所长之文体、择取之题材、崇尚之风格与追求之诗美理想虽因时而殊，但其雄深雅健和劲直郁勃之文气却未有减弱，诗则音情顿挫，文则析理透辟，赋则流情感慨，为中国古代文学的重要组成部分。

关键词：关中文化；嬗替；本土文学；阶段差异

周唐间关中为文化奥区，其间本土文学灿然蔚兴，对汉唐文学走势与体式产生重要影响。然学界究治唐前学术与文化者多称道于山东；而言文学者则必以江左为善。自《后汉书》以至《隋书》，此类言说模式陈陈相因，关中遂仅以用兵盛地而为世所知，文化与文学则少人辞及。其实，自周秦取霸关中以来，其文化长期为主流文化核心，并与本土文学互涵同构，推展时代文学体势之演进。职是之故，本文以关中文化在唐前之嬗替为观测点，着力探究关中本土文学发展的阶段性及其成因，

* 作者简介：王伟（1978—　），男，文学博士、博士后，陕西师范大学文学院中国古代文学专业副教授，主要研究方向为汉唐文学与文化。

以期有助于还原与再现文学发展的历史场景，并借此推深学界对唐前文学发展的研究。

一 秦汉时期关中文学的肇端

关中为姬周发祥地，及殷灭，沣、镐迭为周都，现存《诗经》中《周颂》《大雅》《小雅》及《尚书·周书》中的多数篇章，均创制于关中①。平王东迁，关中文化与学术的优势地位渐次衰退，但文学活动却并未终止，《诗经·秦风》《尚书·秦誓》即是明证。此外，关中士人又东向入鲁，汲取思想养料，孔门七十二贤者中有三名来自凤翔②，可见其守正进取的精神依然存在。

战国前期，诸侯卑秦。秦孝公以商鞅为相，“内立法度，务耕织，修守战之备外连衡而斗诸侯”③，振衰起敝，但囿于保守的文化主张而使嬴秦缺席于百家思想舞台。现存秦文以奏议与石刻为主，其中李斯《谏逐客书》风格雄肆，颇类孟轲。《韩非子》末附李斯与韩非驳难一则，犀利峭刻。传世之碑刻文字，文风典雅，内容质实，关中文风之质直朴素于此初现端倪。另《汉书·艺文志》载“秦时杂赋”九篇、《左冯翊秦歌诗》三篇和《京兆尹秦歌诗》五篇，虽今难睹全貌，但仍可由题目感知关中文化精神之余温。先秦是关中文学的滥觞时期，此期关中文学特点主要表现在两个方面：一为官方作品屡遭兵火而毁坏殆尽，而民间歌诗却赖口耳相传，故体现出群体性和层累性特点；二为文学个体意识尚未觉醒，故创作既无署名意识，亦无保存意识，从而表现为零散而乏系统之特点。

汉兴而定霸长安，关中复为文学重地。《汉书》《后汉书》正传与附传共有传主717人，其中籍属京兆、冯翊、扶风三郡者有110位，占总

---

① 丁宴《毛诗谱考证》、王应麟《诗地理考》、朱右曾《诗地理考》等均对《诗经》创作地域有细致推证。

② 吴霓：《中国古代私学发展诸问题研究》，中国社会科学出版社1996年版，第203页。

③ （清）严可均：《全汉文》，商务印书馆1999年版，第167页。

数的15%。而据《汉书·艺文志》、王应麟《汉书艺文志考证》、姚振宗《汉书艺文志拾补》和《后汉书·艺文志》载两汉有作者籍贯可考之书籍共822种，其中出自三辅士人之手者139种，居总数之17%。文化兴盛与文学繁荣常具互涵同构之关系。谭正璧《中国文学家大辞典》共收两汉文学家204人，其中籍贯可考者191人，其中关中籍者有韦孟、韦玄成、司马谈、司马迁、王隆、李固、杨恽、杨修、张超、苏顺、谷永、杜笃、冯衍、苏武、肖望之、班彪、班固、班昭、曹众、韦彪、赵岐、赵壹、窦卓、贾逵、李寻、梁鸿、苏竟、朱渤、杜邺、傅毅、马融、马芝、士孙瑞、张敞、傅巽及刘氏宗室文人54人。关中郡县占天下郡国比例之5%，然文学家数量却占全国总数的28%，关中诚为天下文学家最为集中的区域。细而论之，汉代关中文学又呈现出如下特点。

首先，文学创作呈现出文重诗轻的趋势。严可均《全汉文》共收文章1490篇，其中关中作家之作品有1050篇，占总数70%以上。《汉书·艺文志》“诗赋略”类载西汉赋家78人，作品940篇，其中出身三辅者32人，赋作393篇，几乎占到汉赋创作的半壁江山。相对而言，关中作家的诗歌较少，《汉书·艺文志》与《先秦汉魏晋南北朝诗》共有15位关中诗人留存47首诗歌及6句七言诗，反映出文人诗创作是两汉文学的短板。这既与时代文学大势相关，又表现出汉代关中浓郁的功利主义文学观和重实用与内容、轻审美与形式的文学思想。

其次，关中文学创作的区域化特点。汉代关中共有57县，33位本土作家仅出生于其中10县，其中24人出生于长安、长陵、茂陵、平陵、杜陵，其余9人虽不生于京畿，但也大多在幼年时代就徙居长安，如司马迁、杨敞、杨恽等。《后汉书》三辅列传士人共60人，其中有47人出自于茂陵、平陵、杜陵、霸陵、安陵。伴随士人阶层中央化趋势的加强，徙居三辅者多环陵伺居，从而形成了以长安为中心、以陵县为外围的文学发展圈，相形之下，关中其他区域则成为文学的寂寥之地。

另外，关中文学创作还体现出情理兼顾的特点。两汉关中政论文创作多晓畅典雅，论述透辟，成为西汉散文之典范。刘向奏议渊懿美茂，虽无贾谊之气势，却在醇厚细密处更胜一筹。吾丘寿王、主父偃、张苍、徐乐、丙吉、张敞、杨敞、萧望之、贡禹、匡衡等关中作家之奏议文，亦各有特色。司马迁《报任安书》与杨恽《报孙会宗书》皆为西汉至情至性之文。《报任安书》激切悲愤，傲岸不平之气与痛彻肌髓之情汇聚一体。杨恽之文则傲骨嶙峋，言辞犀利。这两篇书信体散文开创了我国抒情散文先河，对关中文学发展具有重要意义。

最后，关中文学发展的族群化特点。汉代关中文学家大多具有家族背景，如京兆韦孟、韦玄成、韦彪，韩城司马谈、司马迁，扶风班固、班彪、班昭，弘农杨恽、杨修，京兆杜笃、杜邺，武功苏武、苏顺、苏竟，扶风马融、马芝等。家族化已经成为文学发展的鲜明特点。如弘农杨氏自杨敞在昭帝朝为御史大夫、丞相始，就屡见史册。至东汉，杨震一系四世三公，祖孙父子相继掌朝六十余年，为家族之文化活动、文学创作提供社会保障。又扶风“窦氏父子兄弟并居列位，充满朝廷”“自祖及孙，官府邸第相望京邑，奴婢以千数，于亲戚、功臣中莫与为比”①。累世公卿的局面不仅为文学创作或文学家族化的趋向提供动力，更对家族文学创作的题材选择、风格特征及美学旨趣产生重要影响。

汉代关中文学上述特点的形成渊源有自。首先，与关中地区良好的文化积淀和雄厚的政治基础紧密相连。西汉立国后多次迁徙诸侯、功臣后裔及富贾、豪杰于诸陵，陵邑的繁华富庶吸引了大批俊杰之士居留此地。诸陵地近长安，不仅便于了解京城动向，也为参与国家的各项活动并享受京城优越的文化、教育资源提供便捷。因而，在族群整合渐次完成后，三辅地区成为天下文化奥区，并为关中文学发展提供有力支持。

其次，也与关中地区强大的文化向心力密切相关。作为政权核心，关中成为全国游学与仕宦者的首选之地，如张衡“少善属文，游于三辅，因入京师，观太学，遂通五经，贯六艺”（《后汉书·张衡传》）。天下英才齐聚关中，极大促进了关中士人的文化水准和文学修养。班彪幼年，“好古之士自远方至，父党扬子云以下莫不造门”，其文学修养的完成，与远道而来的好古之人不可分割。马融早年不仅亲炙挚恂教诲，还与张衡、窦章、崔瑗、王符等交往频繁。关中士人或因姻缘，或因地缘，或因血缘，或因学缘，遍交当世人杰，在文学创作上同声相应、同气相求，共同促进关中文学的繁荣。

另外，两汉关中文化世家多经学明敏，且累代相传，从而形成独特

① （南朝）范晔撰，（明）李贤注：《后汉书》，中华书局 1965 年版，第 808 页。

的文化好尚和系统成熟的家学。如冯奉世诸子中，冯野王通《诗》，冯逡以《易》见长，冯立以《春秋》为世所知，冯参习《尚书》，皆各通一经。其子冯衍通《诗》，衍子冯豹亦善《诗》《春秋》。扶风冯氏世业儒学，以《诗》传家的家族文化在贾逵、班固、韦玄成等家族亦有鲜明体现。家学为世家子弟提供良好文化教育功能的同时，亦为他们在文学上的发展奠定良好的语言文化基础。

总之，关中在地域上的特殊性和深厚的文化积累，以及区域内文化家族的崛起和家学系统的建立，为两汉关中文士的产生和成长创造了良好的条件和外部环境，并最终导致了两汉文学家多处于此地的局面。

二　魏晋时期关中文学的继兴

宕至魏晋，关中饱受羌氐之乱与董卓之叛的影响，人口流亡而经济凋敝，已难有西汉武帝至东汉和帝、安帝时期的郁勃文气，文学创作明显衰落。出于保族全宗抑或前途名利的考量，此期关中士人多起身行伍，并至官显要。如武功苏则，少以学行闻，后以宗族部曲力量起家，为酒泉太守，转安定、武都，后随曹操南征张鲁、西平麹演，得拜护羌校尉（《三国志》卷一六《魏书·苏则传》）。京兆杜畿避乱荆州，以荀彧荐，后拜护羌校尉、西平太守，以军功显于时。时局纷扰，关中部分士人家族由儒质而武化的趋势逐渐明显。

曹魏后期，颜斐为京兆太守，他“起文学，听吏民欲读书者，复其小徭……又课民当输租时，牛车各因便致薪两束，为冬寒冰炙笔砚”[①]。由于关中深厚的文化传统和底蕴，且大族余势尚在，故至西晋，关中经济、文化逐渐摆脱汉末颓势而走向恢复。元康初，雍州刺史唐彬谓：“此州名都，士人林薮，处士黄甫申叔、严舒龙、姜茂时、梁子远等，并志节清妙，履行高洁。”[②] 本土文化重现生机，从而带动了士人阶层的蔚兴。魏晋时期，关中文化与文学最为明显的特点莫过于家族化。“盖

① （西晋）陈寿撰，裴松之注：《三国志》，中华书局 1959 年版，第 513 页。

② （唐）房玄龄：《晋书》，中华书局 1974 年版，第 1219 页。

自汉代学校制度废弛，博士传授之风止息以后，学术中心移于家族。而家族复限于地域，故魏、晋、南北朝之学术、宗教皆与家族地域两点不可分离”①，陈寅恪指出曹魏时代学术的转移升降在于世家大族的维系，颇符合学术变迁的实情。经学家族化背景下的文学家族化趋势早在西汉就已出现，此于前文已有叙及。魏晋由于分裂与战乱，学术文化发展呈现出区域性特点。在文化最为发达的洛阳，玄学清谈成为显学。而青徐一带儒学厚重，且又受到玄学浸染，故有玄学、经学并重之势。关中由于学风保守，故仍延持两汉经学传统与教育形式，而阻拒清谈玄风于关外，故大族仍以儒学、文赋见长。这是关中守正质实精神之体现。

曹丕于延康元年（220）采陈群之言，颁布九品中正制，“中正以定其选，择州郡之贤有识鉴者为之，区别人物，第其高下”②。受其影响，关中文学家族普遍呈现出士族化特点。以京兆韦氏为例，该家族在东汉至曹魏时期，于名、位、势、时等方面皆有出色表现，故最迟至曹魏时期其就已跨入士族行列，“自汉丞相贤以后，世为三辅著姓”（《梁书》卷十二《韦叡传》）“世为三辅冠族”（《魏书》四十五《韦阆传》）。华阴杨氏“自震至準七世有名”③，京兆杜氏亦为“中华高族”④，扶风窦氏亦转型为地方豪酋，并渐次与胡族改姓者融合。可见，魏晋关中本土文学群体大都出现了士族化倾向。

三辅大族多累世儒学，故虽屡遭战火，但仍能维持文化区位优势。如京兆杜氏自杜畿以降，杜恕、杜预父子俱以文史称胜。杜预尤为甚，其自称有“左传癖”，尝“耽思经籍，为《春秋左氏传集解》，又参考众家谱第，谓之《释例》，又作《会盟图》《春秋长历》，备成一家之学，比老乃成”⑤。曹魏时期“高视于上京”（曹操《与杨祖德书》）的杨修亦为其中代表。京兆韦端与大儒孔融交好，孔融在寄韦端的信中曰：“前日元将来，渊才高茂，雅量弘毅，伟世之器也。昨日仲将又来，懿性贞实，文敏笃诚，保家之主也。”而有“关西孔子”之称的弘农杨

① 陈寅恪：《隋唐制度渊源略论稿》，生活·读书·新知三联书店 2001 年版，第 20 页。

② （唐）杜佑：《通典》，中华书局 1984 年版，第 77 页。

③ （唐）房玄龄：《晋书》，中华书局 1974 年版，第 2200 页。

④ （南朝）沈约：《宋书》，中华书局 1974 年版，第 1720 页。

⑤ （唐）房玄龄：《晋书》，中华书局 1974 年版，第 1031 页。

彪亦评韦康“年虽少，有老成之风，昂昂如千里之驹”①，以孔融、杨彪所言，韦康、韦诞皆堪为栋梁。魏晋关辅文学成就最著者为挚虞，其“才学博通，著述不倦”“尝撰《文章志》四卷，注解《三辅决录》，又撰《古文章类聚》，区分为三十卷，名曰《流别集》，各为之论。辞理恰当，为世所重”②。其在文坛的优异表现，说明关中文学已重回文坛中心了。值得关注的是，泥阳傅氏在西晋成为关中文学的新生力量。泥阳终汉一世仅有两位士人，即傅宽、傅毅。北地泥阳魏晋时始属雍州，文化大为改观，仅傅氏一族就先后出现了傅玄、傅咸、傅祗等数位文学家，并有十二部著述流传后世。北地傅氏在西晋文坛的崛起源于其兴学倡教的扎实推进和临近州县的文化带动，多种因素共同作用下，使其成为魏晋时期关中最具潜力的文学地区。

三　北朝杨隋时期关中文学的蔚兴

学界论及北朝文学，率多以北魏、东魏、北齐为中心。魏征《隋书·文学传序》载，“江左宫商发越，贵于清崎，河朔词义贞刚，重乎气质”，其言北朝文学仅及河朔，潜意识就认为河朔文学便是北朝文学全部，而位处关陇的西魏、北周基本就是文学荒漠，无足称道。其实，关陇文学文化发展虽不如江左河朔繁荣，但其文学活动亦颇有可观处。据笔者统计，北朝时期关中地区有文学家 51 人，文集 16 部，流传下来的诗作 83 首，赋作 15 篇。从作家数量上看，关中在十六国时有作家 26 位，数量居各区域之首。在北魏降至 5 人，值北周时略有回升。至隋有作家 7 人，诗歌创作 63 首，占隋诗总数的 42.2%。可见，十六国与隋并为关陇文学在北朝的高峰。

从作家结构看，十六国及北魏、西魏、北周、隋初的关中文学群体主要由两部分构成，即皇室文人群体和地方士人文学群体。

皇室文学群体是关中文学创作的重要力量，其中以苻融、苻朗为代

① （东汉）赵岐撰，（三国）挚虞注：《三辅决录》，三秦出版社 2005 年版，第 69 页。

② （唐）房玄龄：《晋书》，中华书局 1974 年版，第 1427 页。

表的前秦皇室文人群体和以杨广为代表的周隋皇室文学群体声名最著。苻坚“八岁，请师就家学。……博学多才艺”[①]，雅好文学，多次命群臣赋诗，他本人亦能作诗撰文。其弟苻融“聪辨明慧，下笔成章，至于谈玄论道，虽道安无以出之。耳闻则诵，过目不忘，时人拟之王粲。尝著《浮图赋》，壮丽清赡，世咸珍之。未有升高不赋，临表不诔，朱肜、赵整等推奇妙速”[②]。可见苻融之才兼美于高僧道安、文豪王粲、政治家王猛。苻坚从兄子朗又著《苻子》，以寓言体表达淡薄世事的退让观念，文笔浅淡并具哲理色彩。十六国乱局最终结束于北魏一统。由于并入时间之先后而导致情感亲疏，故拓跋氏向东开发归顺较早的区域，并定都平城，后迁洛阳。北周、杨隋两代，定鼎长安，关中文学遂迎来较大发展。周隋时期关中共有作家 7 位，分别是杨坚、杨广、杨素、辛德源、牛弘、韦鼎、杨温，其皆为关陇集团的核心人物。频繁的战争使关中文人大都具有显著的军事色彩。苻坚先后攻灭北方割据政权，统一中原，其武质色彩甚明。符融自幼“旅力雄勇，骑射击刺，百夫之敌也”。王猛卒后，融代其位，淝水之战中率步骑 25 万为前锋，亦以力称。而北周隋初之杨坚、杨素等皆为关陇军事集团的核心，其尚武用力之色彩也极为鲜明。可见北朝关中上层文人群体大都具有鲜明的武质色彩。

北朝时期活跃在关中文坛的还有地方士人群体，如京兆韦氏、杜氏、弘农杨氏、扶风窦氏和武功苏氏等。韦氏成员于北朝在军事、政治领域多有建树，于文化文学也颇留意。如北周名将韦孝宽“虽在军中，笃意文史，政事之余，每自披阅。末年患眼，犹令学士读而听之”[③]。其兄韦夐“志向夷简，淡于荣利。……所居之宅，枕带林泉，夐对玩琴书，萧然自乐，时人号为居士焉”“少爱文史，留情著述，手自抄录数十万言。晚年虚静，惟以体道会真为务。旧所制述，咸削其稿，故文笔多不存”[④]。京兆杜氏也有多人善属文，留意经传。“杜骥字度世，京兆杜陵人也。……符坚平凉州，父祖始还关中。兄坦，颇涉史传”[⑤]。“杜

---

① （唐）房玄龄：《晋书》，中华书局 1974 年版，第 2884 页。

② 同上书，第 2934 页。

③ （唐）令狐德棻：《周书》，中华书局 1971 年版，第 536 页。

④ 同上书，第 544—546 页。

⑤ （南朝）沈约：《宋书》，中华书局 1974 年版，第 1722 页。

杲字子晖，京兆杜陵人也。……杲学涉经史，有当世干略”①。武功苏氏也是关中望族，具有深厚的文化修养。苏湛“少有器行，颇涉群书”②，从兄苏绰“少好学，博览群书，尤善算术。……绰又著《佛性论》《七经论》，并行于世”③，宇文泰所颁示的《大诰》和“六诏”皆出苏绰之手，其模仿《尚书》，意在改变华丽的文风。苏绰从兄苏亮“少通敏，博学，好属文，善奏章。……亮少与弟绰俱知名。然绰文章少不逮亮，至于经画进趣，亮又减之。故世称二苏焉”“所著文笔数十篇，颇行于世”④。此外，苏绰弟苏椿，苏亮、苏湛弟苏让亦留名于《周书》。可见武功苏氏是一个具有较高文化修养的家族。此外，安定梁昕、安定皇甫蟠、陇西辛庆之、京兆王子直等并具才名，“韦、辛、皇甫之徒，并关右之旧族也。或纡组登朝，获当官之誉；或张旗出境，有专对之才。既茂国猷，克隆家业，美矣夫”，实非虚誉。

南北朝时期关中文学活动具有独特的时代文化背景。首先，关中文学文化活动对于都关中之政权而言，具有别正朔、示正统的积极文化意义，对于政权建设具有重要价值。面对南朝诗风的流行，关陇举周礼为帜，别树关陇文化旗帜以示正朔所在。545 年，宇文泰欲革易时政，然鉴于“自有晋之际，文章竞为浮华，遂成风俗。……太祖欲革其弊……乃命绰为大诰”，文章模仿《尚书》，“自是之后，文笔皆依此体”⑤。文体复古使西魏及以后的文风呈现出淳素务实的致用风格。自 546 年后，宇文泰宴请群臣时必命赋诗言志，且倡导刊校经史，并亲上教坛讲授《礼记》，种种举措意在弘扬本土文化并增强内在的文化抵抗力，以对抗山东、江左。因而以北周苏绰作《大诰》始，关中文人要求文学形式回归到古奥诘屈的《尚书》文体，并以淳素典雅之文学风格为典范，这无疑有益于北齐、南朝等地文学风气的反拨和改造，亦是关中文化个性的鲜明表现。虽然北周文学创作无卓著实绩，但关陇文士自觉担负起重振文化的使命，他们所选择的文化革新之路为南北朝诗歌走向新生、走向

---

① （唐）令狐德棻：《周书》，中华书局 1971 年版，第 1017 页。

② （北齐）魏收：《魏书》，中华书局 1974 年版，第 1017 页。

③ （唐）令狐德棻：《周书》，中华书局 1971 年版，第 381 页。

④ 同上书，第 678 页。

⑤ 同上书，第 391 页。

初盛唐诗歌的成熟境界奠定了坚实的文化基础。

其次，关中文学创作在北朝之所以不及山东，与外部文化环境与内部政治环境实具重要关联。十六国以降，关中战乱较河朔尤多，加之北魏都洛阳，遂使关中文化丧失地利之便。在文化建设方面，特别是书籍整理方面，北周虽有麟趾殿校书之举，但其规模较之北齐之编《修文殿御览》，实难比拟。《北齐书·文苑传》所载参加“文林馆”及编纂《修文殿御览》的人数之多，也说明东部的学术文化人才实远多于关中。在政治方面，北齐与北周的肇基者高欢和宇文泰皆出身“六镇”军人，对汉化鲜卑人与汉族士人都有一定敌视。但两人情况不同，高欢统辖之山东地区，为汉族士人密集区，高欢自附于渤海高氏，对汉族士人具有一定吸引力。南方士人颜之推被西魏所俘而要冒险偷逃北齐，虽有借此南返的动机，但后来久仕北齐，恐怕也与他认为北齐要比西魏北周更具有文化修养有关。西魏宇文泰原来地位较低，对汉化更隔膜，对孝文帝以来士族地位的显赫更为不满。苏绰代拟的“六条诏书”自言“凡所求材艺者，为其可以治民”①，宇文泰在关中并无太多高门需要争取，或许他未必需要高门支持。宇文泰不重门阀，任人只注重“治民”，故于学术和文化有所偏废，而西魏的艰危时局也使他难以暇虑文化及文学。故《隋书》《北史》之《儒林》《文学（苑）传》言及北周，则曰：

> 周氏创业，运属陵夷，纂遗文于既丧，聘奇士如弗及。是以苏亮、苏绰、卢柔、唐瑾、元伟、李昶之徒，奋其鳞翼，自致青紫。然绰之建言，务存质朴，遂糠秕魏、晋，宪章虞、夏，虽属辞有师古之美，矫枉非适时之用，故莫能常行焉。②

可见关陇文化不及山东，既与关中本土文化基础相关，又与施政者的主张紧密相连。

---

① （唐）令狐德棻：《周书》，中华书局 1971 年版，第 385 页。

② （唐）李延寿：《北史》，中华书局 1974 年版，第 2781 页。

结 语

关中本土文学创作自先秦以降，历经两汉、魏晋、北朝和隋唐，其文学变化既受制于外部文化环境，也受到本土文化精神的影响，同时自身的文化文学传统也对其走向和嬗变轨迹具有内在的制约。在断续发展中，其自身文学精神既有与世沉浮之“变”的一面，也有持望传统之“守”的一面。这种文学面貌最终在唐代，随着政治一统和文化融合步伐而最终汇入唐代文学发展的洪流之中。关中不仅为盛唐之音提供了空间环境，也为其提供了充足的思想文化养料，进而成为唐代文化与文学板块中不可或缺的组成部分。

借鉴与反思：明清小说与道藏仙传关系论略

李蕊芹[*]　许勇强

摘　要：明清小说与道教的关系，学人多有论及，但少有涉及与道藏仙传文献的直接联系。通过考察相关材料，认为明清小说对道藏仙传的借鉴体现在三方面：首先，或直接移植仙传故事元素，以服务于小说主题。或吸收民间宗教传说进行故事新编，推进仙传世俗化进程，其新变多以传承；其次，仙传叙事模式对明清小说的影响从形式走向内容，二者关系似远而近；最后，仙传人物常虚化为文化背景或符号而存在，同时小说家进而对传统仙传文化进行深刻反思和批判，导致二者关系愈行愈远，并最终背道而驰。

关键词：明清小说；道藏仙传；借鉴；反思

明清小说与道教关系是学界讨论的一大论题，学者或讨论道教思想对小说题材的影响，或研究小说艺术如结构与道教观念的联系，多从宏观视角介入，以反映道教思想及观念的经论史籍为文献立足点，用比较的方法建立起明清小说与道教的紧密关系。① 为进一步探讨二者关系，本文欲缩小文献范围，立足于道藏内神仙传记，以微观的眼光，更为细致地建立起小说情节与仙传的诸种关系，并作出价值判断；而对叙事艺术的影响研究，则尽可能跳出形式束缚，挖掘对故事逻辑、文化基调方

---

* 作者简介：李蕊芹（1979—　），女，山西芮城人，文学博士，西安电子科技大学中文系副教授，主要从事中国古代小说和宗教文学研究。

① 孙逊：《释道“转世”“谪世”观念与中国古代小说结构》，《文学遗产》1997 年第 4 期；潘建国：《道教房中文化与明清小说中的性描写》，《明清小说研究》1997 年第 3 期；苟波、卿希泰：《道教与明清文学》，巴蜀书社 2010 年版。

面的影响，以求对小说中诸多现象做出宗教性或原型性解释，并最终确立道藏仙传作为故事层面的价值。

一 情节移植与故事改编：愈行愈远的文学传承

道藏仙传的典范价值，从《列仙传》始即如孙昌武先生所论："后来的文学创作，从小说、散文的仙道故事到神仙道化剧，从各种仙歌到民间故事传说，两部仙传提供了大量可资借鉴的主题、体裁、人物、事典、情节、语汇，等等；就间接作用说，这两部作品作为艺术玄想的产物，对于拓宽创作思路、丰富构思方法更提供了典范，给后人以无尽的启发。"① 这里主要讨论仙传作为故事，在明清小说中的延续与拓展，具体有两种途径，一是情节移植，二是故事改编。

道藏仙传中最富艺术吸引力的是道家法术，这些神变和异能常作为故事元素，被直接移植入小说并内化为有机的一部分。《聊斋志异》就是一个生动的案例，具体表现在以下几方面：首先是变幻之术，如《劳山道士》中剪月情节多次见于前代仙传，《神仙感遇传》载："白衣老人女帖月于壁，如片纸耳。当呼其女曰：可将下弦月子来。其女帖月于壁上，如片纸耳。唐起祝之曰：今夕有客，可赐光明。言讫，一室之内，朗然若张烛矣。"② 同书卷五"杨晦之"条也有相似情节③。另明李诩《续吴郡志》中周生还可揽月于袖中④。小说中月亮变幻之术显然兼采仙传之长。再有《陆判》洗心清肠之异，可从《三洞群仙录》（后简称为《三洞》）

① 孙昌武：《作为文学创作的仙传——从〈列仙传〉到〈神仙传〉》，《济南大学学报》2005 年第 1 期，第 30 页。

② （唐）杜光庭：《神仙感遇传》，《道藏》，文物出版社、上海书店、天津古籍出版社 1988 年版，第 10 册，第 890 页。

③ 同上书，第 906 页。

④ （明）李诩：《续吴郡志明钞本》，《中国方志丛书影印明钞本》，台湾成文出版社 1983 年版，第 282 页。

"御寇剖心，道君剪舌"中找出原型[①]。至于《丐僧》中尸解、《寒月芙蕖》里道士不畏寒暑，都是仙传的直接移植。其次，道士入异境的方式也颇为玄妙，如《寒月芙蕖》《单道士》中道士可进入墙上所画的门里。这种幻术见于《三洞》卷十二："道之指曰：此洞多有神仙，扣之必有应者。于是以手击之，洞门岩开，有童子在侧，道子曰：洞中甚有佳致，请陛下一观。"[②] 真是分不清幻境还是真实。这种异境的真实感在《画壁》中更为明显，朱孝廉幻由心生，进入壁画中与画中人发生一段爱恋，这与仙传中"竹叶舟"故事更是如出一辙。再次，一些幻境中神仙也可入人世，如《鹰虎神》讲郡城东岳庙中鹰虎神可出庙捉盗，《鄱阳神》中翟姓神像救翟姓后人于鄱阳湖的故事，这一元素可见于苗时善《纯阳帝君神化妙通纪》卷七，钟仲山所见黄袄翁乃吕仙亭真像[③]。最后，空间的贯通之外，异人还可打破时间限制，如《种梨》篇中乞丐能让瓜顷刻间发芽、开花、结果，《三洞》载马湘"尝于江南刺史马植座上以酒杯盛土种瓜，须臾引蔓花实，食之甚美。"[④] 同书"即于囊中取花子二粒种之，以盆覆于上，逡巡去盆，花已生矣，顷刻长四五尺，层层生花。"[⑤] 二者的关系不言而喻。与此相类，《仙鉴》卷三十八殷文祥可开非时之花，卷四十二《韩湘》也能顷时开非时花，此正是《镜花缘》之雏形。虽然，这些故事有些本身是引录于文人笔记，但进入道教领域传播遂进一步扩大，进入百姓信仰，才汇集成民间故事，因此，小说中神术的主人公身份多是道人，可说明二者联系非常直接和明显。

《聊斋》之外，《红楼梦》中宝玉的痴态竟然在仙传中也可找到先

---

① （宋）陈葆光：《三洞群仙录》，《道藏》，文物出版社、上海书店、天津古籍出版社 1988 年版，第 32 册，第 300 页。

② 同上书，第 310 页。

③ （元）苗时善：《纯阳帝君神化妙通纪》，《道藏》，文物出版社、上海书店、天津古籍出版社 1988 年版，第 5 册，第 732 页。

④ （宋）陈葆光：《三洞群仙录》，《道藏》，文物出版社、上海书店、天津古籍出版社 1988 年版，第 32 册，第 279 页。

⑤ 同上书，第 304 页。

例，如丫鬟为宝玉端水，不小心打翻，宝玉不顾自己先问丫鬟烫伤没有。与之相类，《三洞》卷十二载：“夫人欲试宽令恚，伺当朝会丽服已讫，使侍婢奉肉羹，翻汙朝衣，婢遽收之，宽色不异，乃徐言曰：羹烂汝手。”①《西游记》唐僧见人参果拒吃，《三洞》卷五也有载，“明日乃延入一茅舍中，丐者数辈，相邀环坐，乃舁一巨板以油幕之，揭视即烂蒸小儿。众深恶之，皆不食，叟曰：此千岁人参也，颇不易得，欲以此报，既不食，命也。各自分食，乃升天而去。”② 可以说如出一辙。

虽然这些故事元素被小说直接移植进来，却与原有的对神仙异能的夸饰和宣教不同，多被赋予新的主题，如《劳山道士》《种梨》的讽刺意味，《丐僧》《寒月芙蕖》的惊叹猎奇口吻，《画壁》《巩仙》中男女情爱的温柔，都与原有的宗教主题相去甚远。长者仁厚之迹被移植到宝玉身上则成为痴傻，唐僧不识人参果也有了宗教仁慈寓意。所以说看似最为直接的移植，却并未建立起二者的血缘联系，二者关系似近而远，是属旧瓶装新酒的借用。

另一种借鉴则以故事改编的形式呈现，这些小说依据道藏内仙传及通俗仙传，结合民间传说，借助文学手法，顺应社会各类需求改编而成。当然就改编程度而言，也有轻重的不同，一些仙传几乎只是取藏内仙传人物之名另撰新篇，完全自由虚构，成为故事新编。

仙传小说多依据道藏仙传和通俗仙传来选择传主及故事主体。道藏仙传中神仙来源非常复杂，虽然一些神仙最初在史传、笔记、志怪、传奇中传讲，但最终被赋予神仙身份而定型，却离不开道藏仙传以宗教的名义反复宣讲。至明清还涌现一批通俗仙传，如汪云鹏校梓《列仙全传》、张文介《广列仙传》、徐崇立《三教源流搜神大全》等，被收入《藏外道书》。这些仙传虽于体例上模仿前代道藏仙传，但失缺严格的宗教立场，往往杂融三教，再加上一些文学化手法的运用，因此被称为通俗仙传。仙传小说区别于仙传的主要特征是大量民间传说的渗入，文学家在原有宗教题材基础上，发挥文学整合和诠释新故事

---

① （宋）陈葆光：《三洞群仙录》，《道藏》，文物出版社、上海书店、天津古籍出版社 1988 年版，第 32 册，第 312 页。

② 同上书，第 266 页。

元素的作用，从而塑造了一个既有宗教依托，又有民间特征和文学想象的新神仙形象，明代邓志谟的几部仙传小说即如是。《许旌阳得道擒蛟铁树记》述许逊故事，改编依据是南宋道书《旌阳许真君传》和《西山许真君八十五化录》①，大致有一半内容为新增，改编最多地方是许逊出身和济世部分。《吕祖飞剑记》主体与《吕祖志》相近，不过在吕祖出身方面做了较多演义，进一步细化了吕祖演化事迹，增强了故事的逻辑性及可读性。《萨真人得道咒枣记》据序称是参考《搜神记》，“摭其遗事，演以《咒枣记》”②，同时增加了萨真人前身二世故事、收服王恶、在崔府君引导下游地狱、济幽冥等情节，宗教立场也发生了改变。又如《韩湘子全传》主要是依据《韩仙传》进行改编，同时吸取民间信仰，在韩湘子出身、修行及度化事迹都有新创，全真教的影子很浓厚。此外在《西游记》的影响下，一些书坊主也从仙传中取材演义神魔故事，与仙传相去甚远，完全成小说家之言。这些作品有《北方真武祖师玄天上帝出身全传》《五显灵官大帝华光天王传》《八仙出处东游记》《八仙得道传》《历代神仙演义》等。这些仙传小说大多改编自前代仙传故事，对道教领袖的神仙化、道教故事的世俗化起到关键的作用。

相对情节的直接借鉴，这些小说离仙传更远，不仅在故事情节上脱离原型，而且在宗教立场及文化精神上也与藏内仙传风马牛不相及。究其原因，时至明清，统治者对宗教基本上持实用主义态度，多采取严格的管理手段，为了有助教化，以佑国体，统治者多有意识地以官方的形式进行各种造神活动，从而促进宗教的世俗化进程。一些小说家顺应这种需求，再加上一些书坊商业运作的推动，仙传中人物被小说家以文学手法重加塑造，附会以各种民间故事传说，成为面目全非的新神仙人物。

---

① 李丰楙：《许逊与萨守坚——邓志谟道教小说研究》，学生书局 1997 年版，第 123—170 页。

② 刘世德：《古代小说丛刊》，第 1856 页，第 5 册，第 1856 页。

二　叙事模式的套用与限制：从形式走向内容

一些道教仙传在长期的积淀和传播中，形成一些固定的故事模式和宗教寓意，在后世的反复叙写中成为一种思维定式和文化心理，潜移默化地渗入小说的创作。这种叙事模式的影响，既包括小的故事模式的仿写，也包括小说整体结构的设计，二者虽为艺术形式层面的联系，却同时指向了小说内容，乃至规定了小说情节的发展走向、人物的性情，预设了小说的情感基调。

首先是小的故事模式的仿写，如《西游记》"二郎神追孙悟空"事，只有在此段故事中，孙悟空不论如何变化都难逃二郎神法眼，最为奇怪的是，孙悟空的几次变化和二郎神的化身相比都不怎么光彩。有学者早就此事提出过疑问，但未能给出解释，如果能于仙传中去寻找源头，或许能找出端倪。仙传中与此相似的情节见于"栾巴追狸事"和"许逊斩狸事"。"栾巴追狸事"分别见于《神仙传》《太平广记》《仙苑编珠》。此类型故事还见于"许逊追蜃事"，分别有《西山许真君八十五化录》《许真君仙传》《许太史真君图传》等，蜃多次变化，最终难逃许逊法眼。这种"追逃"故事从来都是以"正邪"对立的模式出现，并以邪不压正终结。伴随"追逃"模式的还有"斗法"模式，如《神仙传》卷六就有樊夫人与夫斗法的故事，最终战胜其夫刘纲。因此在这些故事模式影响下，孙悟空也被置于反面，最终成为失败的一方。

再如"考验"是仙传的重要情节模式或主题，小说中不乏其例，如"三言"中《杜子春三入长安》《李道人独步云门》《张道陵七试赵升》等，学者所论极多，但主要是关注内容的关联，相对忽略了叙事结构所包含的文化精神方面的影响。如"女色"考验是成仙的重要关卡，《玄天上帝启圣录》卷一"蓬莱仙侣"① 叙述平实："玄帝归岩修炼之时，

---

① 元时：《玄天上帝启圣录》，《道藏》，文物出版社、上海书店、天津古籍出版社 1988 年版，第 19 册，第 573 页。

尝有九美人，相貌端严，仪矩殊异，往来帝所，惑试帝心。帝默识之，必圣人也，故加敬礼。女仙乃谓帝曰：‘子辈蓬莱仙侣，特来试之。功行着已，宜加精进，克日冲举。’”但这一模式同时往往还带有喜剧色彩，如许逊各传记中都记载他以炭化为妇人来试弟子，结果百十人弟子只有十人不为炭所染，当然为炭所染的弟子羞愧难当，成了笑柄。吕洞宾成道前也通过了“女色”考验。《西游记》借鉴这一模式，构思了“四圣试禅心”，其结果自然是总有人通不过考验，使整个故事充满了喜剧色彩。

至于救动物得好报是仙传中屡见不鲜的故事套路，《三洞》卷三云：“时见群鹿有一伤足者蹶顿不前，澄悯其苦，用药封其足。复遇大雨，食尽，困于林薮，时群鹿奄至，饥则吮乳，寒则卧怀，相随累月。”① 同书卷十四引《列仙传》讲述师皇为龙治病，后得龙负师皇仙去，引《广记》讲述崔炜偶坠枯井为井中白蛇治疣，得化身为白蛇的龙背负出井。此类故事在仙传中比比皆是，逐渐成为一种故事类型而影响到《聊斋》，如《花姑子》《二班》，举不胜举，此不赘述。再如仙凡遇合模式，刘向《列仙传》“犊子”篇男仙眷顾凡女、“园客”篇凡男得蚕仙垂青，至于《搜神记》中“白衣素女”故事更是众所周知。这类故事在小说中也不乏其例，如《聊斋·翩翩》中罗子浮遇二仙女的故事模式，即仙传中刘晨、阮肇遇仙及“桃花源”模式的结合。正是因为仙传已规定了这两种模式美好的文化幻境，因此，《翩翩》中连浪荡子罗子浮都能遇到仙女的青睐。再如《白于玉》《蕙芳》《云萝公主》《书痴》篇，都是美轮美奂的仙凡恋，在仙凡遇合模式的影响下，有着大致相同的美好结局。《红楼梦》宝玉入太虚幻境也与此相似，警幻仙子的先知、温柔正是仙传中仙女的常态。

虽然仙传故事模式对小说的影响不比具体情节的直接套用那么直接，但仙传所投射在小说内容及文化方面的影响却更为明显，如上文所列，孙悟空形象的矛盾可为一证，恩报模式影响下被救动物必来报恩，仙凡恋模式影响下仙女也会眷顾浪荡子弟，悟道模式影响下妻子总是不

---

① （宋）陈葆光：《三洞群仙录》，《道藏》，文物出版社、上海书店、天津古籍出版社1988 年版，第 32 册，第 252 页。

贞。可以说仙传叙事模式对明清通俗小说的影响不仅体现在情节的构思思路上，更具有文化方面的意义，通常表现在故事主题或寓意的文化继承。另外在故事与生俱来的情感色彩上同样影响颇深，如上文所举“女色”考验的喜剧色彩，“桃源”世界的诗情画意，“悟道”模式的失落虚幻之感，“追逃”“斗法”模式的正邪对立，都为后世小说所继承。

其次，仙传叙事还影响到了小说整体框架的设置，此处以“谪凡”模式为例进行简要分析。《道藏仙传》中谪仙的影响首先体现在教内，如《三洞》卷十七中蔡诞不堪修道之苦，回家骗家人是贬谪仙人，被罚在昆仑山锄芝草，可见谪仙模式的影响之深。当然谪仙“下凡并非”道教仙传所独有的故事模式，可以说上古神话就已衍生了早期的下凡济世故事，再加上后世笔记传奇小说及至戏曲的逐渐演化，谪仙下凡历劫几乎成为一种思维习惯，逐渐为明清通俗小说家所注意，从而影响到通俗小说的叙事结构。孙逊认为这种结构“使我国古代小说取得了一定的时空自由，从而增加了小说的容量和表现力”①，而且还加强了小说情节发展的内在逻辑关系，同时又合理解释了人物性情及活动历程，并最终呈现出“三段式”的圆形结构。《水浒传》中“洪太尉误走妖魔”就很好地解释了好汉卓越的武功和血性方刚的杀气，而历世修行的预设则决定了小说最终必然以重回天庭为结，完成试炼其真性的救赎。《后水浒传》也搭建了“二十八宿九曜应劫下世”的框架。《西游记》中五圣都是因罪谪于人间，从而使得取经途中八十一难具有救赎的宗教意蕴，同时也注定了修成正果是必然的结局。《儒林外史》开篇通过观望天象，得出“一代文人之厄”的时代定性，为儒林众生的悲喜像作出宗教学的解释。此外《说岳全传》《说唐后传》《红楼梦》《镜花缘》《后三国石珠演义》《如意君传》等也大体类似。此外谪凡模式对小说结构的形成、小说寓意的解释、作者心理的推测也有很大的影响，所以台湾学者李丰楙认为“谪凡解罪”模式“对于谪凡小说的影响，并非只是解释时代背景而已，而是一个内在义理支持下的依据。”《水浒》故事中的谪凡模式“蕴含了一个饱经世变者抒写其辛酸，施耐庵一类士人正是乱世文人的

---

① 孙逊：《释道“转世”“谪世”观念与中国古代小说结构》，《文学遗产》1997 年第 4 期。

代表，其经历世变，而又自愿隐遁，以此远离王权政治的牢笼，才能清晰思索问题的根本所在：一个非常世道下的政权如何为人带来真正的‘天下太平’？”① 可见仙传叙事模式被应用为小说框架后，已超越了艺术形式的范畴，内化为小说内容而具有深刻的思想寓意。

从上面的论述可知，虽从外在形式的相似处入手，却指向内容方面的传承性，从故事走向到人物性情、从文化寓意到感情基调，这种从形式延伸至内容的影响，确立了道教仙传作为故事之于明清小说的价值。

三 借鉴与反思：作为文化背景的意义

当道藏仙传在后世传承中固化成一种符号，如同典故一般被小说家信手拈来，既可借用原意，又更多地被自由发挥。随着仙传的世俗化进程，仙传的消极影响愈加明显，对仙传文化的价值审视也就被小说家以形象的方式提出，通过文学的展示，引起人们对作为民族文化背景的仙传做理性反思。

一方面是仙传中的人物仅仅作为文化背景而存在。一些仙传人物，被作为文化原型引入小说，如丁乘鹤在小说领域的再现。丁乘鹤最早见于《搜神后记》卷一“丁令威，本辽东人，学道于灵虚山。后化鹤归辽，集城门华表柱。时有少年，举弓欲射之。鹤乃飞，徘徊空中而言曰：‘有鸟有鸟丁令威，去家千年今始归。城郭如故人民非，何不学仙冢垒垒。’遂高上冲天。”② 丁乘鹤后来频繁进入文学领域，在诗词里常被用作感慨久别重归，惊叹人世变迁之意，王维、杜甫、白居易、李商隐、陆游等都有所吟咏。在小说里同样也时有所现，如《纂异记》“嵩岳嫁女”篇里，丁令威为汉武帝唱歌：“月照骊山露泣花，似悲仙帝早升遐。至今犹有长生鹿，时绕温泉望

---

① 李丰楙：《出身与修行：明代小说谪凡叙述模式的形成及其宗教意识》，《国文学志》2003 年第 7 期，第 111 页。

② （晋）陶潜：《搜神后记》，中华书局 1981 年版，第 1 页。

翠华。”[①]《续金瓶梅》第六十二回插入了丁令威三次转世的故事，以此来寄寓作者的民族情绪。而《聊斋》“叶生”则讲述了叶生怀才不遇，突遇知己丁乘鹤而生死相从的故事。小说中丁乘鹤是关东人，在叶生家乡淮阳做县令，非常赏识叶生的才华，同情叶生的遭遇，并及时伸出援助之手。如果说《纂异记》借用了仙传中丁令威善于写诗的才华，《续金瓶梅》借用了丁令威化鹤的传说，那么《聊斋》则与仙传中原型完全失去了联系，只是借用了其名字而已，顶多保留了其作为一个正面人物的形象。

再如《聊斋志异·刘海石》中吕洞宾徒弟刘海石为朋友刘沧客除去家里狸妖，在朋友的追问下，告之师傅是“山石道人”，刘沧客恍然大悟“山石”合起来是“岩”字，正是仙人吕洞宾的名字。这里吕洞宾显然是作为人们观念中的神仙而存在的。与之相类的还有《吴门画工》，讲述吴门画工喜欢画吕洞宾祖师的像，很想有幸能见到吕祖，这个虔诚的念头终于感得吕洞宾化为乞丐来见画工，在吕的帮助指点下，赚得了几万两银子。在这个故事里，吕洞宾的出现并非如“仙传度脱”模式，度化人成仙，而是帮助画工实现世俗的梦想，因此，吕洞宾也是作为神仙文化背景的存在，与吕洞宾所承载的宗教内涵相去甚远。

再如一些小说中艳情描写常借用神仙名号，如《初刻拍案惊奇》二十回，描写年老的刘元普与丫鬟朝云的一段文字，其中有彭祖、宓妃、寿星、吕望、太上老君、张果老、何仙姑、太白金星、上青玉女等道教中人，这些人物除彭祖与房中术有关外，其余完全是作为神仙代表出现的，与原有的个体意义完全没有关系。再如《金瓶梅》第四十九回对胡僧的描写多用道教术语，虽贴着道教文化的标签，却并无确切关联，这些仙传人物在小说中已经演变为一种抽象的民族文化符号。

当整个封建社会走向末路，一些士人开始反思传统文化精神。在此思潮中，小说家重提仙传中的典型情节，但往往反其意而用之，以形象的方式对仙传故事及文化进行理性批判。如李渔《归正楼》对《纯阳帝君神化妙通纪》中“神仙塑像显真身”的另类借鉴与反思。《通纪》卷

---

① （唐）李玫：《纂异记》，《唐五代笔记小说大观》，上海古籍出版社 2000 年版，第 499 页。

七载："长沙钟仲山……俄睹一舟过焉。舟中一黄袄翁，风貌奇庞，凝然伫立，熟视仲山良久。……翌日往吕仙亭礼拜真像，果俨然衣黄衣，亦有两童衣青衣侍侧，其貌皆与昨日所见者肖也。"[①] 另《续吴郡志》"边公式条"也有相似记载，边公式先遇见真人，后见吕洞宾塑像，知前所遇为吕洞宾。[②] 李渔反其意而用之，《归正楼》中拐子贝喜为募捐，提前先按一徒弟模样塑一尊罗汉法身，然后派此徒弟去化缘，富商见识所谓的法术后，去所说寺庙还愿，见到先前所遇之人的塑像，而且手上拿着有富商自己亲笔字的化缘簿，惊叹为神仙下凡，于是慷慨解囊。其中贝喜的徒弟所用法术之一便是在富商门上写"回道人拜"四字，水洗不下，而且字浸透整个门板，木匠刨透门板，字迹都在。拐子揭秘原来门上所题之字，是龟溺写的，因此水洗不去。此作为神术在仙传中也有记载，《三洞》卷二十载："汉武帝问灾祥，不答，乃题官门四百余字，预说方来。帝恶之，令人削除，外字虽灭，内字复见，墨进彻入板里。"[③] 拐子之所以能得手，还有一前提，即富商平生极好神仙，因此才会误信骗术，认为是平生精诚感得神仙下凡。可见，李渔《归正楼》虽然以讽刺的形式借鉴仙传的仙术，但同时可见神仙文化在民间的信仰程度，而这种信仰恰恰正是作者欲以批判的对象。

再如《儒林外史》中马二先生受骗子炼金术之惑，差点被利用。炼金术是道家常炫耀的法术，汉代李少君能炼雪为银。《三洞》卷五也有女冠耿先生"令官妓以金盘贮雪搦为银锭，投洪炉中，须臾成金，指痕犹在"的记录[④]。《江淮异人录》"耿先生"条描写则更为形象。道家颇为自豪的炼金术到小说领域却成了骗人之术，最后成为一场笑话。当然炼金术在仙传中偶尔也会作为一种品德考验科目，如《仙鉴》卷三十五"施无疾"条，讲述马存欲向施无疾学炼金术，结果被教训，认为其有

---

① （元）苗时善：《纯阳帝君神化妙通纪》，《道藏》，文物出版社、上海书店、天津古籍出版社 1988 年版，第 5 册，第 480 页

② （明）李诩：《续吴郡志明钞本》，《中国方志丛书影印明钞本》，台湾成文出版社 1983 年版，第 335 页。

③ （宋）陈葆光：《三洞群仙录》，《道藏》，文物出版社、上海书店、天津古籍出版社 1988 年版，第 32 册，第 362 页。

④ 同上书，第 265 页。

无厌之心，并举吕洞宾怕误后人而不愿学此术的故事。同书卷三十六“宋愚”条、四十七“张齐物”条都分别肯定了宋愚、张齐物不愿学炼金术的品性。但是，道教并不否定此术的真实性。类似的遭遇在《儒林外史》中还有，娄三、娄四公子爱交结江湖豪侠，结果引来一个假侠客张铁臂，其人既无侠客之品，也无侠客之能。一日自诩杀得仇人之头，暂放在娄公子处，准备开人头会，事后还能用化骨粉将人头化为血水，结果骗得二娄几百银子，一去不返，待得人头发臭，才发现原来是个猪头，闹得二娄一场扫兴。而此术在仙传中也颇为炫耀，如《江淮异人录》“洪州书生”条有化人头事，“复至前曰：‘旦来恶子，吾不能容，已断其首。’乃掷之于地。成惊曰：‘此人诚忤君子，然断人之首，流血在地，岂不见累乎？’书生曰：‘无苦。’乃出少药，傅于头上，捽其发摩之，皆化为水”[①]。在仙家手里，此术为惩恶之术；但在小说中，成了骗人的把戏。

再如《聊斋·金世成》叙述金世成吃屎成佛，百姓视为英雄，纷纷吃屎捐钱，盖建大佛殿，讥讽意味非常明显，与宗教的“食秽”理念背道而驰。仙传中成仙考验之一往往是吃异人之秽。如《神仙传》，“李八百欲教公昉以至道，乃先作傭客以试公昉，八百身有恶疮，周身匝体，脓血臭恶，须人舐之可愈，公昉使三婢为舐之，不得愈又亲自舐之，后又让其妇舐之，然后八百以美酒洗浴，疮乃愈。八百使公昉夫妻及舐疮三婢，以浴余酒自洗，即皆更少，颜色悦美。”食仙人之秽本是成仙之捷径，而至小说里，吃屎成佛成为讽刺的对象，以笑声消解了宗教的神圣。而恰在《聊斋志异》的《画皮》里，作者也正面借鉴了这一成仙理念，王生被鬼挖掉心后，妻陈氏在道士的指点下求救于街上的疯癫讨饭者，在陈氏的请求下，讨饭者让陈氏吃了自己咯出的痰，果然痰最后化为鲜活的心脏掉入王生胸腔，王生得以死而复生。可见作者对“食秽”理念是熟悉的，这一正一反的运用，都显示出小说与仙传的密切关系。

当仙传中人物或故事作为一种文化符号或背景，被后世小说家随机应用并灵活发挥时，原本的宗教内涵被割裂。伴随着民众神仙信仰危机

① （宋）吴淑：《江淮异人录》，《道藏》，上海古籍出版社2000年版，第11册，第19页。

及问题的出现，文人以小说方式进行了反思并问责，在一定程度上否定了仙传文化之与民众的价值。

综上所述，就古代小说与道教仙传的关系而言，小说直接移植和借鉴道教仙传故事元素是最为明显的，但其影响则最为浅显。由于这些元素只是作为小说情节的组成部分，并不指向小说主题，二者的关系似近而实远。而基于藏内仙传改编的仙传小说失去了仙传严肃的宗教立场，其价值主要是推进了宗教人物及故事的世俗化进程，因此文学传承是愈行愈远。但小说借鉴仙传故事叙事模式却最终影响到小说的情节走向、人物寓意和感情基调，所以二者的关系从形式走向内容，似远而实近。在古代小说中，道教仙传人物常虚化为一种文化背景或符号而存在，文人进而通过艺术的形式对传统仙传文化进行了深刻的反思和批判，在一定程度上否定了宗教故事在民间的社会价值和意义，因此二者的关系实为背道而驰。